実践・
新しい
雇用社会と法

野川 忍・水町勇一郎 編

有斐閣

本書のコピー，スキャン，デジタル化等の無断複製は著作権法上での例外を除き禁じられています。本書を代行業者等の第三者に依頼してスキャンやデジタル化することは，たとえ個人や家庭内での利用でも著作権法違反です。

は　し　が　き

　本書は，2006 年に有斐閣より刊行された『実践・変化する雇用社会と法』
の成果を受け，その後の雇用社会の変貌に対応し，同書の内容を全面的にリニ
ューアルして世に問うものである。

　平成時代の半ばに刊行された同書の背景には，雇用関係の個別化や経済のグ
ローバル化がいっそう進行し，新たな雇用社会の到来が予感される社会の実情
があり，変化の時代を踏まえた労働法上の具体的な課題を検討する必要が痛感
されていた。その後 13 年，令和の時代を迎えた現在，日本経済は必ずしも好
転することなく，グローバル化，IT 革命の波にさらされ続けているほか，国
内的には極端なほどの少子高齢社会を迎え，労働力人口の著しい不足と高齢化
にさいなまれている。また労働法制や雇用社会の実態の推移を鳥瞰すれば，一
方では次々と法制度の改正が実現し，いわゆる間接差別禁止の導入や性別にか
かわらない差別を禁止した雇用機会均等法の改正（2006 年），労働契約法の制
定（2007 年）などをはじめ，求職者支援法や女性活躍推進法，障害者差別禁止
法など新しい法令の誕生のみならず，労働基準法，育児介護休業法，雇用保険
法など基本的な法令の改正も次々となされていった。この期間，政府はかなり
精力的に雇用・労働分野への政策対応を進めていたことは間違いない。

　しかし他方では，雇用社会の状況は 13 年前に比べて好転しているとは言い
がたい。失業率は劇的に低下して，ほぼ史上空前と言えるほどであるほか，企
業利益は高水準を維持しているが，労働組合組織率は 20% を切ってからもほ
ぼ一貫して低下し続け，17% からやがて 15% に向かうのではないかとの懸念
も生じている。また，労働者の平均収入も低下を続け，年収 200 万円を下回
る層が約 18% に至り，平均年収の半分以下を基準とする「相対的貧困率」も
15% を超えている（いずれも 2016 年，国民生活基礎調査）という深刻な事態も
続いている。高額の収入を享受する一部の層と，貧困の評価に甘んじる相当数
の低賃金層という，社会の分断と市民間の格差があらわになったのもこの間の
特徴である。これらの事態をもたらした要因であるグローバル化，極端な少子
高齢社会の到来，IT 化への対応の遅れといった課題はなお克服の道筋が見え
ていない。

こうした時代背景を踏まえ，本書では，危機と変動の時代にある現代の雇用社会における法的課題を正面から見据え，現場で生じている具体的ケースを念頭に，前書と同様，設例とその解説という方式をとった。問題点を抽出し，またこれらに対する現在の法制度や判例の動向を把握して，実践的な理解の深化を促すことが主たる目的であり，そのためにできるだけ平易な解説を心がけた。

　本書の内容は，その土台に菅野和夫東京大学名誉教授が主催する労働契約研究会での議論があることについては前書と同様であるが，執筆にあたっては，約4年をかけて執筆者が研究会で逐次報告し，企業や労組の実務に携わる会員からの豊富な意見や問題提起を受けたうえで，それを執筆者の責任において整理し，できるだけわかりやすく，また整合的に叙述した。これにより，本書は，実践的な意義をさらに充実させる内容になったものと自負している。

　また，本書の特徴のひとつは，労働法の土台にある諸課題を漏れなく扱いつつ，特に現代に固有のさまざまな問題をも幅広く拾い上げていることである。たとえば，人事制度については賃金の不利益変更という普遍的なテーマに対して周到な検討を加えつつ，グローバル人事や企業買収（M&A）のような最先端のイシューにも十分なページを割いているし，整理解雇のような時代を超えて取り組まれるべき課題を正面から検討しつつ，私傷病休職者の休職期間満了による解雇・退職のような喫緊のテーマについても十全の目配りを失っていない。本書が雇用社会の現場において合理的で適切な問題解決のよりどころとなることを期待したい。

　本書の完成にあたっては，研究会の発足以来一貫して指導的立場にあられる菅野和夫先生，研究会の幹事を発足以来勤めてくださっている元総合労働研究所の荒川竹男氏，本書の企画・編集作業をリードしてくださった元有斐閣取締役で研究者に転身された大橋將氏，また困難な編集作業に携わってくださった有斐閣編集部の井植孝之氏に多大なご貢献を賜った。ここに心からの感謝を表したい。

　2019年6月

編者を代表して　野川　忍

編著者等紹介

著者（＊は編者，執筆順）

小西　康之	明治大学教授		土田　道夫	同志社大学教授
山下　昇	九州大学教授		大橋　將	島根県立大学講師
＊野川　忍	明治大学教授		山本　圭子	法政大学兼任講師
＊水町　勇一郎	東京大学教授		鎌田　耕一	東洋大学名誉教授
北岡　大介	社会保険労務士		原　昌登	成蹊大学教授
橋本　陽子	学習院大学教授		渡邊　絹子	筑波大学准教授
長谷川　珠子	福島大学准教授		早川　智津子	佐賀大学教授

鼎談

菅野　和夫	東京大学名誉教授
逢見　直人	日本労働組合総連合会会長代行
荻野　勝彦	中央大学ビジネススクール客員教授（トヨタ自動車(株)）

討議参加研究会員（50音順）

青山　平八	(公社) 全国労働基準関係団体連合会事務局長		小松　剛	㈱ IHI 人事部労務グループ
荒川　竹男	元 (一財) 労委協会常務理事（契約研究会事務局）		居樹　伸雄	日本賃金研究センター特任研究員　元関西学院大学教授
安西　愈	弁護士		須川　浩美	中央労働委員会事務局労働専門職
池田　稔	元中央労働委員会事務局審査総括官		鍋田　周一	PAN フィールド・リサーチ所長
伊藤　洋一	日本航空㈱人材本部労務グループ長		原山　喜久男	元 (公社) 全国労働衛生団体連合会業務部長
小川　裕康	UA ゼンセン東京都支部次長		松井　健	UA ゼンセン政策・労働条件局局長
小俣　雅之	AEON ASIA SDN.BHD 管理本部長		松﨑　基憲	UA ゼンセン組織内弁護士
川島　千裕	日本労働組合総連合会総合政策局長		三宅　龍哉	元 FUJITSU ユニバーシティ代表取締役社長
國本　直樹	富士通㈱人事本部労務部マネージャー		山下　陽	中央労働委員会事務局労働専門職
熊谷　謙一	日本 ILO 協議会・政策研究フォーラム理事		湯山　空樹	AGC ㈱人事部人事統括担当部長

目　次

第 1 章　労働契約の成立と若者・高齢者雇用 ——————————— 1

1-1　試用期間と解雇・本採用拒否 2
　I　試用期間の法的性質 2
　II　本採用拒否の要件 3
　III　試用期間中の解雇 4

1-2　労働条件明示の時期 6
　I　労働条件の明示義務 6
　II　職業紹介業者等の労働条件明示 7

1-3　採用内定期間中の法律関係 10
　I　内定期間中の研修の可否 10
　II　損害賠償請求の可否 11
　III　費用返還請求の可否 12

1-4　インターンシップ中の法律関係 13

1-5　若者の雇用促進と法的保護 15
　I　若者雇用促進法 15
　II　トライアル雇用 16
　III　求職者支援制度 16
　IV　若者の就職機会の拡大と能力開発 17

1-6　高齢者の継続雇用 18
　I　高年齢者雇用確保装置 18
　II　希望者全員の継続雇用と高年齢者に係る基準 18
　III　継続雇用制度の労働条件 20
　IV　高年齢を理由とする雇止め（一定年齢の更新上限） 21

1-7　中高年齢者の雇用の維持・促進 22
　I　70 歳までの就労促進と中高年齢労働者のキャリア形成 22
　II　早期退職優遇制度 23
　III　介護離職の防止 24

第2章　パート・有期雇用 —————————————————————————— 25

2-1 有期雇用と無期転換権 ·· 26
Ⅰ 無期転換権の意義 ·· 26
Ⅱ 無期転換後の労働条件 ·· 29
Ⅲ 就業規則改定は不利益変更にあたるか ·································· 30

2-2 不更新条項・上限条項の効果 ·· 31
Ⅰ 労働契約法 19 条の立法経緯 ·· 31
Ⅱ 不更新条項の法的評価 ·· 32

2-3 限定正社員制度の設計と運用 ·· 35
Ⅰ 限定正社員とは ·· 35
Ⅱ ルール整備のポイント ·· 37

2-4 不合理な待遇の相違の禁止（パート・有期法 8 条） ·············· 39
Ⅰ 問題の所在——正規・非正規格差と不合理な待遇の相違の禁止 ········ 39
Ⅱ 「不合理」性の判断枠組み ·· 40
Ⅲ 個別の待遇ごとの「不合理」性判断 ···································· 40

2-5 社会保険未加入に対する労働者側の同意・不作為と使用者責任 ······ 45
Ⅰ 問題の所在 ·· 45
Ⅱ 本人の明示上の同意と違法性阻却 ······································ 45
Ⅲ 労働者本人の同意と過失相殺について ·································· 46
Ⅳ 労働者の不作為に対する過失相殺をめぐる裁判例 ······················ 47
Ⅴ 給料明細・社会保険料控除実績と過失相殺との関係 ···················· 48
Ⅵ 近年における年金記録等の情報提供と過失相殺 ························ 48

第3章　派遣労働 ——————————————————————————————— 51

3-1 労働者派遣契約と派遣労働契約 ······································ 52
Ⅰ 労働者派遣契約と派遣労働契約の関係 ·································· 52
Ⅱ 派遣労働契約の解雇または合意解約 ···································· 52
Ⅲ 派遣労働契約の雇止め ·· 53

3-2 派遣先および派遣元との間の法律関係 ································ 56
Ⅰ 労働派遣契約に関する派遣法の規制 ···································· 56

Ⅱ　派遣法の規制の効果 ·· 58

　Ⅲ　労働者派遣契約の性質 ·· 60

3-3　直接雇用（労働契約）申込みみなし ·· 62

　Ⅰ　直接雇用（労働契約）申込みみなし制度（派遣法40条の6）················ 62

　Ⅱ　黙示の雇用契約 ·· 64

3-4　雇用終了に対する派遣先の不法行為責任 ·· 67

　Ⅰ　派遣契約の解除と解雇の可否 ··· 67

　Ⅱ　派遣先の不法行為責任 ·· 68

3-5　派遣先の安全配慮義務・職場環境配慮義務 ··································· 70

　Ⅰ　派遣先の義務 ··· 70

　Ⅱ　派遣元の義務 ··· 71

3-6　均等・均衡待遇 ·· 73

　Ⅰ　派遣元の均等・均衡待遇義務 ··· 73

　Ⅱ　労使契約の締結による均等・均衡待遇義務の適用除外 ························· 76

第4章　雇用平等・障害者差別の禁止 ─────────── 79

4-1　性差別の禁止──直接差別と間接差別 ·· 80

　Ⅰ　間接差別とは ··· 80

　Ⅱ　均等法7条の特質と同条違反の効果 ··· 81

　Ⅲ　間接差別の検討と残された課題 ·· 82

4-2　女性の雇用促進 ·· 84

　Ⅰ　女性の婚姻，妊娠，出産等を理由とした不利益取扱いの禁止 ··············· 84

　Ⅱ　産前産後休業と有期労働契約の更新 ··· 85

　Ⅲ　軽易業務転換と不利益取扱いの禁止 ··· 86

　Ⅳ　女性の雇用促進に向けて──女性活躍推進法 ·· 87

4-3　育児休業等に対する不利益取扱いの禁止 ····································· 88

　Ⅰ　問題の所在──育児休業の取得等を理由とした不利益取扱いの禁止 ········ 88

　Ⅱ　育児休業等を「理由とし〔た〕」不利益取扱いか ································· 89

　Ⅲ　権利行使を抑制する公序良俗違反行為か ·· 90

4-4　障害者雇用義務制度と障害者差別 ·· 92

Ⅰ 問題の所在 ……………………………………………………… 92

Ⅱ 各制度の対象となる障害者の範囲 ………………………………… 92

Ⅲ 雇用義務制度 ……………………………………………………… 93

Ⅳ 雇用義務制度と差別禁止の関係 ………………………………… 94

4-5 障害者に対する合理的配慮 …………………………………… 96

Ⅰ 合理的配慮とその対象となる障害者 …………………………… 96

Ⅱ 合理的配慮の手続と内容 ………………………………………… 97

Ⅲ 機器の提供と援助者の配置 ……………………………………… 98

Ⅳ 他部署への配置転換 ……………………………………………… 98

4-6 精神障害者への対応──雇用義務と差別禁止の対象者の違い …… 100

Ⅰ 精神障害者の雇用状況 …………………………………………… 100

Ⅱ 精神障害者雇用における課題と合理的配慮例 ………………… 101

Ⅲ 精神障害者保健福祉手帳の再認定 ……………………………… 102

Ⅳ 精神障害者の解雇 ………………………………………………… 103

第5章 人事制度 ─────────────────── 105

5-1 労使間合意による賃金の不利益変更 …………………………… 106

Ⅰ 問題の所在・議論状況 …………………………………………… 106

Ⅱ 判例・裁判例の動向 ……………………………………………… 107

Ⅲ 役職定年制導入の拘束力 ………………………………………… 109

5-2 成果主義賃金制度導入時の留意点 ……………………………… 111

Ⅰ 成果主義賃金制度の導入と労働条件の不利益変更 …………… 111

Ⅱ 不利益変更の合理性 ……………………………………………… 112

Ⅲ 成果主義賃金制度導入にあたっての留意点 …………………… 114

5-3 従業員の競業・引抜き行為の限界 ……………………………… 116

Ⅰ 競業避止義務 ……………………………………………………… 116

Ⅱ 労働者の引抜き …………………………………………………… 118

Ⅲ 設例の検討 ………………………………………………………… 119

5-4 出向の法律関係 …………………………………………………… 121

Ⅰ 出向労働関係の法的性格 ………………………………………… 121

目　次　vii

Ⅱ　労働契約上の権利義務 ……………………………………………… 122

Ⅲ　出向社員に対する責任追及 ………………………………………… 123

Ⅳ　労働災害・安全配慮義務 …………………………………………… 124

Ⅴ　賃金の取扱い ………………………………………………………… 125

5-5　内部通報制度の設計と運用 ………………………………………… 126

Ⅰ　内部通報と内部告発 ………………………………………………… 126

Ⅱ　内部告発の正当性 …………………………………………………… 126

Ⅲ　内部通報の正当性 …………………………………………………… 128

Ⅳ　設例の検討 …………………………………………………………… 129

5-6　懲　戒 …………………………………………………………………… 131

Ⅰ　懲戒の意義・法的根拠 ……………………………………………… 131

Ⅱ　懲戒の要件・効果 …………………………………………………… 131

Ⅲ　懲戒規定の整備：懲戒事由・懲戒の種類・懲戒手続 ………… 132

Ⅳ　懲戒処分の適用対象：社外におけるストーカー行為の懲戒事由該当性 ……… 133

Ⅴ　懲戒処分の相当性：量定の程度 …………………………………… 134

Ⅵ　懲戒手続 ……………………………………………………………… 135

5-7　職務発明と相当の利益 ………………………………………………… 136

Ⅰ　2015 年特許法 35 条改正 …………………………………………… 136

Ⅱ　相当の利益 …………………………………………………………… 136

Ⅲ　職務発明と労働法 …………………………………………………… 137

5-8　グローバル人事 ………………………………………………………… 141

Ⅰ　問題の所在 …………………………………………………………… 141

Ⅱ　労働法の適用関係・準拠法・国際裁判管轄 …………………… 141

Ⅲ　設例の検討 …………………………………………………………… 143

第 6 章　労働関係の変動，企業における人格的利益，ハラスメント ─── 147

6-1　合併・事業譲渡と労働条件変更──賃金引下げと退職金清算 …………… 148

Ⅰ　問題の所在──企業買収と労働条件の整理・調整 …………… 148

Ⅱ　合併の場合 …………………………………………………………… 148

Ⅲ　事業譲渡の場合 ……………………………………………………… 150

6-2 会社解散に伴う解雇と親会社・代表者・取締役の責任･････････153

Ⅰ 問題の所在──会社解散・解雇をめぐる法的責任の追及････････153

Ⅱ 法人格否認の法理･･･････････････････････････････････････154

Ⅲ 共同不法行為としての取締役等への責任追及････････････････155

6-3 従業員の SNS 利用と削除命令・懲戒処分･･････････････････157

Ⅰ 労働者の SNS 利用と企業の対策の必要性･･･････････････････157

Ⅱ 事前の対策･･･157

Ⅲ 事後的対処･･･158

6-4 GPS による労働者の監視・管理の適法性･･･････････････････161

Ⅰ GPS による居場所管理と労働者のプライバシー････････････161

Ⅱ GPS による監視・管理に従うことを命じる業務命令の可否････161

Ⅲ 労働者側の対応･･･162

Ⅳ 労働組合員である場合の注意点･･･････････････････････････163

6-5 兼業・副業と懲戒処分・割増賃金等･････････････････････････165

Ⅰ 問題の所在──従業員の兼業・副業と法的問題･･････････････166

Ⅱ 兼業・副業の制限と懲戒処分等の可否････････････････････166

Ⅲ 兼業・副業と労働時間・割増賃金をめぐる問題･･････････････168

6-6 ハラスメントと人格権･････････････････････････････････････170

Ⅰ ハラスメントと人格権侵害･･･････････････････････････････170

Ⅱ ハラスメントへの法的対応･･･････････････････････････････172

6-7 セクシュアル・ハラスメント･･･････････････････････････････174

Ⅰ セクハラの内容と法的規制の流れ････････････････････････174

Ⅱ 初期の裁判例･･･175

Ⅲ 使用者責任･･･177

Ⅳ 加害者への懲戒処分･････････････････････････････････････178

Ⅴ 相談体制･･･178

6-8 パワー・ハラスメント･････････････････････････････････････179

Ⅰ パワハラの背景･･･179

Ⅱ パワハラと企業責任･････････････････････････････････････180

Ⅲ 加害者への懲戒処分･････････････････････････････････････181

Ⅳ　パワハラ防止の方策 ……………………………………………………………… 182

第7章　労働時間 ———————————————————————— 183

7-1　労働基準法上の労働時間概念 …………………………………………… 184

Ⅰ　労基法上の労働時間の概念 ………………………………………………… 184

Ⅱ　自宅での情報機器を用いた業務対応と事業場外労働のみなし労働時間制 …… 185

Ⅲ　テレワーク導入にあたっての留意点 ……………………………………… 186

Ⅳ　私生活上の自由時間と業務の境界 ………………………………………… 186

7-2　残業の事前承認制および手当の定額化 ……………………………… 188

Ⅰ　働き方改革による時間外労働等の上限規制 …………………………… 188

Ⅱ　時間外労働の事前承認制 …………………………………………………… 189

Ⅲ　時間外労働手当の定額制の留意点 ………………………………………… 190

Ⅳ　休憩時間の適切な付与 ……………………………………………………… 191

7-3　フレックスタイム制 ……………………………………………………… 192

Ⅰ　フレックスタイム制とは …………………………………………………… 192

Ⅱ　フレックスタイム制の導入手続 …………………………………………… 193

Ⅲ　フレックスタイム制の効果 ………………………………………………… 193

Ⅳ　清算期間が1か月を超えるフレックスタイム制の管理 …………………… 194

Ⅴ　清算期間が1か月を超えるフレックスタイム制の時間外労働の割増賃金 …… 195

7-4　高度プロフェッショナル制度と専門業務型裁量労働制との選択 ……… 196

Ⅰ　高度プロフェッショナル制度 ……………………………………………… 196

Ⅱ　専門業務型裁量労働制のみなし労働時間制 …………………………… 197

Ⅲ　どちらの制度を選択するか ………………………………………………… 197

7-5　勤務間インターバル制度の導入と運用 …………………………………… 200

Ⅰ　勤務間インターバル制度の意義と働き方改革 …………………………… 200

Ⅱ　勤務間インターバル制度の制度設計と導入手順 ……………………… 201

Ⅲ　勤務間インターバル制度の運営上の留意点 …………………………… 204

7-6　年次有給休暇取得促進への取組みと使用者による時季指定 …………… 205

Ⅰ　年次有給休暇の取得促進の新たな取組み ……………………………… 205

Ⅱ　使用者による時季指定制度の概要 ………………………………………… 206

Ⅲ　時季についての労働者の意見の聴取と時季指定方法 ……………………… 206

Ⅳ　年次有給休暇管理簿の活用 ………………………………………………… 206

Ⅴ　使用者による時季指定の留意点 …………………………………………… 207

Ⅵ　年休の早期付与および基準日の統一等と使用者の時季指定 …………… 208

Ⅶ　計画年休の効果的な活用 …………………………………………………… 208

第8章　労働者の傷病，労働災害・メンタルヘルス ─────── 209

8-1　私傷病休職命令をめぐる法的課題について ………………………… 210

Ⅰ　メンタル不調が疑われる社員に対する休職命令の可否と対応 ………… 210

Ⅱ　通算規定の有効性とその適用可否 ………………………………………… 211

Ⅲ　断続的な欠勤に対する懲戒解雇処分の可否 ……………………………… 212

Ⅳ　ストレスチェック制度と休職命令の関係 ………………………………… 213

8-2　私傷病休職者の休職期間満了による解雇・退職 …………………… 214

Ⅰ　はじめに …………………………………………………………………… 214

Ⅱ　復職申請時点に原職復帰が困難な場合 …………………………………… 215

Ⅲ　復職可否判断の対応上の課題 ……………………………………………… 216

Ⅳ　いわゆる正社員職の現実的配置可能性について ………………………… 217

Ⅴ　リハビリ出社と障害者雇用促進法における合理的配慮 ………………… 218

8-3　業務上障害と解雇の制限 ……………………………………………… 220

Ⅰ　はじめに …………………………………………………………………… 220

Ⅱ　休職期間満了を理由とした解雇と労基法 19 条について ……………… 220

Ⅲ　休職期間満了を理由とした退職扱いと労基法 19 条について ………… 221

Ⅳ　打切補償と解雇制限規定について ………………………………………… 221

Ⅴ　労基法 19 条の打切補償と専修大学事件判決 …………………………… 222

Ⅵ　使用者の対応はどうすべきか ……………………………………………… 223

8-4　精神障害と安全配慮義務違反 ………………………………………… 225

Ⅰ　精神障害による自殺と損害賠償責任 ……………………………………… 225

Ⅱ　安全配慮義務違反の一般的判断枠組み …………………………………… 225

Ⅲ　精神障害による自殺における安全配慮義務違反 ………………………… 226

Ⅳ　過重な業務と損害との間の因果関係 ……………………………………… 227

目　次　xi

Ⅴ　自殺の予見可能性 ·· 228

8-5　損害額の算定と過失相殺・素因減額 ························· 229

Ⅰ　過失相殺と素因減額 ·· 229

Ⅱ　過失相殺 ·· 230

Ⅲ　素因減額 ·· 231

第9章　労働契約の終了・退職金・年金 ————— 233

9-1　退職勧奨の法律問題 ·· 234

Ⅰ　退職推奨の実態と法的なルール ···································· 234

Ⅱ　従来の裁判例 ·· 235

Ⅲ　複合的な事例 ·· 236

Ⅳ　事例からみるポイントと設例の検討 ································ 237

9-2　解雇権濫用法理のポイント──能力不足を理由とする解雇 ········ 238

Ⅰ　解雇の類型と法的なポイント ······································ 238

Ⅱ　従来の裁判例 ·· 238

Ⅲ　事例からみるポイントと設例の検討 ································ 240

Ⅳ　補論：ユニオン・ショップ解雇 ···································· 241

9-3　整理解雇・変更解約告知・偽装解散 ························· 242

Ⅰ　整理解雇の4要素（4要件） ·· 242

Ⅱ　従来の裁判例 ·· 243

Ⅲ　事例からみるポイントと設例の検討 ································ 244

Ⅳ　変更解約告知 ·· 244

Ⅴ　偽装解散と解雇 ·· 245

9-4　解雇紛争の解決 ·· 246

Ⅰ　紛争解決の基本的な枠組み ·· 246

Ⅱ　従来の裁判例など ·· 246

Ⅲ　事例からみるポイントと設例の検討 ································ 249

9-5　退職金と会社側債権との相殺 ································· 250

Ⅰ　労基法上の「賃金」該当性 ·· 250

Ⅱ　賃金の全額払原則と相殺 ·· 251

Ⅲ　調整的相殺 ……………………………………………………… 252

Ⅳ　合意相殺 ………………………………………………………… 252

9-6　退職金不支給・減額条項 ……………………………………… 254

Ⅰ　退職金の法的性格 ……………………………………………… 254

Ⅱ　懲戒解雇の場合 ………………………………………………… 255

Ⅲ　競業避止義務違反の場合 ……………………………………… 256

9-7　退職金規程，企業年金等の不利益変更 ……………………… 258

Ⅰ　企業年金（退職年金）の概要 ………………………………… 258

Ⅱ　自社年金の受給者減額・廃止 ………………………………… 259

Ⅲ　確定給付企業年金の受給者減額 ……………………………… 261

9-8　消えた年金記録・社会保険適用基準の誤信と使用者責任 …… 263

Ⅰ　はじめに ………………………………………………………… 263

Ⅱ　厚生年金特例法と新制度の創設 ……………………………… 264

Ⅲ　被保険者であるか否か会社が誤信した場合の対応 ………… 264

Ⅳ　使用者の過失認定について …………………………………… 265

第10章　国際化への対応 ——————————————— 267

10-1　外国人労働政策の現状 ………………………………………… 268

Ⅰ　入管法上の在留資格 …………………………………………… 268

Ⅱ　外国人労働者の受入れ政策 …………………………………… 269

Ⅲ　人口減少社会での成長戦略 …………………………………… 270

Ⅳ　改正入管法による在留資格「特定技能」の創設 …………… 270

10-2　外国人労働者の活用の方法 …………………………………… 272

Ⅰ　入管手続上の「雇用契約書」の法的性質 …………………… 272

Ⅱ　改正入管法の下での特定技能外国人の取扱い ……………… 274

Ⅲ　特定技能外国人の日本人との同等取扱い …………………… 275

10-3　技能実習制度をどう利用すればよいか ……………………… 277

Ⅰ　技能実習法について …………………………………………… 277

Ⅱ　3号技能実習移行での転職 …………………………………… 278

Ⅲ　技能実習と不当労働行為の成否 ……………………………… 280

目　次　xiii

Ⅳ　技能実習生と日本人との同等待遇 ··················· 281

10-4　外国人労働者の雇用管理 ······················ 283

Ⅰ　外国人労働者と労働法の適用 ····················· 283

Ⅱ　国籍を理由とする差別と労基法3条 ················· 283

Ⅲ　国籍（外国人）差別か雇用形態の区別か ············· 284

Ⅳ　不法就労者の労災事件をめぐる損害賠償額（逸失利益）の認定 ············· 284

第11章　今後の労使関係 ————————— 287

11-1　労使関係法制の原則と労使関係の現状 ············· 288

Ⅰ　憲法規範における労働組合の位置付け ··············· 288

Ⅱ　労使関係の現状 ······························· 289

11-2　労組法上の労働者——労働者性を超える課題 ········· 290

Ⅰ　労働形態の多様化と労働関係法の適用 ··············· 290

Ⅱ　委託作業員の労働者性 ························· 291

Ⅲ　クラウドワーカー等の労働者性 ··················· 292

11-3　団体交渉請求権と労働協約の関係 ················· 293

Ⅰ　団体交渉と労使協議 ························· 293

Ⅱ　労働者代表法制のあり方 ······················· 294

11-4　労組法上の使用者——企業関係の多様化と法的責任主体の所在 ········· 296

Ⅰ　労使関係における責任主体としての使用者 ············· 296

Ⅱ　具体的解決の方向性 ························· 298

11-5　労働組合と企業との関係の見直し ················· 299

Ⅰ　ユニオン・シップ協定 ························· 299

Ⅱ　チェック・オフ ····························· 300

鼎談：雇用社会における労使関係の将来展望 ————————— 303

事項索引 ··································· 318

判例索引 ··································· 324

略 語 一 覧

1 法令略語

労契法 = 労働契約法

労基法 = 労働基準法

職安法 = 職業安定法

最賃法 = 最低賃金法

労災保険法 = 労働者災害補償保険法

派遣法 = 労働者派遣事業の適正な運営の確保及び派遣労働者の保護等に関する法律

均等法 = 雇用の分野における男女の均等な機会及び待遇の確保等に関する法律

パート労働法 = 短時間労働者の雇用管理の改善等に関する法律

パート・有期法 = 短時間労働者及び有期雇用労働者の雇用管理の改善等に関する法律

女性活躍推進法 = 女性の職業生活における活躍の推進に関する法律

育介法 = 育児休業，介護休業等育児又は家族介護を行う労働者の福祉に関する法律

若者雇用促進法 = 青少年の雇用の促進等に関する法律

特定求職者支援法 = 職業訓練の実施等による特定求職者の就職の支援に関する法律

雇保法 = 雇用保険法

高年法 = 高年齢者等の雇用の安定等に関する法律

専門有期特措法 = 専門的知識等を有する有期雇用労働者等に関する特別措置法

公益通報者保護法 = 公益通報者保護法

労安衛法 = 労働安全衛生法

労組法 = 労働組合法

通則法 = 法の適用に関する通則法

労働契約承継法 = 会社分割に伴う労働契約の承継等に関する法律

個人情報保護法 = 個人情報の保護に関する法律

労働時間設定改善法 = 労働時間等の設定の改善に関する特別措置法

障害者雇用促進法 = 障害者の雇用の促進等に関する法律

障害者総合支援法 = 障害者の日常生活及び社会生活を総合的に支援するための法律

難病法 = 難病の患者に対する医療等に関する法律

精神保健福祉法 = 精神保健及び精神障害者福祉に関する法律

厚年法 = 厚生年金保険法

厚年特例法 = 厚生年金保険の保険給付及び保険料の納付の特例等に関する法律

個別労働紛争解決促進法 = 個別労働関係紛争の解決の促進に関する法律

労働施策総合推進法＝労働施策の総合的な推進並びに労働者の雇用の安定及び職業生活の充実等に関する法律

入管法＝出入国管理及び難民認定法

入管特例法＝日本国との平和条約に基づき日本の国籍を離脱した者等の出入国管理に関する特例法

技能実習法＝外国人の技能実習の適正な実施及び技能実習生の保護に関する法律

2　判例集等の略語

民　集＝最高裁判所民事判例集

労民集＝労働関係民事裁判例集

命令集＝不当労働行為事件命令集

労　判＝労働判例

労経速＝労働経済判例速報

判　時＝判例時報

判　タ＝判例タイムズ

賃　社＝賃金と社会保障

LEX/DB＝TKC法律情報データベース

3　文献略語

荒木＝荒木尚志『労働法（第3版）』（有斐閣，2016）

鎌田ほか＝鎌田耕一・諏訪康雄編『労働者派遣法』（三省堂，2017）

菅野＝菅野和夫『労働法（第11版補正版）』（弘文堂，2017）

土田＝土田道夫『労働契約法（第2版）』（有斐閣，2016）

土田・概説＝土田道夫『労働法概説（第4版）』（弘文堂，2019）

西谷＝西谷敏『労働法（第2版）』（日本評論社，2013）

西谷・労組＝西谷敏『労働組合法（第3版）』（有斐閣，2012）

野川＝野川忍『労働法』（日本評論社，2018）

水町＝水町勇一郎『労働法（第7版）』（有斐閣，2018）

水町・同一労働同一賃金＝水町勇一郎『「同一労働同一賃金」のすべて』（有斐閣，2018）

渡辺（下）＝渡辺章『労働法講義下』（信山社，2011）

百選＝村中孝史・荒木尚志編『労働判例百選（第9版）』（有斐閣，2016）

争点＝土田道夫・山川隆一編『労働法の争点』（有斐閣，2014）

労働契約の成立と若者・高齢者雇用

| 1-1 | 試用期間と解雇・本採用拒否 |

設例 住宅販売業を営むＡ社は，就業規則において，「本採用した日から６か月間を試用期間とする。試用期間中またはその終了時に労働者として不適格として認めたときは，本採用をしないことがある。」と定めている。大学卒業後，総合職勤務として４月に本採用されたＢら新入社員全員は，試用期間中，営業を担当することになり，上司からできるだけ多くの契約を取ってくることを業務として言い渡された。しかしＢは，本人の努力にもかかわらず，営業成績は同期入社の中で最低であった。そこでＡ社は，Ｂは同社の戦力にはならないと判断し，試用期間３か月を経過した時点で，解雇した。Ｂは当該解雇は無効であると主張することは可能であろうか？

解　説

I　試用期間の法的性質

採用された労働者は，本採用された日から一定期間（３か月，６か月等），「試用期間」に入ることがある。そして，就業規則には，「試用期間中またはその終了時に社員として不適格と認めたときは，本採用をしないことがある。」と定められることが多い。そこで，こうした試用期間中または試用期間終了後の解雇または本採用拒否が（いかなる場合に）許されるかが問題となる。

この問題を考えるにあたり，まずおさえておくべき判例として，三菱樹脂事件最高裁判決（最大判昭 48・12・12 民集 27 巻 11 号 1536 頁）がある。この判決は，まず，「試用契約の性質をどう判断するかについては，就業規則の規定の文言のみならず，当該企業内において試用契約の下に雇傭された者に対する処遇の実情，とくに本採用との関係における取扱についての事実上の慣行のいかんをも重視すべきものである」と判示した上で，同事件で問題となったケースにおいて，解約権留保付労働契約が成立していると判断している。三菱樹脂事件最高裁判決は，試用期間の性質について一義的に判断しているわけではなく，事案ごとに判断すべきとの姿勢を示していることには留意する必要があるが，試用期間中の関係については，解約権留保付労働契約が成立している状態である

2　第１章　労働契約の成立と若者・高齢者雇用

と評価できる場合が一般的であると思われる。

　このように試用期間中，解約権留保付労働契約が成立していると解される場合，いかなる場合に使用者は，解雇または本採用拒否できるかが問題となる。

II　本採用拒否の要件

　三菱樹脂事件最高裁判決は，「このような解約権の留保は，大学卒業者の新規採用にあたり，採否決定の当初においては，その者の資質，性格，能力その他上告人のいわゆる管理職要員としての適格性の有無に関連する事項について必要な調査を行ない，適切な判定資料を十分に蒐集することができないため，後日における調査や観察に基づく最終的決定を留保する趣旨でされるものと解されるのであって，今日における雇傭の実情にかんがみるときは，一定の合理的期間の限定の下にこのような留保約款を設けることも，合理性をもつものとしてその効力を肯定することができるというべきである。それゆえ，右の留保解約権に基づく解雇は，これを通常の解雇と全く同一に論ずることはできず，前者については，後者の場合よりも広い範囲における解雇の自由が認められてしかるべきものといわなければならない」と判示しつつ，「法が企業者の雇傭の自由について雇入れの段階と雇入れ後の段階とで区別を設けている趣旨にかんがみ，また，雇傭契約の締結に際しては企業者が一般的には個々の労働者に対して社会的に優越した地位にあることを考え，かつまた，本採用後の雇傭関係におけるよりも弱い地位であるにせよ，いったん特定企業との間に一定の試用期間を付した雇傭関係に入った者は，本採用，すなわち当該企業との雇傭関係の継続についての期待の下に，他企業への就職の機会と可能性を放棄したものであることに思いを致すときは，前記留保解約権の行使は，上述した解約権留保の趣旨，目的に照らして，客観的に合理的な理由が存し社会通念上相当として是認されうる場合にのみ許されるものと解するのが相当である。」と判示する。すなわち，当該事件で問題となったようなケースにおいては，試用期間における留保解約権の行使は，通常の解雇より広い範囲で解雇の自由が認められるが，「解約権留保の趣旨，目的に照らして，客観的に合理的な理由が存し社会通念上相当として是認されうる場合」にのみ許されることになる。具体的には，「企業者が，採用決定後における調査の結果により，または試用中の勤

務状態等により，当初知ることができず，また知ることが期待できないような事実を知るに至つた場合において，そのような事実に照らしその者を引き続き当該企業に雇傭しておくのが適当でないと判断することが，上記解約権留保の趣旨，目的に徴して，客観的に相当であると認められる場合には，さきに留保した解約権を行使することができるが，その程度に至らない場合には，これを行使することはできない」こととなる。

Ⅲ　試用期間中の解雇

　試用期間中の解雇に関して，ニュース証券事件（東京高判平21・9・15労判991号153頁）は，雇用契約書には，試用期間を6か月とする規定が置かれている一方，試用期間満了前に，会社はいつでも留保解約権を行使できる旨の規定はないとした上で，会社と労働者との間で，当該労働者の資質，性格，能力等を把握し，会社の従業員としての適性を判断するために6か月間の試用期間を定める合意が成立したものと認めるべきであるとした。そして，6か月の試用期間の経過を待たずして会社が行った本件解雇には，より一層高度の合理性と相当性が求められるものというべきであるところ，適格性を有しないと判断して本件解雇をすることは，試用期間を定めた合意に反して会社の側で試用期間を労働者の同意なく短縮するに等しいものというべきであって，労働者が業務上横領等の犯罪を行ったり，会社の就業規則に違反する行為を重ねながら反省するところがないなど，試用期間の満了を待つまでもなく労働者の資質，性格，能力等を把握することができ，会社の従業員としての適性に著しく欠けるものと判断することができるような特段の事情が認められるのであれば格別，合意した試用期間である6か月間における労働者の業務能力または業務遂行の状態を考慮しないで会社が行った本件解雇は客観的に合理的な理由がなく社会通念上相当として是認することができず無効であると判示している。

　また医療法人財団健和会事件（東京地判平21・10・15労判999号54頁）は，「勤務状況等が改善傾向にあり，原告の努力如何によっては，残りの試用期間を勤務することによって被告の要求する常勤事務職員の水準に達する可能性もある」等の事情が認められるにもかかわらず，「試用期間満了まで20日間程度を残す同年4月10日の時点において，事務能力の欠如により常勤事務としての適性

に欠けると判断して本件解雇をしたことは，解雇すべき時期の選択を誤ったものというべく，試用期間中の本採用拒否としては，客観的に合理的理由を有し社会通念上相当であるとまでは認められず，無効というべきである」と判示している。

これに対し，日本基礎技術事件（大阪高判平24・2・10労判1045号5頁）は，新卒採用された社員が6か月の試用期間の「4か月弱が経過したところではあるものの，繰り返し行われた指導による改善の程度が期待を下回るというだけでなく，……研修に臨む姿勢についても疑問を抱かせるものであり，今後指導を継続しても，能力を飛躍的に向上させ，技術社員として必要な程度の能力を身につける見込みも立たなかったと評価されてもやむを得ない状態であった」とし，労働者「としても改善の必要性は十分認識でき，改善するために必要な努力をする機会も十分に与えられていたというべきであるし，被控訴人としても本採用すべく十分な指導，教育を行っていたといえる」ことなどから試用期間途中での解雇を有効としている。

試用期間中の解雇の有効性判断においても，前掲三菱樹脂事件最高裁判決をふまえた上で，個別具体的に判断することになろう。具体的には，新卒採用者をその者の具体的な職業能力に着目せず採用したような場合には，そうした事情を考慮して，試用期間中の解雇の有効性を判断することになろう。他方で，中途採用者についてその者の具体的職業能力に着目して採用し，かつ，職務内容を限定されているという場合には，前者の場合よりも，試用期間中の解雇が広く認められることになろう。

設例においては，A社は，Bを学卒者であることを認識した上で総合職として採用している。また採用後3か月の営業成績のみでは本人の適性を十分に判断することは困難であるし，B社が本人のパフォーマンスをあげるべく十分な対策を講じたと評価することも困難であろう。こうしたことからすると，Bは，A社による解雇を無効である（労契法16条）と主張することは可能であると思われる。

（小西康之）

1-1　試用期間と解雇・本採用拒否

| 1-2 | 労働条件明示の時期 |

設例 放課後児童デイサービス事業を営むC社は，ハローワークで求人を行うこととし，「雇用の始期：2019年2月1日，契約期間の定め：なし，定年制：なし」等を内容とする求人票を作成し，ハローワークに求人申込みをした。C社の代表者は，実際の契約内容は契約時に改めて決めればよいと考えていた。

当時64歳であったDはC社代表者の面接を受けた際，定年制がないことを質問したところ，C社代表者はまだ決めていないと回答した。また，労働契約の定めの有無や労働契約の始期については，特にやり取りがなされなかった。この面接後，C社はDに採用する旨を伝えた。

C社代表者は，2019年3月からのDの労働条件について，社労士の助言を受け，契約期間1年の有期契約とし，その旨の労働条件通知書を作成した。2019年3月1日，C社代表者はDに当該労働条件通知書を提示して説明した。これに対しDは，既に他を退職してC社に就業した以上，これを拒否すると仕事が完全になくなり収入が絶たれると考え，特に内容に意を払わず，その裏面に署名押印した。C社は，2020年2月末日限りでDC社間の労働契約が終了したものとして取り扱った。

本件においては，期間の定めのない労働契約が成立しているであろうか。

解　説

I　労働条件の明示義務

労基法15条は，使用者は，労働契約の締結に際し，労働者に対して賃金，労働時間その他の労働条件を明示しなければならない旨を定め（1項1文），一定の労働条件については，厚生労働省令で定める方法により明示することが要請されている（1項2文）。具体的には，①労働契約の期間に関する事項，②有期労働契約を更新する場合の基準に関する事項，③就業の場所および従事すべき業務，④始業および終業の時刻，所定労働時間を超える労働の有無，休憩時間，休日，休暇並びに就業時転換に関する事項，⑤賃金の決定，計算および支払方法等，⑥退職に関する事項（解雇事由を含む）については，書面の交付により明らかにしなければならない（労基則5条）。そして，「労働契約の締結に

6　第1章　労働契約の成立と若者・高齢者雇用

際し」（労基法 15 条 1 項）とは，労働契約が採用内定時に成立していると認められる場合には，そのときをいうと解される。ただしその際に提示する賃金額については見込み額でよいとする裁判例がある（八州測量事件・東京高判昭 58・12・19 労判 421 号 33 頁）。こうした労基法上の労働条件明示義務に反した使用者には罰則の適用がありうる（労基法 120 条）。そして使用者によって明示された労働条件が事実と相違する場合においては，労働者は，即時に労働契約を解除することができる（労基法 15 条 2 項）。

Ⅱ　職業紹介事業者等の労働条件明示

　また，公共職業安定所，職業紹介事業者等にも労働条件等の明示義務が課されており，これらの公共職業安定所等は，職業紹介，労働者の募集または労働者供給にあたり，求職者等に対し，その者が従事すべき業務の内容および賃金，労働時間その他の労働条件を明示しなければならない（職安法 5 条の 3）。

　それでは，労働者の募集段階で求人票や求人広告によって示された労働条件と実際の労働条件が異なる場合，労働契約の内容はどのようなものになるであろうか。

　この点については，合理的意思解釈の問題となる。例えば，求人広告等で提示された労働条件が一応の見込みにすぎないといった場合には，その内容はただちには労働契約の内容とはならないとされることとなろう。前掲八州測量事件は，求人票に記載された基本給額は「見込額」であり，文言上等からも，最低額の支給を保障したわけではなく，将来入社時までに確定されることが予定された目標としての額であると解すべきであると判示する。

　また，求人広告等が示す労働条件とは異なる労働条件に関する合意が労働契約締結時に成立したと認められる場合にも，求人広告等が示す労働条件は労働契約の内容とはならず，労働契約締結時に成立した労働条件の内容に関する合意が労働契約の内容となりえよう。藍澤證券事件（東京高判平 22・5・27 労判 1101 号 20 頁）は，「使用者による就職希望者に対する求人は，雇用契約の申込の誘引であり，その後の採用面接等の協議の結果，就職希望者と使用者との間に求人票と異なる合意がされたときは，従業員となろうとする者の側に著しい不利益をもたらす等の特段の事情がない限り，合意の内容が求人票記載の内容

に優先すると解するのが相当である」との判断枠組みを示した上で，求人票の内容ではなく，その後に交わされた契約書記載の内容のとおり合意されたものと認めるのが相当であると判断している。

　これに対し，募集時において求人票等によって示された労働条件のほかに，それに関する特段の説明や合意がない場合には，それによって示された労働条件が労働契約の内容と解されることとなろう。千代田工業事件（大阪高判平2・3・8労判575号59頁）は，「職業安定法18条〔当時〕……の趣旨とするところは，積極的には，求人者に対し真実の労働条件の提示を義務付けることにより，公共職業安定所を介して求職者に対し真実の労働条件を認識させたうえ，ほかの求人との比較考慮をしていずれの求人に応募するかの選択の機会を与えることにあり，消極的には，求人者が現実の労働条件と異なる好条件を餌にして雇用契約を締結し，それを信じた労働者を予期に反する悪条件で労働を強いたりするなどの弊害を防止し，もって職業の安定などを図らんとするものである。かくの如き求人票の真実性，重要性，公共性等からして，求職者は当然求人票記載の労働条件が雇用契約の内容になるものと考えるし，通常求人者も求人票に記載した労働条件が雇用契約の内容になることを前提としていることに鑑みるならば，求人票記載の労働条件は，当事者間においてこれと異なる別段の合意をするなど特段の事情がない限り，雇用契約の内容になるものと解するのが相当である」とした上で，「控訴人は，本件求人票の雇用期間欄に『常用』と記載しながら具体的に雇用期間欄への記載をしなかったものであるから，控訴人の内心の意思が前認定のとおり期間の定めのある特別職を雇用することにあったにせよ，雇用契約締結時に右内心の意思が被控訴人に表示され雇用期間について別段の合意をするなどの特段の事情がない限り，右内心の意思にかかわりなく，本件求人票記載の労働条件にそった期間の定めのない常用従業員であることが雇用契約の内容になるものと解するのが相当である」と判示している。また，近時の裁判例である福祉事業者A苑事件（京都地判平29・3・30労判1164号44頁）は，「求人票は，求人者が労働条件を明示した上で求職者の雇用契約締結の申込みを誘引するもので，求職者は，当然に求職〔人〕票記載の労働条件が雇用契約の内容となることを前提に雇用契約締結の申込みをするのであるから，求人票記載の労働条件は，当事者間においてこれと異なる別段の合

意をするなどの特段の事情のない限り，雇用契約の内容となると解するのが相当である」とした上で，「本件求人票には雇用期間の定めはなく，雇用期間の始期は平成26年2月1日とされ，面接でもそれらの点について求人票と異なる旨の話はないまま，被告は原告に採用を通知したのであるから，本件労働契約は，同日を始期とする期間の定めのない契約として成立したものと認められている。したがって，設例においても，2019年2月の時点に期間の定めのない労働契約が成立したと評価する余地は十分にあろう。

　また，求人広告等によって提示された労働条件が労働契約の内容となったとまでは評価できない場合であっても，求職者（労働者）と求人者（使用者）との間のやり取りいかんによっては，求人者（使用者）は，損害賠償責任を負うことがありうる。日新火災海上保険事件（東京高判平12・4・19労判787号35頁）では，会社は，内部的には運用基準により中途採用者の初任給を新卒同年次定期採用者の現実の格付のうち下限の格付により定めることを決定していたのにもかかわらず，有為の人材の獲得のため，応募者に対してそのことを明示せず，就職情報誌での求人広告並びに面接および社内説明会における説明において，給与条件につき新卒同年次定期採用者と差別しないとの趣旨の，応募者をしてその平均的給与と同等の給与待遇を受けることができるものと信じさせかねない説明をしており，そのためそのような給与待遇を受けるものと信じて入社した労働者は，入社後一年余を経た後にその給与が新卒同年次定期採用者の下限に位置付けられていることを知って精神的な衝撃を受けたとして，慰謝料請求が認められた。

（小西康之）

1-3	採用内定期間中の法律関係

設例 　大学4年生であるEは，6月1日にアニメ事業を展開するF社から採用内々定の通知を受け，10月1日の採用内定式で採用内定通知書を受領した。採用内定式後の説明会で，F社の人事担当者は，Eら採用内定者に対して，4月から即戦力としての働きを期待していること，来年度から海外事業の展開を本格的に進める予定であること，その関係で採用内定者には入社式までの間，F社が提供する英語強化プログラムの受講をすることを求めた。また費用については，基本的にF社で負担するが，採用内定者が採用辞退する場合には，費用相当額の返還を求める旨説明し，F社とEら採用内定者との間で免除特約付金銭消費契約を締結した。EはF社から指定された英語強化プログラムを受講していたが，その間に他の会社に就職することが決まり，F社からの内定を辞退することとなった。F社はEに対して損害賠償を求めることができるであろうか。またF社はEに対して，当該プログラムの費用分の返還を求めることができるであろうか？

解　説

I　内定期間中の研修の可否

　採用内定期間中，企業が採用内定者に対して研修を実施するケースがしばしばみられる。設例はそうした状況の中で問題となった事例であるが，この問題を検討する前に，企業は採用内定期間中に研修を課すことができるかをみておこう。

　採用内定期間中の法律関係については，就労始期付労働関係にあるとか，効力始期付労働関係にあるとかといった説明がなされることがあるが，企業と採用内定者間にいかなる関係が形成されたかについては，個別のケースに応じて具体的に判断していくことになる（採用内定後においては，労働契約の成立自体は認められるケースが多いであろう）。採用内定後の研修義務の存否，その内容についても，個別的に判断していくよりほかはない。

　また，採用内定期間中の研修は，採用内定者の卒業前に行われることから，内定学生の学業との関係が問題になることもある。

10　第1章　労働契約の成立と若者・高齢者雇用

これらの点についてリーディングケースとなるのが，採用期間中の研修への参加と採用内定の取消しが問題となった宣伝会議事件（東京地判平17・1・28労判890号5頁）である。同事件において裁判所は，①一旦参加に同意した内定者が，学業への支障などといった合理的な理由に基づき，入社日前の研修等への参加を取りやめる旨申し出たときは，これを免除すべき信義則上の義務を負っている，②本件内定が効力始期付と評価される場合であっても就労始期付と評価される場合であっても，両当事者間に研修参加への同意が成立していたとしても，採用内定者が，本件研修と研究の両立が困難となった場合には研究を優先させ，本件研修への参加をやめることができるとの留保が付されていたと解するのが相当である，と判示している。この点は，採用内定期間中の企業による採用内定者の取扱いを検討するにあたっても重要なポイントとなろう。

Ⅱ　損害賠償請求の可否

　採用内定者が採用を辞退した場合，企業は辞退者に対して損害賠償を請求することができるであろうか。この点については，一般的には，採用内定期間中には労働契約関係が成立していると考えられるところ，期間の定めのない労働契約の場合，採用内定者は2週間の予告期間を置けば自由に辞退できる（民法627条1項）。この点について裁判例（アイガー事件・東京地判平24・12・28労経速2175号3頁）には，「本件内定の特殊性にかんがみると，入社日までに上記条件成就を不可能ないしは著しく困難にするように事情が発生した場合，原告は，信義則上少なくとも，被告会社に対し，その旨を速やかに報告し，然るべき措置を講ずべき義務を負っているものと解されるが，ただ，その一方で，労働者たる原告には原則として『いつでも』本件労働契約を解約し得る地位が保障されているのであるから（民法627条1項），本件内定辞退の申入れが債務不履行又は不法行為を構成するには上記信義則違反の程度が一定のレベルに達していることが必要であって，そうだとすると本件内定辞退の申入れが，著しく上記信義則上の義務に違反する態様で行われた場合に限り，原告は，債務不履行又は不法行為に基づく損害賠償責任を負うものと解するのが相当である」として，採用内定を辞退した者の損害賠償責任の可能性に言及しているものも存する（ただし，結論において，損害賠償責任は否定されている）。

Ⅲ　費用返還請求の可否

　それでは，研修に要した費用について返還を一定の条件の下で求める金銭消費貸借契約が両当事者間で締結されている場合はどうであろうか。この問題は特に，労基法16条が，「使用者は，労働契約の不履行について違約金を定め，又は損害賠償額を予定する契約をしてはならない」と定め，損害賠償額の予定を禁止していることとの関係で検討する必要がある。

　この点については，これまでの裁判例（長谷工コーポレーション事件・東京地判平9・5・26労判717号14頁）は，①研修や留学の業務性の程度，②研修や留学の自発性・任意性の程度，③返済免除付金銭消費貸借契約の有無とその内容等を勘案して，労基法16条違反か否かが判断される傾向にあるといえる。

　設例においては，①今後の海外での事業展開の必要性から採用内定者に英語研修を受けさせようとするものであり，業務性は相当程度認められること，②当該英語研修は希望者のみを対象とするものではなく，採用内定者全員を対象としたものであり，また受講すべきレッスンについても，採用内定者の希望等は考慮されていないこと，などからすると，③返済免除付金銭消費貸借契約が締結されているという事情は認められるものの，労基法16条違反と評価される可能性は高いと考えられよう。

（小西康之）

1-4 インターンシップ中の法律関係

設例 コンサルティング事業を営むG社は，学生へのG社の認知度を高めるため，また，顧客からのコンサルティングに関する問い合わせが急増し，コンサルティングのベースとなるリサーチに十分な人員を割くことが難しくなったことに対応するために，Hらを含む学生を学生インターンシップとして採用した。G社はHらに対して，①当インターンシップは学生に企業実務を体験してもらうためのものであって，雇用とか労働とかといったものではないこと，②昼食代として1日1000円を支払うこと，を説明した。そしてHらは，大学の夏休みの1か月間，平日の10時～17時（途中1時間は休憩時間）まで，従業員の指示の下で，資料作成のための下準備作業を行った。Hは，「これって働いているのと変わりないんじゃないのか？」と思い，G社に対して，最低賃金の請求を行った。

解　説

近年，企業が学生に対してインターンシップを実施するケースが非常に多い。企業がインターンシップを実施する意義やそこで行われる活動の実態については，職場を体験してもらい当該企業の認知度を高めるといったものから，より具体的な実務を実際に行ってもらうものまで多種多様である。そのため，そこで行われる活動が労働にあたるか，すなわち，インターンシップに従事する学生が「労働者」（労基法9条）に該当するか（いわゆる「労働者性」の問題）についても，個別具体的に判断をしていくほかはない。

インターンシップに従事する学生が労基法や最賃法の適用を受ける「労働者」か否かについては，行政通達（平9・9・18基発636号，ただし，行政通達は行政内部での解釈準則であり，法律と異なり裁判所を拘束するものではないことには十分留意をする必要がある）では，「一般に，インターンシップにおいての実習が，見学や体験的なものであり使用者から業務に係る指揮命令を受けていると解されないなど使用従属関係が認められない場合には，労働基準法第9条に規定される労働者に該当しないものであるが，直接生産活動に従事するなど当該作業による利益・効果が当該事業場に帰属し，かつ，事業場と学生の間に使用従属関係が認められる場合には，当該学生は労働者に該当するものと考えら

1-4　インターンシップ中の法律関係　13

れる」とされている。またヒューマントラスト事件（東京地判平20・3・26労判970号94頁）は，「本件研修日業務について……，この研修に参加した者全員がその後の本件業務従事者として採用されているのであれば，本件業務の一環としての準備段階としての労務提供に対して賃金支払があったとして，労働契約締結と評価する余地はある。しかし，……本件研修日業務には，応募者の中から，適性のある者を選抜するという側面があったことを無視することはできない。……被告のワークス部門のオペレーターから電話で研修参加者全員が採用される訳ではないことの告知を受けた上で本件研修日業務に参加していることを考えれば，個々の研修参加者は，上記事情を了解した上で研修に参加したことになり，被告との間で，本件研修日業務に関して1日の労働契約を締結したという評価をすることは困難であるといわなければならない。

　してみると，採用の前提となる研修実施を労働契約の締結であると評価することはできない」と判示している。

　設例についてみてみよう。最賃法の保護を受ける「労働者」は労基法上の「労働者」（労基法9条）と同一であり（最賃法2条1号），「使用される者で，賃金を支払われる者」と言えるかが問題となる。このいわゆる「労働者性」を判断するにあたっては，実態が重視される。したがって，設例のような当事者間で「労働契約」でないといった言明や合意があったとしてもそれは重視されるべきではない。「労働者性」の判断基準としては，一般的に，①仕事の依頼，業務従事の指示等に対する諾否の自由の有無，②業務遂行上の指揮監督の有無，③時間的・場所的拘束性の有無，④代替性の有無，⑤報酬の労務対償性，⑥事業者性，⑦専属性などが総合的に考慮される。設例では，従業員の指示の下で，資料作成のための下準備作業を行っていることから，「労働者性」は認められえよう。その場合，最低賃金の請求は可能となる。

　また解釈上一般に，労基法上の「労働者」と労災保険法上の「労働者」とは同一であると解釈されている。したがって，前記のような実態でなされたインターンシップ業務に起因して負傷した等の場合には，労災保険給付がなされうることになろう。

（小西康之）

1-5　若者の雇用促進と法的保護

設例　Iは2010年に大学を卒業したが，就活がうまくいかず，短期のアルバイトの経験はあるものの，この1年ほどは仕事をせず，両親と同居する家に引きこもっている。既に30歳を過ぎたが，これといって，専門的な知識や技術も身につけていないし，世間では人手不足というが，やりたい仕事も見つからない。Iは就職に向けてどのような制度を利用することができるだろうか。

解　説

I　若者雇用促進法

　若者の雇用は，経済状況の悪化に際して新規採用が抑制されるなど（非正規雇用の増加も），日本の雇用社会において調整弁の1つとして機能しており，景気変動の影響を最も受けやすい。また，日本の正社員採用は，新卒一括採用が中心であり，中途採用は限定的である。一方で，新卒採用後3年間における離職率は，ミスマッチ等に起因して比較的高く，若者の長期失業（無業）や非正規労働者の増加などの問題も改善を要する。若者は将来の経済および社会を担う者であり，キャリア形成を法的にもサポートする必要がある。

　こうした若者の置かれている状況を踏まえ，2015年に勤労青少年福祉法を改正した若者雇用促進法は，学校卒業見込者等の求めに応じて，事業主に対して，職場情報（青少年雇用情報）として，①募集・採用に関する状況（直近3事業年度の新卒採用者数・離職者数，男女別人数，平均勤続年数），②労働時間などに関する状況（前年度の月平均所定外労働時間，有給休暇の平均取得日数等），③職業能力の開発・向上に関する状況（研修の有無・内容，メンター制度の有無等）に関する情報提供を義務付けている（同法13条）。なお，ここにいう「学校卒業見込者等」とは，①学校（小学校および幼稚園を除く），専修学校，各種学校，外国の教育施設に在学する者で，卒業することが見込まれる者，②公共職業能力開発施設や職業能力開発総合大学校の職業訓練を受ける者で，修了することが見込まれる者，①と②の卒業者・修了者が含まれる。

1-5　若者の雇用促進と法的保護　15

また，同法11条では，労働関係法令違反の事業主に対する公共職業安定所（ハローワーク）における求人の不受理などが定められ（2017年職安法改正では，求人の不受理は，新卒者以外にも拡大された），さらに，若者の職業能力の開発・向上の支援として，ジョブ・カード（職務経歴等記録書）の普及・促進，キャリアコンサルタントの登録制の導入が定められた。これらは，ミスマッチ等を防ぐ施策である。

Ⅱ　トライアル雇用

　トライアル雇用（試行雇用）については，職業経験，技能，知識等から安定的な就職が困難な求職者について，ハローワーク等の紹介により，一定期間試行雇用した場合に助成するものであり，生活保護受給者や母子家庭の母等（2019年4月1日より，ニートやフリーター等で45歳未満の人も追加）も対象としている。特に若年者のトライアル雇用については，雇用保険の雇用安定事業として，若者雇用促進法に基づく認定事業主が，35歳未満の対象者（安定就業を希望する未経験者）を試行的に雇い入れる場合，1人あたり最大5万円（最長3か月）が事業主に支給されることになっている。

　トライアル雇用を通じて，仕事や企業について理解を深めることができ，同雇用は，労基法などの法律が適用される。助成金（試行雇用奨励金）は，事業主に支払われるが，労働者には，事業主（使用者）から賃金が支払われる。常用雇用移行率は，約8割であり（「トライアル雇用助成金リーフレット（求職者向け）」参照），決して低くはない。

　Ⅰも，ハローワークを通じて，認定事業主との間でトライアル雇用を実施し，常用雇用への道を探ることが考えられる。

Ⅲ　求職者支援制度

　トライアル雇用が雇用保険二事業として，保険料の負担者である事業主への還元を前提として，助成金による雇入れ（賃金補填的性質）を行うのに対して，2011年の雇用保険法改正により設けられた職業訓練受講給付金（給者支援制度），すなわち，就職支援事業（特定求職者支援法に係る事業）による給付は，就職困

難な若者（雇用保険受給終了者や学卒未就職者等）などに対する制度である。これは，現に保険料を負担していない（本来的に雇用保険を受給できない）求職者に対するセーフティネットとして，「被保険者になろうとする者」（雇保法64条）に対して直接，職業訓練受講給付金（職業訓練受講手当など）として，月額10万円＋通所手当等を支給するものである。

就職支援事業の財源の半分は国庫であり，残り半分を労使折半（二事業分を除いた一般保険料）としているが，生活扶助的な性質を有することもあり，本人収入が月8万円以下，世帯全体の収入が月25万円以下，世帯全体の金融資産が300万円以下といった給付金の支給要件が課されている。I は，自身の収入はないものの，両親との世帯の月収や資産が，上記の要件を満たしているかが問題となる。

Ⅳ　若者の就職機会の拡大と能力開発

若者が正社員になるためのルートは，これまで新卒一括採用が中心であり，そこには，文部科学省（学校），厚生労働省，経営者団体との間での就職・採用活動に関するルールが存在した。一方で，こうしたルールの実効性には，経済団体からも疑義が呈されている。伝統的な企業内 OJT が縮小する中，若者の能力開発やキャリア形成には，国による経済的支援が不可欠である。

近時，官邸主導の下，未来投資会議（2018年10月）において，中途採用の拡大や新卒一括採用の見直しを含めて議論する方針が示された。また，就職活動のスケジュールを事実上定めている「採用選考に関する指針」について，経団連は，2021年4月入社分から廃止するとの方針を表明した。こうした動きに対して，政府も「就職・採用活動日程に関する関係省庁連絡会議」を設置して，2020年採用までは，広報活動を3月1日から，選考活動を6月1日から開始する現行のスケジュールを維持しつつ，2021年以降について検討に入っており，今後の動きが注目される。

（山下　昇）

| 1-6 | 高齢者の継続雇用 |

設例 J運送には，正社員，嘱託社員，非常勤社員の運転手がおり，正社員を定年（60歳）後に嘱託社員（1年契約を最大65歳まで更新，時給制，賞与なし）として再雇用している。正社員は，無期労働契約の月給制で，基本給（勤続年数等を考慮して20万円～30万円）と年2回の賞与がある。嘱託社員の労働条件は，正社員で組織する組合と会社が交渉して決定されたものであり，嘱託社員の賃金水準は，定年前に比べ，概ね70%程度となるが，仕事の内容は定年前後で変わらない。嘱託社員Kは，同じ仕事なのに賃金が大幅に下がることに納得がいかない。

また，同社は，多数の非常勤社員（半年契約，時給制，賞与なし）を必要に応じて採用し，契約更新しているが，配送業務等について，適性が加齢により逓減しうることを考慮して，契約の更新上限を「65歳に達した日以後の最初の契約期間満了日以後更新しない」と就業規則で定め，労働条件通知書にも記載して，契約の締結・更新の際に非常勤社員に交付している。非常勤社員Lは，61歳のときに採用され，契約更新してきたが，65歳に達した後の契約の更新を拒否された。

| 解　　説 |

I　高年齢者雇用確保措置

人口の高齢化と高年齢者の高い就業意欲をふまえ，高年法9条1項は，事業主に対して「高年齢者雇用確保措置」を義務付けている。厚労省が公表した2018年「高年齢者の雇用状況」では，高年齢者雇用確保措置の実施済企業の割合は99.8%であり，そのうち同項2号の継続雇用制度（定年後も引き続いて雇用する制度）の導入によって対応する企業の割合は，79.3%に上っている（定年制の廃止が2.6%，65歳以上定年制は19.1%である）。

II　希望者全員の継続雇用と高年齢者に係る基準

60歳以上の定年制は，長期雇用・年功的処遇の下での組織運営の適正化や賃金コストの抑制という点で，一定の合理性が認められている（長澤運輸事件・最二小判平30・6・1民集72巻2号202頁）。継続雇用制度では，原則として，

希望者全員を継続雇用しなければならないが，2013年4月1日以前に，労使協定で「高年齢者に係る基準」を締結している場合には，63歳以降（2019年4月1日より）について，継続雇用の対象者を限定することができる。また，企業グループ（特殊関係事業主）での継続雇用も認められている（同法9条2項，高年則4条の3）。

　ただし，高年法9条3項に基づき，「高年齢者雇用確保措置の実施及び運用に関する指針」（平24・11・9厚労告560号）が定められ，これによれば，「心身の故障のため業務に堪えられないと認められること，勤務状況が著しく不良で引き続き従業員としての職責を果たし得ないこと等就業規則に定める解雇事由又は退職事由（年齢に係るものを除く。以下同じ。）に該当する場合には，継続雇用しないことができる。」とされている。

　これまでの裁判例では，「懲戒処分を受けていないこと」という基準に照らして，懲戒歴がある者について再雇用拒否したことが有効とされたものや（学校法人大谷学園事件・横浜地判平22・10・28労判1019号24頁，社会福祉法人甲会事件・東京地判平24・10・9労経速2157号24頁），協調性や事故歴（運転手）等による「品質関係基準等を満たす者」に当たらないとして，再雇用拒否を有効としているもの（日通岐阜運輸事件・岐阜地判平20・9・8労経速2016号26頁），「専門的知識・業務経験等を有する者」について，15年勤務していたものの，作業手順違反が数回あったことが認められる労働者について，基準を満たしていないとして，再雇用拒否を有効としたものがある（房南産業事件・横浜地判平23・10・20労経速2127号11頁）。

　これに対して，「直近2年間の人事評価結果がいずれも80点以上である者」につき，人事評価を再検討し，当該基準を満たすとしたもの（日本郵便事件・東京高判平27・11・5労経速2266号17頁）や，「通常勤務できる意欲と能力」について過去の勤務実態を詳細に検討し，能力がないとはいえないと判断したものがある（東京大学出版会事件・東京地判平22・8・26労判1013号15頁）。こうした事案において，基準自体は具体的である一方，基準への当てはめ・評価が妥当性を欠く場合には，改めて，裁判所が基準への適用の有無を判断し，継続雇用基準に満たないことを理由とする雇止め（再雇用の拒否）の効力を否定し，再雇用されたのと同様の雇用関係の存続を認めている（津田電気計器事件・最

一小判平 24・11・29 労判 1064 号 13 頁，エボニック・ジャパン事件・東京地判平 30・6・12 労経速 2362 号 20 頁）。

Ⅲ　継続雇用制度の労働条件

　継続雇用制度における労働条件については，有期労働契約（嘱託社員など）が多く，定年前の水準と比べて下がるのが一般的であるが，2 つの公的給付（在職老齢年金と高年齢雇用継続給付）を踏まえて決定される（一般に，従前の 6 割程度にした場合，公的給付と手取り額の合計が最大となることが指摘されている）。そして，就業規則を通じて定める場合には，法令等に違反しない限り，使用者に一定の裁量が認められる。

　しかし，定年前の水準から著しく低下するような労働条件は，違法と評価される場合がある。例えば，事務職の労働者に対して，清掃業務のパート（1 日 4 時間，時給 1000 円）や月収ベースで約 4 分の 1 になる短時間労働者の再雇用条件を提示した場合には，不法行為を構成することがある（トヨタ自動車ほか事件・名古屋高判平 28・9・28 労判 1146 号 22 頁，九州惣菜事件・福岡高判平 29・9・7 労判 1167 号 49 頁〔最一小決平 30・3・1 労経速 2347 号 11 頁〕）。これに対して，協和出版販売事件（東京高判平 19・10・30 労判 963 号 54 頁）では，「勤務する意思を削がせ，現実には多数の者が退職する」ような労働条件は認められないとされるが，定年前の賃金から最大で約 42% 低い労働条件となる者がいたケースで，合理性を肯定している。また，愛知ミタカ運輸事件（大阪高判平 22・9・14 労判 1144 号 74 頁）でも，再雇用後の賃金が従前の 54.6% になる事案について，雇用保険の高年齢雇用継続給付が従前の 61% の水準になることを予測していることなどから，公序良俗に反するとはいえないとしている。

　そして，継続雇用は有期雇用であることが多く，パート・有期法 8 条（2018 年改正前労契法 20 条）との関係が問題となる。同条は，短時間・有期雇用労働者の基本給について，通常の労働者の待遇との間において，①職務の内容（業務の内容および当該業務の責任の程度），②当該職務の内容および配置の変更の範囲，③「その他の事情のうち，当該待遇の性質及び当該待遇を行う目的に照らして適切と認められるもの」を考慮要素として挙げている。通常の労働者と①②が同じであっても，定年後再雇用は，「長期間雇用することは通常予定さ

れて」おらず，「老齢厚生年金の支給を受けることも予定されている」といった事情があり，不合理性の判断で考慮され（前掲長澤運輸事件），賃金の相違が，直ちに不合理と評価されるわけではないと解される（平成30・12・28厚労告430号「短時間・有期雇用労働者及び派遣労働者に対する不合理な待遇の禁止等に関する指針」第3の1の（注）2）。また，①が同一で，雇用関係の全期間において，②が同一であれば，同法9条の差別的取扱いの禁止が適用されるが，定年後再雇用の場合は，雇用関係の全期間において②が同一とは解しにくいため，その適用はないと考えられる。したがって，設例のKが裁判をしても，請求が認められない可能性がある。

Ⅳ　高年齢を理由とする雇止め（一定年齢の更新上限）

「定年後に有期契約で継続雇用される高齢者」については，「定年後引き続き雇用されている期間」において，労契法18条1項の無期転換ルールの特例として，同ルールが適用されない（専門有期特措法」が定める「特定有期雇用労働者」〔2条3項2号〕については，労契法18条の通算契約期間に契約期間が算入されない〔同措置法8条2項〕）。しかし，定年後の継続雇用ではない，もともと有期契約の非常勤職員については無期転換ルールが適用されることになる。また，有期契約を反復更新した場合，労契法19条の雇止めルールが適用される。そこで，設例において65歳の更新上限を設け，一律に雇止めにする就業規則の規定は合理的といえるか。

一定年齢に達していることを雇止めの理由とすることについて，特に，事業規模等に照らして，加齢による影響の有無や程度を労働者ごとに検討して，更新の可否を個別に判断するのではなく，一定年齢に達した場合には更新しない旨を予め定めておくことは相応の合理性が認められ，また，65歳という年齢は，高年法にも抵触しないことからも，就業規則としての合理性（労契法7条）が認められる（日本郵便〔期間雇用社員ら・雇止め〕事件・最二小判平30・9・14労判1194号5頁）。そして，書面で65歳以降は更新しない旨説明されており，雇用関係が継続されるものとLが期待することに合理的な理由は認められない。

（山下　昇）

1-7	**中高年齢者の雇用の維持・促進**

設例 M社では，継続雇用制度を実施するとともに，中高年齢層の労働者の適正配置・企業組織の人員構成の適正化を図るため，これまで，中高年齢層の労働条件の見直し（就業規則の変更）をしたり，転籍出向などを活用したりしている。一方で，会社が必要とする人材を引き留めることも考えなければならない。そこで，45歳以上を対象として，所定の退職金に加算して割増退職金を支給する早期退職優遇制度を定めつつ，制度の適用（割増退職金の支給）要件として「会社が認めた者」としているが，法的には問題ないだろうか。

また，家族の介護を理由に退職を申し出る中高年管理職がいることから，要介護家族の介護を行う従業員に対して，配慮したいと考えている。

解　説

I　70歳までの就労促進と中高年齢労働者のキャリア形成

2025年に年金支給開始年齢の引上げが完了する一方で，人生百年時代に向けて，意欲ある高齢者の働く機会の確保が課題となる。65歳を超えても，就労意欲はなお強く，雇用保険でも，高年齢被保険者として，65歳以上の労働者にも雇用保険が拡大されることになった（2017年1月1日より適用）。また，「働き方実行計画」（2017年3月）においても，継続雇用年齢等の引上げを進めていくための環境整備を行っていくことが謳われており，**1-5 V**の未来投資会議（2019年5月15日）において，70歳までの就業機会の確保に向けた法整備が検討されている。

こうした高齢者の雇用促進は，企業にとっても，労働者個人にとっても，中高年齢期全体を通じたキャリア形成として，40〜50代からの課題として取り組むべきである。企業側からすれば，必要な人材の流出を予防しながら，企業組織の人員構成を適切化するために，労働者の転身を促す施策，例えば，転籍の活用や早期退職優遇制度の実施などを講じることになる。また，年代的にも中高年齢労働者が家族の介護の問題に直面することが多いが，介護は急な対応を要することがあり，長期にわたることもあるため，仕事と介護の両立が困難

22　第1章　労働契約の成立と若者・高齢者雇用

となることがある。そこで，政策的には，失業なき労働移動として，助成金などを通じた労働移動支援や介護休業制度の改善が重要な課題となる。

　例えば，転籍出向は，経営危機に際してのリストラ策としてだけでなく，平時においても，中高年齢労働者のセカンドキャリア支援等にも広く活用されている。そして，単に企業グループや取引先だけを対象としてではなく，再就職支援として，産業雇用安定センターの試行在籍出向プログラム事業（対象者：中年期〔40歳以上50歳未満〕が中心）などを通じて，広範な対象（企業）に対する転籍も行われている。また，同センターの高年齢退職予定者キャリア人材バンク事業では，就労意欲が高い60歳以上の高年齢者を求職者登録し，66歳以降も働き続けることが可能な求人情報（受入情報）を収集し，その能力の活用を希望する事業者に紹介をしている。

Ⅱ　早期退職優遇制度

　高年齢者雇用確保措置の義務化（高年法9条）は，本来的には，中高年齢者の雇用継続を目的とするものではあるが，企業にとって，今後検討される70歳までの雇用継続には，困難が伴うことが予想される。そこで，従来から，人員・組織の再編・適正化や人件費の抑制，解雇回避等のリストラを目的として，多くの企業で早期退職に関する制度（定年前の退職を選択する者に割増退職金等を支払う制度）が積極的に取り入れられ，中高年齢者の離職のシステムとして機能してきた。企業は，早期退職優遇制度を整備・強化し，定年到達前の労働者の自主的な退職を積極的に後押しすることにより，高年法上の責任を割増退職金の負担によって回避することができる。

　こうした早期退職優遇制度（選択定年制）に伴う割増退職金の実態や運用は多様であり，その法的構成は，各企業の制度ごとに判断するほかないが，判例によれば，従業員の申出と会社の承諾を前提として，早期の退職と割増退職金の発生という法的効果をもたらすと解されてきた。この場合の早期退職は，労働契約を合意解約により終了させることであるから，使用者による早期退職の募集は，合意解約の申込みの誘引にすぎず，これに対する労働者の解約の申込みと使用者の承諾によってその効力を生じるとされている（神奈川信用農業協同組合事件・最一小判平19・1・18労判931号5頁）。

そうすると，早期退職優遇制度を設ける趣旨は，組織の活性化，従業員の転身の支援および経費の削減であり，使用者の承諾要件は，事業上失うことのできない人材の流出を留めるために設けられるものであり，不承認が，人材流出を回避するためになされる場合には，制度目的の観点から合理的理由がある。少なくとも，早期退職優遇制度によらない退職の申出が妨げられていないのであり，その退職の自由を制限するものではないことから，不承認に対する使用者の裁量も広く認められる。なお，ここでの割増退職金は，通常の賃金と異なり，「早期の退職の代償として特別の利益を付与するもの」（前掲神奈川信用農業協同組合事件）であり，労働契約とは別個の契約（合意解約）の申込みの誘引の一内容にすぎないと理解されている。

Ⅲ　介護離職の防止

　育介法では，介護休業の制度を定めており，介護休業は，対象家族（同居・扶養していない祖父母，兄弟姉妹および孫も含まれる）1人につき通算93日まで，3回を上限として分割取得でき，労働者からの申出に対して，使用者はこれを拒否できない。また，介護のための所定労働時間の短縮措置等（選択的措置義務）として，介護休業とは別に，利用開始から3年の間で2回以上の利用を可能とし，事業主は，①所定労働時間の短縮措置（短時間勤務），②フレックスタイム制度，③始業・終業時刻の繰上げ・繰下げ，④労働者が利用する介護サービス費用の助成その他これに準じる制度のうちいずれかの措置を選択して講じなければならない。さらに，介護のための所定外労働が免除され，介護終了までの期間について請求することのできる権利が認められている（1か月以上1年以内の期間で請求できるが，事業の正常な運営を妨げる場合には事業主は請求を拒否できる）。そして，事業主は，介護休業等を理由とする不利益取扱いの禁止に加え，上司・同僚などが職場において，介護休業等を理由とする就業環境を害する行為をすることがないよう防止措置を講じなければならない（措置義務）。

　使用者としては，育介法上の義務を履行することはもちろんのこと，労働時間や休暇・休日への配慮など，独自の工夫が求められる。

（山下　昇）

第2章 パート・有期雇用

2-1	有期雇用と無期転換権

設例　① 食品販売業を営む A 社には無期雇用の正社員 50 名のほか，非正規で働く従業員が 300 人おり，その多くが 1 年を期間とする有期雇用で就労している。その 1 人である B は，期間の更新を 4 回繰り返し，A 社での就労が 5 年目に入ったので，そろそろ期間が限定されない無期雇用の立場になりたいと思っている。ところが先般 A 社から，できるだけ雇用の継続は配慮するので，無期転換権の行使はやめてほしいと言われ，5 回目の期間の更新や，その後の雇用継続の配慮を条件に，無期転換権は行使しないことを書面で合意した。この合意は有効だろうか。

② その後，交渉の末 B は無事に無期転換権を行使し，晴れて期間の限定がつかない無期雇用の労働者となった。これで自分も正社員の仲間入りだと喜んでいたところ，ある日「転換正社員就業規則」なるものを上司から渡された。そこには，無期転換権を行使して無期雇用に移行した従業員について，月給が一般の正社員の 8 割になること，昇進は正社員とは別の制度によって決められ，事実上役員にはなれないこと，賞与も正社員の 8 割しか支給されないことなどが定められていた。B は労働条件も正社員と同一にしてほしいと要望したがこれは認められるか。

解　説

I　無期転換権の意義

労契法 18 条は，有期労働契約の期間の更新が重ねられて，通算 5 年を超えるに至った場合には，労働者側からの無期転換申込みがあれば使用者はそれを承諾したものとみなす，言い換えれば，使用者の意思にかかわらず期間の定めのない労働契約（以下「無期労働契約」）が締結されたものとみなすという，従来存在しなかった新しいルールを設けた規定である（無期転換権の意義や労契法18 条の解釈全体については，野川 440 頁以下参照）。

この規定が設けられた背景には，有期雇用労働者が置かれた不安定な地位をどのように保護するかについて検討が重ねられてきた経緯がある。すなわち，客観的な業務の時間的限定（東京オリンピックの開会から閉会までに必要な業務のために雇用する場合等）や事業の継続期間の制約（開始から終了まで 2 年間とあ

26　第 2 章　パート・有期雇用

らかじめ決まっている事業の遂行のために雇用する場合等）などがないにもかかわらず，使用者側が，解雇規制を免れ，あるいは正規労働者との差異化を図るためだけに労働者を有期労働契約によって雇用するという状況は，雇用関係の安定的な展開を阻害し，有期雇用により就労する労働者の職業生活も不安定なものになりかねない。

　こうした事態に対して，ドイツなど大陸ヨーロッパ諸国ではそもそも有期労働契約で雇用できる場合を限定し（「入り口規制」），かつ期間を反復更新して有期労働契約を継続できる期間も限定している（「出口規制」）。一方，アメリカやイギリスなどでは，特に有期労働契約について特別な規制はないが，その背景にはきわめて活発で機能的な転職市場が確立しているという事情がある。

　これに対して，外部労働市場がなお未成熟な日本においては，ますます雇用の不安定化が増大して労働市場全体の健全な発展の重大な妨げになるとの認識が強まることとともに，有期労働者について何らかの保護を図る必要性が痛感され，出口規制の一環ともいえる無期転換権の創設に至ったものである。

　無期転換権の創設については，有期労働契約に関し雇止め法理が機能し，それが労契法 19 条として明定されていることにより労働者には一定の保護が図られていることから，それに加えてさらに無期転換権を付与することの正当性が問題となりうる。しかし，常に雇止めの不安にさらされる有期雇用労働者にとっては，雇止めを防ぐために，使用者からの意に反する過酷な取扱い（労基法違反の時間外労働，人格的利益の侵害，不当な評価等）にも抵抗することを自己規制してしまうこともありえよう。そこで，無期転換権のように，一定の要件の下に期間の定めがある就労形態自体からの脱出を可能とする法制度が選択されたものである。

　また，雇止め法理の発動を阻止しようとする使用者による，期間の更新の抑制や雇用期間が合わせて 3 年に至る直前での雇止めが横行する事態が指摘されていた（厚労省「平成 23 年有期労働契約に関する実態調査（個人調査）」では，勤続年数の上限を 1~3 年の範囲で設けられているとの回答が 41.9％に達している）。雇止め法理を避けるこのような手法を直ちに違法とすることができないとすれば，当初から 5 年という無期転換権発生の期間を設けることで，能力があって一定の長期にわたって雇用される有期雇用労働者についての安定雇用の道を開

2-1　有期雇用と無期転換権　　27

くことは合理性があると言えよう（川田知子「無期転換ルールの解釈上の課題」
野川忍ほか編著『変貌する雇用・就労モデルと労働法の課題』〔商事法務，2015 年〕
265 頁以下）。もっとも，5 年の通算期間の要件については，大学の非常勤講師
や研究プロジェクトに携わる非常勤研究員の雇用機会にマイナスの影響を与え
るとの懸念が表明され，研究開発力強化法 15 条の 2 第 1 項および大学教員任
期法 7 条 1 項により，無期転換権行使が可能となる通算期間を 10 年超とする
改正が 2013 年におこなわれたほか，専門有期労働者特措法により，高度な専
門的知識等を有する「特定有期雇用労働者」については，プロジェクト完了ま
での期間内で，5 年の無期転換ルールを 10 年超にすることとされ，また定年
後に同一事業主または高年法 9 条 2 項に定める特殊関係事業主に引き続き雇用
される高齢者については，当該継続雇用の期間は労契法 18 条 1 項の通算期間
に算入しないとの対応がなされている（同法 8 条）。

　無期転換権については多くの課題が存するが，設例①のように，これを放棄
することや，行使しない合意の有効性は，実際に頻繁に生じうる事態であるた
め特に重要な問題となっている。

　まず，実際に発生した無期転換権を，労働者の自由な意思によって行使しな
いことは問題ない。実際に，高度な能力・資格を見込まれて特定のプロジェク
トのために採用された技術者等は，有期契約であることを前提とした高い処遇
を得ている場合もある（いわゆる「有期雇用プレミアム」）ので，あえて無期転
換権を行使しないことは十分に合理的である。しかし，無期転換申込みの権利
は労働者に付与された重要な権利であって，あらかじめこれを放棄することは
できない。したがって，有期労働契約を締結する折に「無期転換の申込みをし
ないこと」が合意されてもそれは強行法規に反して無効となる。

　では，設例①のように何度か更新を重ねた後に，5 年を経過した後も無期転
換権を行使しないと合意することは適法か。無期転換権が 5 年の期間を経た後
にはじめて発生する法定の権利であって，発生以前に将来当該権利が発生して
もこれを行使しないと合意することは，法定の権利を合意により消滅させるこ
とを意味し，やはり無効であると考えられよう。

Ⅱ　無期転換後の労働条件

　労契法18条1項は，無期転換後の労働条件は，期間の定めがなくなるという点を除いて，有期労働契約であったときと同一とすると定める。他方で同項には，期間の定めの部分以外について「別段の定め」があればそれが優先するという趣旨の内容が記されているため，その趣旨が問題となる。

　この定めの本来の趣旨は，通常有期労働者と正規労働者との間には期間の定め以外の労働条件についても一定の差異があることを踏まえ，同条の無期転換がなされて期間の定めがなくなるという点では有期労働者の地位が正規労働者と同等となったとしても，そのほかの労働条件まで正規労働者と同一にそろえる必要はないということである。すなわち，無期転換権行使の効果はあくまでも期間の定めに対してのみ及ぶのであって，有期雇用労働者の労働契約に期間の定めがなくなったからといって，いわゆる「正社員」とすべての労働条件を同一にすることまで求める趣旨は含まれていない。この点，同条の含意として，正規労働者と非正規労働者との間の分断や格差を緩和し，中間的な雇用形態としての「職種限定」ないし「勤務地限定」の正社員を構想することは可能であろう。日本企業における人事コースの一般的な形態は，正社員の労働契約には期間の定めも，職種や業務も，勤務地の範囲もすべて無限定であってその代償として高い処遇と安定した雇用が保障され（「無限定正社員」とも称する），非正規労働者の労働契約には期間を始めとして多くの限定が付され，処遇も正社員より相当程度低い，という内容となっている。後述（2-3）のようにこれに対して近年では「限定正社員」，「ジョブ型正社員」などの形態の促進が模索されており，無期転換権の普及はこれに資する可能性も有していると言える。無期転換権を行使して期間の定めのない労働契約に代わった労働者に対し，無限定正社員と非正規労働者との中間的な処遇のコースを創設することが考えられよう。

　いずれにせよ，法的には，無期転換権の行使自体は正当な権利の行使として受け止めつつ，期間の定め以外の労働条件については従来よりも不利益に変更する，という使用者の対応が問題となるであろう。使用者としては，期間の定めを置くことによるメリットが失われるのであれば，労働条件については有期

であったときよりもさらに切り下げたいという意向があることも十分に考えられる。言い換えれば，有期雇用であったからこそ享受させていた厚遇の部分（前述の「有期雇用プレミアム」）を，無期雇用に代わった後に使用者に負担が増える分だけ低下させることで帳尻があう，という発想である。

この点につき，まず，個別合意がある場合は，それが労働者の自由な意思によるものであることを慎重に認定する必要性を踏まえた上で，当該合意が優先することに問題はない。また労働協約によって別段の内容が規定された場合には，それが規範的効力を認められる限り，当該規定が優先することとなる。

Ⅲ　就業規則改定は不利益変更にあたるか

これに対し，設例②のように，就業規則の改訂により労働者に対して従前より不利益な労働条件を課する規定が設けられた場合にそれが無期転換権を行使した労働者に適用されるかについては，改訂が無期転換権行使への対応としてなされたとみなしうる場合には，労契法10条の合理性判断においてどのように扱われるべきかが重要な問題となりうる。この点，行政解釈は，職務内容が無期転換の前後で変化しないにもかかわらず労働条件を低下させることは望ましくないとしている（労契法施行通達〔平24・8・10基発0810第2号〕第五4(2)カ））が，違法とは断言できないことから，無期転換による雇用保障のメリットと引き下げられた労働条件との比較検討を中心として，労働組合等との交渉の経緯などが慎重に判断されることとなろう。

なお，就業規則の改訂により労働条件を変更する場合，それが無期転換権行使の前後で適用条文の違いがあるか（労契法7条と10条のいずれが適用されるか）という問題もある。これについては就業規則改訂の後に無期転換権が行使されれば，期間の定めのない労働契約が新たに締結されてすでに改訂済みの就業規則を新たに適用されることになるので労契法7条が適用され，無期転換権行使の後に就業規則が改訂された場合には，それが実際に当該期間満了前で期間の定めのない新たな労働契約が成立する前であっても，同法10条が適用されると解すべきであろう（菅野320頁）。

（野川　忍）

	2-2

2-2　　不更新条項・上限条項の効果

設例　私はある会社で，期間を1年とする有期雇用の非正規労働者として働いていますが，すでに2回契約を更新し勤続3年目に入りました。あと3回更新すれば無期転換権を行使できる，と思っていたところ，先日部長から呼び出され，期間の更新は4回を限度とすると記載された書面を渡されました。また，先般4回目の更新をして勤続5年目に入った同僚の中には，「次回の期間満了をもって本契約は終了とする。再度の更新はしない。」との書面を渡された者もいます。このような取扱いは許されるのでしょうか。

解　　説

I　労働契約法19条の立法経緯

　期間の定めのある契約は，当該期間が満了すれば終了し，それは何度期間を更新しても変わらない，というのが原則であり，労働契約の場合も変わらない。しかし労働契約は，その目的が限定された期間に対応するものでなく，また業務自体が期間限定のものでなくても，言い換えればおよそ期間を付する理由が契約の目的や労働者が従事する業務の性格には全く関係なくても，期間を付され，しばしば繰り返し更新されることが一般化していた。使用者としては，期間の定めがなく，また業務の種類や労働時間も限定のない正社員のほかに，期間や労働時間等を限定して就労させる「非正規労働者」をも雇用することによって，弾力的で柔軟な雇用管理を実現してきたのである。

　このような実態の下で法的な課題として検討されてきたのは，雇用形態の実情によっては，期間更新を使用者が拒否することが法的にも問題となりうる場合があるのではないかという点であった。こうした場合のうち，わかりやすいのは，非常に長期にわたって相当多数回に及ぶ期間更新が繰り返され，しかも更新手続が杜撰で，当事者の誰も「期間の定めのある労働契約」であったことを意識しなくなっている，というようなケースで，これについては1974年に最高裁が，「期間の定めのない契約と実質的に異ならない」状態とみなしうるほどの実態がみられる場合は，使用者の更新拒否は解雇の意思表示と同等とみ

2-2　不更新条項・上限条項の効果　　31

なされ，解雇としては無効とみなされる内容であれば，直前の期間が更新され
たものとみなされるとの判断を示した（東芝柳町工場事件・最一小判昭 49・7・
22 民集 28 巻 5 号 927 頁）。さらに 1986 年最高裁は，期間更新の回数や労働契
約の継続期間がさほどでなくても，雇用継続について合理的期待が認められる
ような実態があれば，同様に解雇法理が類推され，更新拒否が許されない場合
があるとの立場を示し（日立メディコ事件・最一小判昭 61・12・4 労判 486 号 6 頁），
有期労働契約の期間更新拒否に対する一定の制約法理を確立した。しかし，実
務上の解決手法としての有効性は否定できないとしても，もとよりこのような
法理に実定法上の根拠は乏しく，遠からず法制度上の対応が必要であることが
意識されるようになり，結果として 2012 年改正の労契法 19 条に結実したの
である。同条は，上記最高裁判決による規範をほぼ忠実に実定法のルールとし
て再定立した内容であり，期間の杜撰な反復更新や雇用継続の合理的期待が認
められる場合につき，客観的に合理的な理由を欠き，社会通念上相当と認めら
れないような更新拒否は違法となり，直近の期間が更新されることとした。

Ⅱ　不更新条項の法的評価

　これによって言わば「雇止め法理」と称すべきルールが実定法上の根拠を伴
って定着するところとなったが，このルールの適用を回避したい使用者はしば
しば，設例のように，有期労働契約において更新の年数，回数等につき上限を
設定してそれ以降の更新をしないことを予め示すための「更新限度・不更新条
項」（以下，単に「不更新条項」）を設ける対応を示してきたため，このような不
更新条項をどう解するかが問題とされてきた。これについて判例は，契約締結
時に更新の上限を示していた場合には，上限を超える時点で雇用継続の合理的
期待が否定されるとする場合が多い（北陽電機事件・大阪地決昭 62・9・11 労判
504 号 25 頁，近畿コカ・コーラボトリング事件・大阪地判平 17・1・13 労判 893 号
150 頁，近畿建設協会事件・京都地判平 18・4・13 労判 917 号 59 頁）。ただし，不
更新の合意が認められる場合であってもそれを否定しうるような言動が使用者
にある場合には雇用継続の合理的期待がなお認められうる（カンタス航空事件・
東京高判平 13・6・27 労判 810 号 21 頁）。また，雇用継続の合理的期待が生じて
いる段階で新たに不更新条項が設けられた場合には，当該不更新条項によって

合理的期待が消滅するという関係は認められず，単に合理的期待の存否の一判断要素に過ぎないと考える裁判例が目立つ（報徳学園事件・神戸地判尼崎支判平20・10・14労判 974 号 25 頁，立教学院事件・東京地判平 20・12・25 労判 981 号 63 頁，明石書店事件・東京地判平 21・12・21 労判 1006 号 65 頁）。不更新条項は，これに同意することが上限に達するまでの雇用を保障する意味を有することが多く，労働者の同意によって合理的期待を打ち消すという判断は自動的には導きえない。この点は，合理的期待の存否について判断要素とすべきではなく，裁判例の傾向が示す通り，具体的になされた雇止めについて現在は労契法 19 条で援用されている解雇法理の検討の時点で，その合理的理由の有無や社会通念上の相当性判断に用いられるべきであると考えられよう（荒木 506 頁，根本到「有期雇用をめぐる法的課題」労旬 1735=1736 合併〔2011 年〕号 14 頁以下）。したがって他方で，労働者が，雇止めがありうることや不更新条項について十分な説明を受け，何等の異議も申し出なかったような場合は，雇用継続の期待を自ら放棄したとみられる余地もあることとなる（このように判断した例として本田技研工業事件・東京地判平 24・2・17 労経速 2140 号 3 頁。控訴を経て上告不受理となっている，最三小決平 25・4・9 労経速 2182 号 34 頁）。

　なお，不更新条項の実態は多様であって，それぞれの類型を踏まえた具体的な判断が必要になることはいうまでもない。しかし，少なくとも，労働契約締結当初から明確に更新の回数や労働契約の期間について限度が定められている場合と，当初はそのような合意がなく，有期雇用契約の展開過程にあらためて更新の限度が示される場合とでは，基本的な判断の枠組みが異なることは前提とすべきであろう。すなわち，前者の場合には，そのような初発の合意を否定するような事情が認められない限り原則として更新の期待は生じないが，後者の場合には，当該不更新条項の新設が，それまでの合理的期待を打ち消す効果を発生させるか否かが問題となる。この点は，訴訟における挙証責任の分配にも影響しうるものと思われる。

　また，学校法人などで普及している形態として，更新の限度を定めた上で，最終更新期間が満了した場合に使用者の判断と労働者との合意により期間の定めのない契約に移行するとの制度を設ける傾向がみられる。右制度の下で実際に多くの労働者が期間の定めのない労働契約に移行していた場合には，労働者

は，期間の定めのない労働契約への移行を期待することが通常である。この点につき最高裁は，契約期間につき3年を限度としていた大学教員の労働契約に関して，当該事案においては，期間満了時に無期契約に移行するかどうかは，大学側が勤務成績等を考慮してそれが必要と判断することが明確な要件となっていたこと，大学教員の雇用は一般に流動的であること，本件でも実際に期間満了時に無期契約に移行していない教員も複数いたことなどを踏まえて，無期契約への移行を認めないとの判断を示している（福原学園事件・最一小判平28・12・1労判1156号5頁）。

（野川　忍）

2-3

2-3　　限定正社員制度の設計と運用

設例　我が社では，数年前から正社員制度の抜本的な改革を準備してきましたが，この度，限定正社員制度の導入についても検討することになりました。政府も，ジョブ型正社員とか限定正社員とかいった概念で新しい正社員制度の導入を提唱しているようですが，今一つ明確なイメージがわきません。職務，勤務地，労働時間など，限定の対象となる項目はいくつかあるように思いますが，例えば職務限定正社員という場合，職務が変わるような配置換えはできないということなのか，また勤務地限定正社員という場合，地方採用の優秀な社員を東京の本社に異動させることもできないのか，等々こ の制度は，会社にとってはどこか窮屈で，機動的な人事にはそぐわないような印象がぬぐえません。従業員にとっても会社にとっても有益な限定正社員制度を構築するにはどのようなことに留意すればよいのでしょうか。

解　　説

I　限定正社員とは

　限定正社員，ないしジョブ型正社員という概念は，日本の雇用制度の中核にある正社員が，一般的に勤務地，職種，労働時間など主要な労働条件のほとんどを使用者のそのつどの決定に委ね，結果として「無限定」な働き方をしていることから，家事，育児や介護，プライベートライフの確保などに大きな支障を生じているとの問題意識から生じた（鶴光太郎『人材覚醒経済』〔日本経済新聞出版社，2016 年〕32 頁以下参照）。これは，非正規労働者の「仕事が限定的で低賃金」という働き方と両極端をなして，その格差の大きさを基礎付ける要因ともなっているとの認識に結びつく。そこで，限定正社員ないしジョブ型正社員という構想により，正社員としての地位を享受しつつ，勤務地や職務等を限定する就労形態を制度として確立することにより，ワークライフバランスを図り，また主体的な働き方にも道を開くことが期待されたのである（鶴・前掲 52 頁以下）。

　政府も，働き方改革の一環として，非正規労働者と正規労働者との格差を克服する 1 つの考え方としてこれを重視し，平成 25 年に日本経済再生本部から「多様な働き方を実現するため，正社員と非正規社員といった両極端な働き方

のモデルを見直し，職種や労働時間等を限定した『多様な正社員』のモデルを確立するための施策を具体化すること」という総理指示を発した。これを受けて，規制改革推進会議において，ジョブ型社員（「職務，勤務地，労働時間のいずれかの要素（又は複数の要素）が限定される社員」）の雇用ルールについての議論が開始されるとともに，厚労省も，事例集を伴った「雇用管理上の留意事項」（多様な正社員に係る「雇用管理上の留意事項」等について〔平26・7・30基発0730第1号〕）をまとめるなど，具体的な取り組みが進んでいる。こうした取り組みは徐々に企業社会にも浸透しており，最近の調査では，4社に1社の割合で，ジョブ型雇用の仕組みを採用していることが報告されている（JILPTの「改正労働契約法とその特例への対応状況及び多様な正社員の活用状況に関する調査」〔平29年6月〕によれば，正社員を，直接雇用かつ無期労働契約で，正社員・正規職員としている者と定義した上で，働き方に限定区分があると答えた企業は26.8%である）。

その後規制改革推進会議は，就業規則や人事管理上，整備すべき課題がいまだ残されているとして，「関係法令の整備を含む更に必要となる方策について検討を行い，必要な措置を講ずる」ことを提言した（第1次答申〔平29年5月〕）が，さらに2019年6月の「規制改革推進に関する第5次答申〜平成から令和へ〜多様化が切り拓く未来〜」では，労基法，労契法等を改正して，職務や勤務地の限定の有無等につき書面で確認する方向を促すに至っている。

限定正社員をめぐる労働法上の課題の1つは，労働契約の締結のおりに業務や勤務地を限定することは問題ないが，労働契約の展開過程において無限定正社員を限定正社員に変更する措置がなされることである。具体的には，勤務地について無限定であった労働契約を，「一都六県の範囲」とか「東京都内」などに限定する場合，就業規則によって制度としてそのような措置を設定するのであれば，労契法10条の適用の有無が問題となるし，それが個別の合意による場合でも，当該合意に，合理的な理由の客観的存在が認められなければ契約も変更されないこととなる（山梨県民信用組合事件・最二小判平28・2・19民集70巻2号123頁）。すなわち，限定の理由にワークライフバランスの実現など労働者にとって有利な内容が含まれていても，限定によって昇進に支障が生じたり，賃金の低下を招き，あるいは昇給が遅延することが明らかであったりす

36　第2章　パート・有期雇用

れば，その限りにおいて労働条件の不利益変更となるので，就業規則によるのであれば労契法10条所定の要件を充足している必要があるし，個別合意であっても上記の最判による規範が適用されることとなる。また，無限定社員と限定社員との移動は労働条件なので，労働組合からのこれをテーマとする団交要求には応えなければならない。

2つ目の問題は，無限定社員と限定社員との間の労働条件の格差については，パート，有期，派遣の場合と異なり，実定法上は均衡処遇を義務付ける規定がないことである。したがって，限定正社員制度を設けた企業において，無限定正社員との労働条件の相違が著しく，これに疑問を抱いた限定正社員が争う法的根拠を定立することは非常に困難となる。そうすると限定正社員は，大学のように事業体自体が専門職のキャリア形成を前提としている特殊な業態でない限り，階層の相違として処遇格差が生まれる可能性を否定できないこととなる。

Ⅱ　ルール整備のポイント

今後限定正社員制度を導入する場合のポイントとしては相互転換や契約解除のルール整備が最重要課題の1つとなろう。

すなわち，パートとフルタイムの相互転換は，初めからレギュラーワーカーとして同じ労働者間の労働条件の転換であるとの認識から，欧米では制度化しやすいが，日本では，一度非正規化した従業員を正規に戻す，という認識になるので，ルールの整備が容易ではない（育児のために職種限定になるという場合を扱った例として，広島中央保健生活協同組合事件・最一小判平26・10・23民集68巻8号1270頁）。また，地域限定の労働契約であることが明確であれば，当該地域での雇用維持ができなければ解雇は有効となりやすく，職種限定も同様に考えられる。この場合，転職市場が活性化していないと労働者には大きなリスクとなる。この課題への対応としては，キャリア権に基づく職種採用や現地採用市場の拡大と充実が不可欠であろう。

さらに，地域限定型の労働契約については固有の課題がある。まず，若者雇用促進法による地域限定（平成30・3・30厚労告163）は勤務地限定正社員の普及への第一歩になることは間違いないし，中途採用に拡大することも想定される。しかし，現在無限定である社員を地域限定に変えることは労働条件の不利

益変更になりかねず，結局労契法 10 条のチェックを受けるため使用者は回避したいと望むであろうから，実際にこれを普及させるにはさらなる政策対応が不可欠となろう。また，地域・仕事の変更にあたっては，それが労働契約内容の変更にあたる場合は，合意によるか，合意に代替しうる法的根拠が必要となるものの，業務命令権・指揮命令権の範囲内であれば，使用者の決定に委ねられる。書面による確認や使用者による説明義務などは，前者の場合であれば当然の措置として制度化も可能であるが，後者の場合はその使用者側のメリットが明確でないと制度化は困難であろう。

　このような課題を踏まえると，限定正社員制度が適正に展開するためには，職務内容や勤務地の範囲が労働契約自体によって明確化されること，横断的な労働市場が熟成すること，労働者の交渉力が高まること，キャリア形成の支援があること，無限定正社員を頂点とする階層的人事構造がフラット化に向けて変化することなど，関連する諸課題への対応も並行して行なわれることが必要となろう。

（野川　忍）

2-4 不合理な待遇の相違の禁止（パート・有期法8条）

設例 飲食店経営を業とするC社は，経営企画・店舗経営等に従事する無期契約の正社員と，店舗での調理・接客業務等に従事する有期の契約社員の2類型の従業員を雇用している。従来，正社員には基本給（格付け〔○級△号〕に基づく職能給と売上げ等の成果に基づく成果給で構成される月給），賞与（夏冬各2か月分の原資をベースに直前の半期〔6か月間〕の査定に基づき個別に決定），退職金（勤続3年以降の勤務期間に基づく支給係数により計算），住宅手当（借家の場合に一定額），家族手当（扶養家族の人数に応じた額）を支給し，契約社員には基本給（地域相場に基づく時間給），賞与（夏冬各4万円）のみを支給していた。

2020年4月のパート・有期法の施行に向けて，同社は，①契約社員に正社員と同じ要件・基準で家族手当を支給する，②契約社員の賞与を2倍（夏冬各8万円）にすることとした。他の賃金項目については，③正社員と契約社員間には職務内容，転勤義務，売上げ目標への責任（売上げ目標の達成率に応じて成果給が0円〜20万円に変動〔標準10万円〕）の点で違いがあるため，基本給は変更せず，④退職金は長期雇用を想定した正社員には支給し，長期雇用を想定していない契約社員には支給しない，⑤住宅手当は広域転勤義務のある正社員に支給し，広域転勤義務のない契約社員には支給しないこととした。

契約社員として期間1年の有期契約を更新し通算10年間同社で働いている（無期転換権は行使していない）Dは，入社2〜3年目の正社員Eらより店舗業務では多くの経験と能力をもち，若手正社員の教育指導を行うこともある。しかし，賃金制度の改正後も，基本給は時給1050円で勤続3年目の正社員の約70%（フルタイム・月給換算）であるなど，正社員とはなお大きな賃金格差がある。このような賃金の違いは，パート・有期法の下でも適法なものといえるか。

解　説

I　問題の所在——正規・非正規格差と不合理な待遇の相違の禁止

働き方改革の柱の1つとして，正規・非正規雇用労働者間の不合理な待遇の相違が禁止され（パート・有期法8条，派遣法30条の3第1項），2020年4月に施行される（中小事業主へのパート・有期労働法の適用は2021年4月から。本節

で引用する裁判例はすべて 2018 年改正前労契法 20 条当時のものである）。これと同時に，その具体的な内容を示した同一労働同一賃金ガイドライン（平 30・12・28 厚労告 430 号）も施行される。そこでは，すべての待遇について，個々の待遇ごとに，当該待遇の性質・目的に照らして不合理性が判断される。設例の待遇が，パート・有期法 8 条および同一労働同一賃金ガイドラインにおいて「不合理」でないものといえるか，それぞれ検証してみよう。

Ⅱ　「不合理」性の判断枠組み

いずれの待遇についても，不合理性の判断の手順としては，①通常の労働者（いわゆる「正社員」）と短時間・有期雇用労働者との間に待遇の基準と内容の点で相違があるか，②通常の労働者の待遇の性質・目的はその実態（計算方法等）に照らしどのようなものといえるか，③その性質・目的（②）からみて待遇の相違（①）に正当な（不合理でない）理由があるといえるか，④そのような理由がない場合，短時間・有期雇用労働者の待遇をどのような水準とすべきかを，1 つ 1 つの待遇について確かめていく必要がある。厚労省が作成した「パートタイム・有期雇用労働法対応のための取組手順書」（2019 年 1 月）および業界別の「不合理な待遇差解消のための点検・検討マニュアル」（同年 3 月）は，このような作業をワークシートに沿って段階立てて行うことを促すマニュアルとなっている。

Ⅲ　個別の待遇ごとの「不合理」性判断

(1)　基本給

C 社の正社員（職能給と成果給の複合型の月給制）と契約社員（地域相場に基づく時給制）とでは，別の制度が適用されている。均等・均衡待遇の実現のためには，両者を同じ賃金制度の中に位置付け同じ基準を適用することが最もシンプルな方法であるが，両者を別制度の下に置くことが禁止されているわけではない。別制度とされている場合に，両者の相違を不合理でないというためには，次の二重のチェックがかかってくる。

第 1 に，別制度とすることを根拠付ける（パート・有期法 14 条 2 項の「相違の……理由」となる）客観的な実態の違いが両者の間にあるか（職務内容，転勤

義務等の違いに基づく制度となっているか）である。Ｃ社の説明によれば，職務内容，転勤義務，売上げ目標への責任の点で違いがあるとされており，これらの点が客観的な実態の違いといえれば別制度とする理由になりそうである。

第２に，そのような実態の違いがあって別制度とすること自体は不合理でないとしても，両制度を適用して支給される賃金額の違いが実態の違いに見合った均衡のとれたものとなっているかである。ここでは，基本給の性質・目的に沿った比較が重要になる。Ｃ社の正社員の基本給は，入社以来の経験・能力の蓄積に基づく職能給と売上げ等の成果に基づく成果給から構成されている。

前者（職能給）については，正社員と契約社員との間の職務内容（職務に伴う責任を含む）および転勤義務（キャリアの幅・深さ）の違いによって，両者間の経験・能力にどれくらいの違いがあるといえるかが問題となる。勤続 10 年のＤは，入社２〜３年目の正社員Ｅより店舗業務ではより多くの経験・能力を有しているといえる。もっとも，正社員には広域転勤義務によってより広いキャリア展開（それに伴う責任）が課されており，その分より広い経験・能力を培っているといえる。これらの点を勘案し，Ｄにはその経験・能力に見合った職能給（例えばＤの店舗業務での経験・能力が勤続３年目の正社員Ｅの 110％，キャリアの幅・深さを考慮した経験・能力がＥの 80％と想定した場合，Ｅの 88％の職能給）を支給すべきである。

後者（成果給）については，売上げ目標達成への貢献という点で，両者の間にどれくらいの違いがあるといえるかが問題となる。正社員は売上げ目標達成への責任を負い，目標達成率に応じて０円〜20 万円の成果給が支給されている。契約社員は売上げ達成への責任（ノルマ）を負ってはいないが，客観的にみて売上げに貢献していないわけではない。責任を負っていない分，達成・未達成に対する成果給の増減（待遇上の利益・不利益）を設定しないことは不合理ではないとしても（同一労働同一賃金ガイドライン第３の１(2)（問題とならない例）ロ参照），売上げへの貢献（成果）に見合った水準の成果給（例えば標準 10 万円）は支給すべきである。

とすると，例えば，Ｄが基本給の相違の比較対象をＥとした場合（パート・有期法８条の不合理性の判断では原告労働者が比較対象となる通常の労働者を選択できる），上記の想定額（Ｅの職能給の 88％と成果給 10 万円）に見合った基本給

を支給していない場合には，不合理な相違と判断される可能性がある。もっとも，この具体的な額は必ずしも画一的に設定される性質のものではないため，各企業において契約社員の意見も反映した労使交渉を行い，労使合意に基づいて制度設計がなされていれば，相違の不合理性を否定する1つの事情となりうる。

(2) 賞与

賞与については，改正後も，正社員は2か月分の原資をベースに査定に基づいて支給，契約社員は定額8万円という違いがある。この相違が不合理か否かは，正社員の賞与の性質・目的に照らして判断される。

正社員の賞与は，2か月分の原資をベースに，直前の半期（6か月間）の査定に基づいて個別に決定される。その計算方法からすると，この賞与は，賞与査定期間（6か月間）の勤務を基礎とし，各従業員の当該期間中の企業への貢献度に応じて支給される報酬であり，賃金後払的性格と功労報償的な性格を併せもつものと解される。とすると，当該賞与査定期間に勤務した契約社員についても，その期間中の企業への貢献度に応じて，貢献度が正社員と同じであれば同じ賞与，貢献度に違いがあれば違いに応じた賞与を支給すべきである。

企業への貢献度にどれくらいの違いがあるかは個別の事案によるが，正社員には月給の2か月分をベースとした賞与が支給され，同じように勤務し同じような貢献をした契約社員に定額8万円の賞与とされていることは，企業への貢献の度合いに応じた（不合理ではない）相違とは言い難いだろう（アルバイト職員への賞与不支給〔少なくとも正職員基準の6割を下回る不支給〕を不合理とした大阪医科薬科大学事件・大阪高判平31・2・15労判1199号5頁参照）。

従業員本人が，社会保険の適用や配偶者手当の支給状況を考慮して，賞与の支給・引上げなど待遇の改善を望まないこともある。しかし，仮にその旨を記載した書面を作成して従業員から署名・押印を得たとしても，このような合意は強行法規であるパート・有期法8条に違反し無効である。この従業員が退職後に不合理な待遇の相違であるとして損害賠償を求める訴訟を提起してきた場合，会社は労働者が同意していたことを理由として待遇の相違は不合理ではないと主張することはできないことには，注意が必要である。

(3) 退職金

正社員の退職金制度が，退職理由（会社都合か自己都合か）によって支給係数に差があり，退職時の基本給を基礎として算定される標準的な退職金制度であったとすると，その性質・目的は，賃金後払的性格と功労報奨的性格とを併せもったものと解される。

C社は，退職金は長期雇用を想定した制度であるため，長期雇用を想定していない契約社員には支給しないとしており，たしかに，勤続3年未満の従業員には，正社員にも退職金を支給していない。しかし，勤続3年以降の勤務期間に基づき退職金が支給されていることからすると，本件退職金制度は3年以上の勤続の功労に対する報償という性格をもち，この点は，3年以上勤続した契約社員についても同様に及びうる性質のものといえる。したがって，勤続3年以上の契約社員に退職金を支給しないことは，当該退職金制度の性質・目的に照らし不合理であると解されることになろう（契約社員への退職金の不支給〔少なくとも正社員の4分の1を支給しないこと〕を不合理と判断したメトロコマース事件・東京高判平31・2・20労判1198号5頁参照）。派遣労働者の待遇に関する労使協定方式（派遣法30条の4）における退職金の支給（令和元・7・8職発0708第2号の第3の3）も，正社員と同様に退職金を支払うべきとの考え方に立っている。

(4) 家族手当・住宅手当

家族手当，住宅手当は（退職金と同様に）同一労働同一賃金ガイドラインには記載されていないが，判例・裁判例がその方向性を示している。

C社は，家族手当については，正社員と同じ要件・基準で契約社員にも支給することとしており，問題ない（契約社員への家族手当の不支給を不合理と判断した井関松山製造所事件・高松高判令和元・7・8判例集未登載参照）。

これに対し，住宅手当については，広域転勤義務のある正社員に支給し，同義務のない契約社員には支給しないとしている。これは，改正前労契法20条の解釈として，広域転勤義務のある従業員に対して住宅賃貸等にかかる費用が大きくなることへの補助として支給するという住宅手当の性質・目的に照らして不合理ではないとしたハマキョウレックス（差戻審）事件（最二小判平30・6・1民集72巻2号88頁）に沿った取扱いである。もっとも，広域転勤義務のない

正社員にも住宅手当が支給されている事案では，正社員と契約社員との間に住宅費用の負担の点で違いがないことから，契約社員への住宅手当の不支給は不合理と解釈されている（日本郵便（時給制契約社員ら）事件・東京高判平30・12・13労判1198号45頁，前掲メトロコマース事件など参照）。

（水町勇一郎）

2-5

2-5	社会保険未加入に対する労働者側の 同意・不作為と使用者責任

設例 　当社のいわゆるフルタイムパート社員の中に，給料の手取りが減るため社会保険の適用手続を行わないよう強く求める者がおり，本人と社保未適用に係る覚え書きを取り交わし，長年その要望に応えていた。その者が老齢厚生年金裁定時期を迎えたところ，会社に対し被保険者資格の取得の届出義務違反を理由とした民事損害賠償請求を求めてきたが，これに応じる必要があるか。

　また社員が社会保険加入について，給料明細で社保料源泉徴収がなされていないこと等から社保未加入を知りながら，自ら社保加入に向けた働きかけを何ら行っていない場合など，労働者側の社保未加入に係る同意・不作為などの態様が民事損害賠償額算定時に過失相殺事由として考慮されうるか。

解　　説

Ⅰ　問題の所在

　厚生年金・健康保険は労使双方から保険料を徴収するが，被保険者である労働者の中には，年々高騰する保険料負担を免れようと，会社に対し，厚生年金等の適用をしないように求める例も散見される。また適用対象たる労働者が明示上の同意を行わないまでも，何ら会社や年金事務所等に働きかけをなさず，社会保険未適用を放置しつづける例も見られる。さらに被保険者資格得喪に係る確認請求を行う制度があり（厚年法31条），被保険者または被保険者であった者は，いつでも，厚年法18条1項の規定による確認を請求することができるが，これを行わない場合など労働者側の同意・不作為などの態様が使用者の届出義務違反に係る民事損害賠償責任に対し，いかなる影響が生じうるか以下検討を行う。

Ⅱ　本人の明示上の同意と違法性阻却

　不法行為等の成否に際し，被害者側の同意をもって違法性が阻却され，請求棄却とされる場合がありうる（内田貴『民法Ⅱ〔第3版〕』〔東京大学出版会，2011年〕408頁）。まず外国国籍の労働者（大学の語学講師）に係る共済組合年

2-5　社会保険未加入に対する労働者側の同意・不作為と使用者責任　　45

金の適用漏れが争われた関西外国語大学（第1）事件（大阪地判平6・5・30労判654号31頁）では，大学担当者から共済組合等の説明を行ったところ，同講師側から「掛金が高い割に得るところが少ないので加入の意思がない」旨返答した点等が問題となった。これに対し，同判決は次のとおり判示し不法行為等の成立を否定した。「被告が……右加入の手続をしなかったのは，加入を望まない原告らの前記のような意思に従ったものであるということができ……原告らの自由な意思に基づく同意を得ていたものというべきであるので，少なくとも，原告らは……被告に対し債務不履行又は不法行為による損害賠償を請求することはできないというべき」とする。

　その一方，豊國工業事件（奈良地判平18・9・5労判925号53頁）は一般論として次の判示を行っている点が注目される。「社会保険制度は，疾病や老齢等の様々な保険事故に対する危険を分散することにより社会構成員の生活を保障するものであるから，特定の者がその受益を放棄して負担を免れることとは本質的に相容れないものというべきであり，合意があることをもって当然にその届出義務の懈怠が正当化されるものということはできない」とし，労働者の個別同意がある場合も使用者の損害賠償責任がなお生じうるものとする。

　民法学では「承諾は自由意思に基づいて，かつ社会的にみて合理性がなければならない。換言すれば，公序良俗に反する承諾は，不法行為の成立を阻却しない」「被害者の承諾は，過失相殺の問題となることが多く，不法行為の成立を完全に阻却する趣旨での承諾の認定は慎重であるべきだろう」とする（内田前掲書408頁）。豊國工業事件判決がまさに指摘するとおり，社会保険の強制加入制度を前提とすれば，上記同意は「公序良俗に反する承諾」といえ，安易に不法行為の違法性阻却事由と解するべきではない。

Ⅲ　労働者本人の同意と過失相殺について

　これに対し，過失相殺制度は被害者側の事情によって損害が発生ないし拡大した場合，すべての損害賠償を加害者側に負担させるのは，公平の観点から問題があると考えられる場合，損害賠償額を調整する制度である（民法418条・722条2項）。それでは被保険者たる社員が社会保険加入しないことに同意していた場合，過失相殺事由として考慮すべきか。労働者本人が社会保険未加入に

ついて明確に同意している場合，当該同意がなければ損害発生ないし拡大を抑止しえたこと自体は疑いがなく，損害賠償額の公平な調整の見地から過失相殺が当然に認められるべきものと思われる。前掲関西外国語大学事件も違法性阻却事由ではなく，当該同意を過失相殺事由として考慮し損害賠償額を調整すべき事案であった。

Ⅳ　労働者の不作為に対する過失相殺をめぐる裁判例

次に被保険者による社保未加入に係る明確な同意は認定できないが，被保険者が社保加入に向けて，使用者または行政機関等に問い合わせや相談などの働きかけや確認請求を行っていない場合，これを過失相殺事由として考慮しうるか。同問題については，裁判例を見ると判断が分かれている。

まず京都区役所事件（京都地判平11・9・30判時1715号51頁）では被保険者資格得喪について「現実には，職権による『確認』は殆ど期待できないから，法は，事業主の届出と，被保険者の確認請求によって，被保険者資格の取得の発効について遺漏なきを期したものと解せられる」とした上で次のとおり判示する。被保険者側が長期間，確認請求手続を取らない上，市に特段の要求，要望，疑問の提出等をしなかったことについて「法の趣旨に鑑み，原告らが確認請求，その他自分たちの厚生年金保険に加入する権利を保全するための何らの行動に出なかった過失を斟酌し，民法722条により……7割について被告に賠償を命じることが相当」とし，3割の過失相殺を認めた。

その一方，ソシエ・ワールド事件（東京地判平25・9・18LEX/DB25514715）では労働者側が在職中に確認請求を行っていない点が過失相殺事由にあたるかが争われたが，判決では，原告は「被告が被保険者資格を有することを知っていたことを認めるに足りる証拠はなく，確認請求という手続が一般の被用者に周知されていることを認めるに足りる証拠もない。このような状況において，原告が資格取得の確認請求権を行使することを期待するのは困難」とし，過失相殺としての考慮を否定した。また前掲豊國工業事件では一般論としては確認請求の「不行使の事実をもって被保険者の過失と評価すべき余地があることは否定できない」とするが，同事案では会社担当者が社会保険加入資格に関し事実に反する説明や，給料減額などの不利益処遇を口にする等していた点から，結

論として過失相殺を否定している。

Ⅴ　給料明細・社会保険料控除実績と過失相殺との関係

まず前掲ソシエ・ワールド事件が判示するように労働者側の不知を理由に，労働者側の不作為に対し過失相殺を認めるべきでないとする判断を如何に評価すべきかが問題となる。確かに，年金教育等は今なお十分とは言いがたいが，他方で労働者に対し給料明細等が交付されている場合，一般に同明細には社会保険料の源泉徴収額等の記載欄があり，容易に社保適用の有無等を認識しうる。裁判例においても，「社会保険料が控除されていないことが同明細書からも，被告らの説明からも明らかであり……自らの被保険者資格について，疑義をもち，都道府県知事（社会保険事務所）に対し，確認を請求する……行動をとることが可能」との判示が見られる（三島新聞堂事件・静岡地沼津支判平13・9・19LEX/DB28071612）。また鹿瀬町事件（新潟地判平17・2・15判自265号48頁）が判示するとおり，前職等で社会保険の適用がなされていれば，「原告は……厚生年金や雇用保険についての認識があったのであるから，被告から保険はないと言われたときに，何故保険に加入できないのか等を被告に問い質すなり，あるいは厚生年金や雇用保険を扱う関係機関等に赴いて確認をするなりできたはずであり，原告において上記のことをしておけば，被告において被保険者資格の取得のための届出を怠ることもなかった」といえ，給料明細等が交付されている場合など，不知を理由に過失相殺を一切認めないことは事案によって説得性に欠ける場合があろう。

Ⅵ　近年における年金記録等の情報提供と過失相殺

また近年になり，年金行政においても受給権者等に対し，郵送による年金定期便さらにはインターネットで年金記録を確認できる「ねんきんネット」の提供など積極的な年金記録の情報提供を行っており，厚生年金等の加入履歴を容易に確認できる上，マイナンバー制度導入による利便性の拡大も期待されている。年金相談の窓口自体も広がりを見せており（厚年法31条の2「被保険者に対する情報の提供」），以前に比べると格段に被保険者が自らの被保険者記録を確認し，記録に不備があれば是正を求めることが容易となった。このため被保

48　　第2章　パート・有期雇用

険者側による被保険者資格取得に向けた働きかけが長年認められない場合，これまで以上に過失相殺の対象になりやすいものと思われる。

　ただし前掲豊國工業事件のとおり，会社担当者が社会保険加入資格に関し事実に反する説明や，給料減額などの不利益処遇を口にする等し，社員からの社保加入に向けた働きかけを妨げる言動を行っていた場合など，使用者側態様に問題が見られる場合は，労働者側が確認請求を行っていないことのみをもって過失相殺事由と考慮すべきではない。

　以上から設例については，フルタイムパート社員からの民事損害賠償請求が認められる一方，同人の同意・不作為さらには使用者側態様も考慮され，損害賠償額の一定額につき過失相殺がなされる場合があるものと思われる。

（北岡大介）

派遣労働

3-1　労働者派遣契約と派遣労働契約

① 労働者派遣契約の終了は，派遣労働契約の解雇または合意解約事由になるのか？
② 有期雇用の場合，雇止めの効力はどのように判断されるのか？

解　説

I　労働者派遣契約と派遣労働契約の関係

　労働者派遣の法律関係は，派遣労働者，派遣元および派遣先との間の三者関係であり，派遣元と派遣労働者との間の（派遣）労働契約関係は，通常の二者関係における労働契約関係と異なるものではないが，事実上，派遣労働契約関係は，派遣元と派遣先との間の労働者派遣契約関係の影響を強く受けざるをえない。特に，派遣を希望する労働者を登録しておき，派遣先が決まってから，労働者派遣契約の期間と派遣労働契約の期間を一致させる形で，派遣元が派遣労働者と労働契約を締結する，いわゆる登録型派遣においては，労働者派遣契約が終了すれば，派遣労働者の就労場所が失われることになるのかが問題となる（「登録型」を含む労働者派遣事業である「一般労働者派遣事業」と，派遣元が常時雇用する「常用型」の派遣労働者のみを派遣する「特定労働者派遣事業」との区別は，2015年派遣法改正によって，すべての労働者派遣事業が許可制に服することとなってから失われたが，同改正によって，労働者派遣契約の期間と派遣労働契約の期間が一致する労働者派遣が制限されたわけではない）。

II　派遣労働契約の解雇または合意解約

　労働者派遣契約と派遣労働契約は密接な関連性を有するが，法的には別個の契約関係であり，労働者派遣契約が終了したことによって，派遣元は派遣労働者を当然に解雇できるわけではない。派遣労働契約が無期であれば，労契法16条に基づき，派遣元による解雇が有効であると認められるためには，客観的に合理的な理由および社会通念上の相当性が必要である。労働者派遣契約の

終了のみを理由とする解雇にはかかる客観的に合理的な理由があるとは認められない。そして，派遣労働契約が有期であれば，中途解雇は，労契法17条1項に基づき，「やむを得ない事由」がある場合に限り，許される。かかる「やむを得ない事由」は，労契法16条に基づく解雇無効の要件である「客観的に合理的な理由を欠き，社会通念上相当であると認められない場合」よりも厳格である（プレミアライン〔仮処分〕事件・宇都宮地栃木支決平21・4・28労判982号5頁）。

これについて，「派遣元事業主が講ずべき措置に関する指針」（平11・11・17労告137号，最終改正平29・5・29厚労告210号）は，「新たな就業機会の確保を図」り，新たな就業機会を確保できない場合には，まず休業等を行い，休業手当を支払うよう派遣元に要請しており（同第2の2(3)），無期雇用派遣労働者については，労働者派遣契約の終了により，派遣元は直ちに派遣労働者を解雇してはならない（同第2の2(4)）。

また，労働者派遣契約の終了をあらかじめ派遣労働契約において退職（合意解約）事由として定めることが許容されるかも問題となる。かかる合意は，労契法17条1項違反ではなく，直ちに公序良俗に反するともいえないが，派遣労働者は期間満了までに雇用が継続することを期待することは当然であり，かかる退職合意の成立については，派遣労働者の「自由な意思に基づいてされたものと認めるに足りる合理的な理由が客観的に存在するか否かという観点から」（山梨県民信用組合事件・最二小判平28・2・19民集70巻2号123頁参照），慎重に判断されなければならない（鎌田ほか206頁〔鎌田耕一〕）。

Ⅲ　派遣労働契約の雇止め

派遣労働契約が有期である場合，常用代替防止という派遣法の趣旨から，「同一労働者の同一事業所への派遣を長期間継続することによって派遣労働者の雇用の安定を図ることは同法の予定するところではない」として，「雇用継続への期待」（労契法19条2号）が否定される傾向にある（伊予銀行・いよぎんスタッフサービス事件・高松高判平18・5・18労判921号33頁，マイルストーン事件・東京地判平22・8・27労経速2085号25頁，トルコ航空ほか1社事件・東京地判平24・12・5労判1068号32頁）。これらの裁判例では，常用代替防止の趣旨から，

同じ派遣先での雇用継続への期待を否定したものであり，異なる派遣先での雇用継続の可能性については検討されていない。派遣労働契約の雇用継続への期待は，あくまで派遣元に対して生じたかどうかが問題となるべきであるので，異なる派遣先における雇用継続への期待の有無も考慮されるべきであろう。もっとも，他の派遣先での雇用継続の可能性の有無をいかに判断するのかという問題がある。派遣元との派遣労働契約が一度も更新されたことがなく，最初の期間満了における雇止めの場合には，派遣元が，更新がありうる旨述べていた場合を除き，「雇用継続への期待」を認めるのは困難であるといえよう。これに対して，過去において，派遣元との派遣労働契約が更新されたという事情が認められる場合には，「雇用継続への期待」を否定すべきではない。

　2015年派遣法改正によって，同一派遣先における派遣可能期間の上限を3年とする個人単位の期間制限が導入された（同法35条の3）。すなわち，派遣先は，同一の派遣労働者について，当該派遣先の事業所における組織単位（課に相当する）ごとの業務について，3年を超える期間継続して労働者派遣の役務の提供を受けてはならない。有期雇用の派遣労働者が，派遣先の同一組織単位での3年間の派遣の見込みがあるときには，派遣元は，①派遣先による直接雇用の打診，②他の合理的な派遣労働の機会の提供，③派遣元での無期雇用の提供，④教育訓練の提供等のいずれかの措置をとらなければならない（同法30条2項）。このように，派遣元は，同一の組織単位における3年間の派遣可能期間が完了する見込みの派遣労働者については，雇用安定措置をとる義務を負い，派遣可能期間の上限に達することから，当然に雇止めが可能となるものではない。かかる雇用安定措置義務は，3年間の派遣可能期間が完了する見込みの派遣労働者について認められるものであるが，同一の組織単位の業務について継続して1年以上の期間労働者派遣に係る労働に従事する見込みがある者について，上記①〜④のいずれかの措置を講じる努力義務が課されている（同条1項）。さらに，派遣元に雇用された期間が通算1年以上であって，派遣先の同一組織単位において1年未満の期間労働者派遣に係る労働に従事する見込みのある者または派遣元に雇用された期間が通算1年以上であって，派遣労働者として期間を定めて雇用しようとする労働者については，上記②〜④のいずれかの措置を講じるよう努めなければならない（同条1項，派遣則25条4項）。努

力義務ではあるが，派遣法では，派遣元との通算雇用期間が1年以上である派遣労働者について，雇用安定の措置が要請されており，派遣労働であることから直ちに「雇用継続への期待」が否定され，労契法19条2号の適用が否定されるという解釈は，派遣法における派遣労働者の保護の目的からも支持されないことになろう（1年以上の雇用見込みがある有期雇用派遣労働者について，雇用継続への期待の合理性を広く認める見解として，鎌田ほか・前掲書205頁〔鎌田耕一〕）。

（橋本陽子）

| 3-2 | 派遣先および派遣元との間の法律関係 |

設例 派遣先および派遣元との間の労働者派遣契約について，派遣法はどのような規制を定めているか。これらの規制に違反した場合，労働者派遣契約の効力はどのような影響を受けるか。

また，派遣元は，派遣先に対して，派遣が予定されている業務について適格性を有する労働者を派遣する義務を負うか。派遣労働者の非違行為によって，派遣先に損害が生じた場合，派遣先は派遣元に対していかなる責任を追及できるか。

解　説

I　労働者派遣契約に関する派遣法の規制

⑴　労働者派遣契約の内容

労働者派遣契約によって，派遣元は派遣労働者を派遣先に派遣する義務を負い，これに対して，派遣先は派遣元に対して派遣料金を支払う義務を負う。労働者派遣契約は，事業者間の契約であり，契約の自由が妥当するが，派遣法は，労働者派遣事業の適正な運営の確保および派遣労働者の保護を図るために，種々の規制を定めている。

派遣法26条1項は，労働者派遣契約で定めるべき事項を定めている。これらの事項は，①派遣労働者の従事する業務の内容，②派遣就業の場所および組織単位（派遣労働者の業務の遂行を指揮命令する職務上の地位にある者が業務配分の権限を有する単位等），③派遣労働者を直接指揮命令する者に関する事項，④派遣期間および派遣就業の日，⑤始終業時刻並びに休憩時間，⑥安全および衛生に関する事項，⑦派遣労働者からの苦情処理に関する事項，⑧派遣労働者の新たな就業の機会の確保，休業手当等の労働者派遣契約の解除にあたって派遣労働者の雇用の安定を図るために必要な措置に関する事項，⑨紹介予定派遣の場合における業務内容および労働条件，その他当該紹介予定派遣に関する事項，⑩その他厚生労働省令で定める事項である。

56　第3章　派遣労働

⑵　**派遣先の義務**

　派遣法は，派遣先または派遣先になろうとする者に対して，派遣元との関係で，以下のような義務を課している。

①　あらかじめ，派遣元に対し，派遣開始の日以後，事業所単位の派遣受入期間の制限に抵触することとなる最初の日を通知する義務（派遣法26条4項）。

②　派遣法40条の2第3項に基づき，派遣可能期間を延長したときは，速やかに，当該業務について派遣受入期間の制限に抵触することとなる最初の日を通知する義務（同法40条の2第7項）。

③　紹介予定派遣を除く労働者派遣契約の締結に際し，派遣労働者を特定することを目的とする行為をしないように努める義務（同法26条6項。特定〔目的〕行為とは，事前面接または履歴書送付等の行為であるが，派遣先が講ずべき措置に関する指針（平11・11・17労告138号，最終改正平30・7・6厚労告261号）第2の3では，事業所訪問および履歴書送付を派遣労働者となろうとする者が自らの判断で行う場合には，特定〔目的〕行為に当たらないと定めている）。

④　派遣労働者が従事する業務ごとに，比較対象労働者（派遣先に雇用される通常の労働者であって，職務内容並びに当該職務の内容および配置の変更の範囲が，当該労働者派遣に係る派遣労働者と同一であると見込まれるものその他の当該派遣労働者との待遇を比較すべき労働者として厚生労働省令で定めるもの）の賃金その他の待遇に関する情報を派遣元に提供する義務（同法26条7項・8項）。

　　もっとも派遣法30条の4第1項に基づき，均等・均衡待遇義務の適用除外が認められる労使協定が締結された場合には，厚生労働省令により，福利厚生施設の利用など，労使協定締結後も派遣元が負う均等・均衡待遇義務に関する情報に限定される。

⑤　派遣元が，派遣労働者について均等・均衡待遇義務または労使協定に基づき要請される賃金額を遵守するために十分な派遣料金を得られるように派遣料金を定める配慮義務（同法26条11項）。

⑥　派遣労働者の国籍，信条，性別，社会的身分，派遣労働者が労働組合の

正当な行為をしたこと等を理由として，労働者派遣契約を解除してはならない義務（同法 27 条）。

⑦　派遣先の都合により労働者派遣契約を解除する場合において，派遣労働者の新たな就業の機会の確保，派遣元による休業手当等の支払に要する費用負担その他の派遣労働者の雇用の安定を図るために必要な措置を講じる義務（同法 29 条の 2）。

⑧　派遣労働者から苦情の申出を受けたときに，当該苦情の内容を派遣元に通知するとともに，派遣元とともに当該苦情を適切かつ迅速に処理を図る義務（同法 40 条 1 項）。

(3) 派遣元の義務

派遣法は，派遣元事業主に対して，派遣先との関係で，以下のような義務を課している。

①　労働者派遣契約を締結する際に，派遣先に対して，許可を受け労働者派遣事業を行っていることを明示する義務（派遣法 26 条 3 項）。

②　派遣先から抵触日の通知（同条 4 項）がない場合に，労働者派遣契約を締結してはならない義務（同条 5 項）。

③　派遣先から均等・均衡待遇義務に関する情報の提供がないときに，労働者派遣契約を締結してはならない義務（同条 9 項）。

④　派遣元との雇用関係が終了した後，正当な理由がなく，派遣先が派遣労働者を雇い入れることを禁ずる旨の契約を締結してはならない義務（同法 33 条 2 項）。

⑤　派遣労働者の氏名・性別，無期雇用派遣労働者であるか否かの別および労働・社会保険加入の有無等を通知する義務（同法 35 条・派遣則 28 条）。

Ⅱ　派遣法の規制の効果

派遣法は，このように，派遣労働者の保護のために労働者派遣契約に明示すべき事項を定め，労働者派遣契約の締結に際して果たすべき義務を定めるとともに，不当な解除を禁止し，また解除における派遣先による雇用安定のための措置義務を定めている。上記Ⅰ(3)における派遣元に課せられた義務に違反した

場合，派遣法は，派遣元に対して，罰則（同法 61 条），改善命令（同法 49 条 1 項），許可の取消し（同法 14 条 1 項），事業停止命令（同条 2 項）等を定めている。上記 I(2)における派遣先に課せられた義務違反については，特に制裁は定められていない。

　派遣法は，基本的に行政取締法規であり，派遣法に基づく義務に違反した場合に，労働者派遣契約が無効になり，または派遣法に基づく義務が私法上生じるといった効果は，原則として，生じない。例えば，派遣法 26 条 1 項に反して，労働者派遣契約に定められていた業務以外の業務に従事させたり，異なる派遣就業の場所で就労させていた場合において，同条違反であることから直ちに労働者派遣契約が無効となったり，労働者派遣契約に定められていた業務や就業場所で派遣労働者を就労させる義務が生じるわけではない。しかしながら，労働者派遣における三者関係の理解または労働者派遣契約に基づく派遣元・派遣先の権利義務の内容を解釈する場合に，派遣法が様々な規制を定めていることは重要な意義を持つといえよう（下記 III を参照）。

　これに対して，派遣法 27 条は，私法上も強行的な効力があると解されており，同条に反する労働者派遣契約の解除は無効となる（トルコ航空事件・東京地平 24・12・5 労判 1068 号 32 頁）。同様に，派遣労働契約終了後に，正当な理由なく，派遣先が派遣労働者を雇い入れることを禁ずる旨の契約を禁止する派遣法 33 条 2 項も，私法上の強行法規としての効力が認められている（ホクトエンジニアリング事件・東京地判平 9・11・26 判時 1646 号 106 頁）。

　また，派遣法 26 条 4 項に基づく抵触日の通知が行われない場合や同条 7 項に基づく均等・均衡義務に係る情報提供が行われない場合には，派遣法は，派遣元事業主に対して，労働者派遣契約を締結してはならないと定めている（同条 5 項・9 項）。同義務の違反に対しては，改善命令（同法 49 条 1 項），許可の取消（（同法 14 条 1 項）および事業停止命令（同条 2 項）が予定されているが，同義務に違反して締結された労働者派遣契約が無効となるものではないと解される。この場合，派遣元は，派遣先に対して，かかる通知または情報提供を行うよう請求でき，これらの義務は労働者派遣契約の付随義務を構成するといえよう。労働者派遣契約を解除する際に雇用の安定を図るために必要な措置を講じる義務（同法 29 条の 2）についても，労働者派遣契約上の付随義務として，

派遣先は，派遣元による休業手当等の支払に要する費用相当額を支払う等，労働者派遣契約で定められた派遣労働者の雇用の安定を図る義務を負うと言えよう。

派遣法26条11項に反して，低額の派遣料金しか支払われない場合には，不法行為（民法709条）に基づく損害賠償請求が認められるという見解がある（水町・同一労働同一賃金102頁）。

Ⅲ　労働者派遣契約の性質

派遣元，派遣先および派遣労働者の三者から成る労働者派遣の法律関係の性質については，派遣労働契約に基づき，派遣先は派遣労働者に対して労務請求権（指揮命令権）を有すると解する「真正の第三者のためにする契約」であるという見解と，派遣先の労務請求権は，派遣元・派遣先間の労働者派遣契約によって基礎付けられると解する見解に大別することができる（学説の整理について，鎌田ほか120−122頁〔橋本陽子〕）。理論的には，いずれの見解も可能であるが，労働者派遣を適法に行うためには，派遣法の要請に従った労働者派遣契約を締結しなければならないので，労働者派遣契約に基づき，派遣先の派遣労働者に対する指揮命令権が基礎付けられるという後者の見解の方が適切であろう。

また，労働者派遣契約における派遣元の義務として，派遣元は単に労働者を派遣するだけでよいのか，予定された業務にふさわしい，適格性を有する派遣労働者を派遣する義務を負うのかが問題となる。派遣元が適格性を有する派遣労働者を派遣する義務を負うと解する場合，派遣先は，派遣元に対して，派遣労働者が派遣先において業務を適切に遂行しなかった場合には，派遣労働者の交代や損害賠償の支払を請求できることになる。

裁判例には，かかる義務を肯定し，派遣元の派遣先に対する債務不履行責任を肯定したもの（エフエム・アイ・キャリアスタッフ事件・東京地判平9・12・26判タ1011号178頁）と，否定したもの（テンブロス・ベルシステム24事件・東京地判平15・10・22労判874号71頁）がある。テンブロス・ベルシステム24事件では，派遣労働者の非違行為により，派遣先に損害が生じたケースにおいて，急遽大量の人員が必要になったことから既に登録・雇用していた者では足りず

に新規に登録・雇用した者を派遣したものであることに照らせば,「適性を備えた者のみを選別して派遣することまでが,債務の内容となっていたものとは認め難い」と判断され,民法 415 条に基づく債務不履行責任は否定されたが,当該労働者の非違行為については民法 715 条の使用者責任に基づく損害賠償請求が認められた。

　労働者派遣契約では,派遣労働者が従事する業務の内容が定められなければならず（派遣法 26 条 1 項 1 号）,かかる業務を遂行するために必要な能力・適性を有する労働者を派遣すべき義務を派遣元は負うと解すべきである（鎌田ほか 123-124 頁〔橋本陽子〕）。

（橋本陽子）

3-3	直接雇用（労働契約）申込みみなし

設例　Aは，旅行会社であるB社の個人営業課に派遣され，B社の従業員と一緒に，事務および顧客による電話対応を担当している。Aと派遣会社であるC社との間の労働契約には，期間の定めがあり，6か月間の有期労働契約が反復更新されてきた。現在の労働契約の期間は，令和〇年4月1日から同年9月30日までとなっている。

　同年9月上旬，Aは，9月末日でB社に派遣されて3年が経過するので，派遣元であるC社に，「引き続き，B社で働けるよう正社員化を働きかけてくれないか，だめでもB社での経験を生かせる次の派遣先を見つけてほしい」と要望したところ，C社は，Aは労働者派遣ではなく，請負でB社に派遣されているので，3年が経過しても引き続きB社で働くことができると述べた。自分が労働者派遣に基づいてB社で働いていると思っていたAは驚き，B社の課長の指示の下で，B社の従業員と一緒に働いている今の働き方は偽装請負ではないかと考えている。Aは，B社に対して，偽装請負であることを理由に，労働契約関係にあることの確認を求めることができるか。

解　説

I　直接雇用（労働契約）申込みみなし制度（派遣法40条の6）

　2012年派遣法改正で導入され，2015年10月1日から施行されている派遣法40条の6は，一定の派遣法違反について，派遣先の直接雇用（労働契約）申込みみなし義務を定めている。労働契約申込みみなし制度の対象となる違法派遣は，①派遣労働者を禁止業務に従事させること，②無許可事業主から労働者派遣の役務の提供を受けること，③事業所単位の期間制限に違反して労働者派遣を受けること，④個人単位の期間制限に違反して労働者派遣を受けること，⑤いわゆる偽装請負等である。ただし，派遣先が，自己の行為がこれら①〜⑤のいずれかに該当することを知らず，かつ知らなかったことにつき過失がなかった場合には，派遣先の労働契約申込みみなし義務は生じない（同条1項ただし書）。認識の対象は，法違反行為となる客観的事実で足りるといえるが，い

かなる場合に過失があると認められるかが問題となる。この点について，厚労大臣の助言義務（同法40条の8）に基づき，派遣先が，法違反該当性ありという助言を受けていれば，過失を認める重要な要素となるという見解がある（鎌田ほか299頁〔山川隆一〕）。このように助言を求めていた場合には，厚労大臣の助言の内容は過失の重要な判断要素となるが，さらに，法違反に該当しうる事実を認識していながら，そのまま放置していた場合（すなわち，厚労大臣や弁護士の助言を求めていなかった場合）にも，過失の存在を認めることができよう。

　労働契約申込みみなし制度の対象となる違法派遣類型の⑤のいわゆる偽装請負等とは，「派遣法等の規定の適用を免れる目的で，請負その他労働者派遣以外の名目で契約を締結し，第26条第1項各号に掲げる事項〔労働者派遣契約に定めるべき事項〕を定めずに労働者派遣の役務の提供を受けること」（派遣法40条の6第1項5号）をいう。派遣先が指揮命令を及ぼしているかどうかは就労の実態から客観的に判断されるが，労働契約申込みみなし義務が発生するためには，さらに，違法派遣であることについて故意・過失が認められ，かつ「派遣法等の法律の規定の適用を免れる目的」を有していなければならない。かかる脱法の意図は，その旨の指示や発言があったと認められる場合または明らかに指揮命令と評価できる関与が日常的に行われ，そのことを労働者派遣契約の締結権限を実際に授権されている部門長等の会社上層部も認識・認容していた場合や，正式な契約書とは別に，実質的に労働者派遣契約の内容をなすといえる覚書等が存在する場合に，推認されよう。5つの違法派遣類型の中でも，偽装請負の判断は，客観的に困難である場合が少なくないため，主観的要件として，過失だけではなく，法の潜脱目的が要求されている。潜脱目的が認められる場合には，過失も認められることになろう（鎌田ほか297頁〔山川隆一〕，安西愈『多様な派遣形態とみなし雇用の法律実務』〔労働調査会，2017年〕386頁）。

　設例では，Aは，請負契約に基づいて，B社で働いていたが，実際には，派遣先の課長の指揮命令に基づいて就労していたので，偽装請負にあたるケースである。派遣先に労働契約申込みみなし義務が課せられるためには，過失および脱法的意図の主観的要件を満たす必要がある。B社とC社との間で，3年の派遣可能期間の制限が適用されないようにするために，派遣ではなく，請負という契約形式が選択されたことが認められれば，かかる主観的要件が満たされ

るといえよう。

　B社の労働契約直接申込みみなし義務が認められ，Aがこれを承諾すると，Aは，B社とC社の双方と労働契約関係が存在することになるが，これらの労働契約は同一労働時間に労務を提供するという矛盾する契約であり，雇用申込みみなしに応じて承諾した時点で，Xは派遣元のC社を当然退職したと解することになるという見解もある（安西・前掲書397-398頁）。

　違法行為が行われた日ごとに雇用の申込みをしたとみなされるが，派遣労働者が承諾の意思表示をした時点で派遣先との労働契約が成立する。派遣先との労働契約の内容は，違法行為時点における労働条件と同一であり，当該派遣雇用期間の始期と終期も同一であるので，例えば，Aが9月10日にB社に対して，労働契約の申込みみなしに対する承諾をした場合に成立するAとB社との間の労働契約は，9月10日から9月30日までの期間の定めのある労働契約となる（「労働契約申込みみなし制度について」平27・9・30職発0930第13号第2の2(3)）。

Ⅱ　黙示の雇用契約

　Aは，Bとの間に黙示の雇用契約が成立したと主張することもできる。黙示の雇用契約の成立が認められるためには，AがBに対して労務を提供しており，これに対して，BがAに対して賃金を支払っていたといえることが客観的な事情から認められることが必要である。具体的には，BとAとの間に事実上の指揮命令関係があるだけでは足りず，Aの採用にBが関与していたといえるか，Cが企業としての実体に乏しく，単なる賃金支払代行機関に過ぎなかったといえる場合に黙示の雇用契約の成立が認められる。本設例と同様，偽装請負のケースで，パナソニックプラズマディスプレイ（パスコ）事件（最二小判平21・12・18民集63巻10号2754頁）では，黙示の雇用契約の成立は否定された。

　上記パナソニックプラズマディスプレイ（パスコ）事件において，最高裁は，「労働者派遣法に違反する労働者派遣が行われた場合においても，特段の事情のない限り，そのことだけによって派遣労働者と派遣元との間の雇用契約が無効になることはないと解すべきである」と述べた上で，派遣先は派遣元による原告である労働者の採用に関与していたとは認められず，原告が派遣元から得

ていた給与等の額を派遣先が事実上決定していたといえるような事情はなく，派遣元が，配置を含む原告の具体的な就業態様を一定の限度で決定しうる地位にあったと述べて，派遣先と原告との間の黙示の雇用契約の成立を否定した。

マツダ防府工場事件（山口地判平 25・3・13 労判 1070 号 6 頁）では，上記判例で示された派遣労働契約を無効とする「特段の事情」の存在が肯定された。同事件は，派遣可能期間の算定にあたり，新たな労働者派遣の役務の受け入れ日と直前に受け入れていた労働者派遣の終了日との間に 3 か月以上の期間があれば継続して労働者派遣の役務の提供を受けているとはみなされない，いわゆる 3 か月の「クーリング期間」（派遣先指針第 2 の 14(3)）について，派遣可能期間の上限に達すると，3 か月と 1 日間，派遣先が派遣労働者を直接雇用し，かかる期間，派遣先と派遣元との間には，派遣元が労務管理を代行するためのコンサルティング契約が締結され，派遣先から派遣元に対価が支払われており，クーリング期間が過ぎると再び派遣労働者として就労させていたというケースである。裁判所は，かかる運用実態に照らせば，派遣可能期間（改正前派遣法 40 条の 2）の制限を超えて労働者派遣の役務の提供を受けていたことになり，「実質はもはや労働者派遣とは評価することはできない」ものと考えられ，「黙示の労働契約の成立を認めることができる諸事実が存することも加味すると，……派遣労働者と派遣元との間の派遣労働契約を無効であると解すべき特段の事情がある」と判断された。

同判決は，「組織的かつ大々的な」派遣法違反の状態の創出に派遣先が積極的に関与したことに加えて，派遣先が，作業上の指揮命令や出退勤の管理を行うのみならず，働きぶりによって配置を変えたり，有休取得を拒否することもあり，派遣労働者のスキルや経験年数等に基づき，派遣労働者を評価したランク制度やパフォーマンス制度を導入し，それに応じて派遣料金が決定されていたことから，派遣元による金員の額を実質的に決定していたと述べ，派遣労働契約の無効と派遣先と派遣労働者との間の黙示の雇用契約の成立が認められた。同判決では，違法派遣であったことと黙示の雇用契約の成否が密接に関連付けられているが，違法派遣状態の創出に派遣先が積極的に関与していたことが，派遣元の企業としての実体を乏しいものとし，事実上の使用従属関係とあわせて，黙示の雇用契約の成立を肯定する事情になったといえよう。

設例では，派遣先であるＢ社の課長の指揮命令を受けていることは認められるが，これを超えて，派遣先であるＢ社がＡの配置換えや有休取得を拒否する等の事情が認められ，かつ派遣元であるＣ社の企業としての実体が乏しく，単なる賃金支払代行機関に過ぎないといえる事情が認められない限り，ＡとＢ社との間に黙示の雇用契約の成立は認められないであろう。

（橋本陽子）

3-4

3-4 　雇用終了に対する派遣先の不法行為責任

設例 　中国経済の先行きが不透明となり，世界経済の見通しもわからなくなったため，メーカーD社は，受け入れている派遣労働者を削減することにした。D社は，2月中旬に3月から派遣労働者を半分にする旨を派遣元であるE社に通告し，3月末で期間満了を迎える労働者派遣契約を2月末日に向けて中途解除した。それを受けてE社は，2月末に契約期間が3月末までである派遣労働者ら20名を中途解雇し，さらに，3月中旬，30名の派遣労働者らを3月末で雇止めにした。派遣労働者らは，中途解雇または雇止めに対して，派遣先であるD社の責任を追及することはできないか。

解　　説

Ⅰ　派遣契約の解除と解雇の可否

　3-1で述べたとおり，労働者派遣契約と派遣労働契約は，事実上密接な関係にあり，派遣先が労働者派遣契約を解約した場合，派遣労働者は，派遣元によって解雇または雇い止めされるおそれがある。

　「派遣先が講ずべき措置に関する指針」（平11労告138号，最終改正平30・7・6厚労告261号）は，派遣先は，もっぱら派遣先に起因する事由により，労働者派遣契約の契約期間が満了する前の解除を行おうとする場合には，派遣元事業主の合意を得ることはもとより，あらかじめ相当の猶予期間をもって派遣元事業主に解除の申入れを行うこと，当該派遣先の関連会社での就業をあっせんする等により，当該労働者派遣契約に係る派遣労働者の新たな就業機会の確保を図ること，および派遣労働者の新たな就業機会の確保を図ることができないときには，少なくとも当該労働者派遣契約の解除に伴い当該派遣元事業主が当該労働者派遣に係る派遣労働者を休業させること等を余儀なくされたことにより生じた損害の賠償を行わなければならないことを派遣先に要請している（第2の6派遣労働者の雇用の安定を図るために必要な措置）。かかる派遣先指針の要請は，2012年改正により，派遣法29条の2に法文化されるとともに，労働者派遣契約で定めるべき事項（同法26条1項8号）となった。

3-4　雇用終了に対する派遣先の不法行為責任　　67

これらの派遣法の規制は，行政上の要請を定めたものであり，これらの規制から派遣先の派遣労働者に対する私法上の義務が導かれるものではないが，派遣先は，派遣労働者の「雇用の維持又は安定に対する合理的な期待をいたずらに損なうことがないよう」にするとの信義則上の配慮義務を負う（三菱電機ほか事件・名古屋高判平 25・1・25 労判 1084 号 63 頁）。

Ⅱ　派遣先の不法行為責任

　上記三菱電機ほか事件では，リーマンショック発生から 3 か月後に労働者派遣契約が更新され，これに伴い，派遣元が派遣労働契約を更新したにもかかわらず，その後 10 日ほどで行われた労働者派遣契約の中途解約について，上記合理的期待がいたずらに損なわれたことが認められ，派遣先の不法行為責任が認められた。また，パナソニックエコシステムズ事件（名古屋高判平 24・2・10 労判 1054 号 76 頁）では，違法派遣状態を解消するために行われた労働者派遣契約の終了について，「自らの落ち度によって生じた違法派遣状態を何らの落ち度もない派遣労働者に一方的に不利益を負わせることによって解消を図ろうとする恣意的なものであり，……突然の派遣切りという事態になったことについて……道義上の説明責任をおよそ何ら果たそうとしなかった」として，信義則違反の不法行為の成立が認められた。そして，日本精工（外国人派遣労働者）事件（東京地判平 24・8・31 労判 1059 号 5 頁）では，最長で 13 年 4 か月，最短でも 4 年に及ぶ偽装請負による違法な派遣就労が行われ，労働者派遣契約の終了に伴い雇用が終了したケースにおいて，「被告〔派遣先〕が，偽装請負又は派遣法違反の労働者派遣の法律関係の下，長期間にわたって原告らの労務提供の利益を享受してきたにもかかわらず，突如として，何らの落ち度のない派遣労働者である原告らの就労を拒否し，原告らに一方的不利益を負担させるものである上，原告らの派遣就労に当たって，日本人派遣労働者の正社員登用の事実があるにもかかわらず，その選別基準について合理的な説明をしたり，再就職先をあっせんしたりするなどのしかるべき道義的責任も果たしていないものといわざるを得ないのであり，前記条理上の信義則に違反する行為であり，不法行為に該当する」とされた。

　雇用の打切りについて，派遣先の不法行為責任を認めたこれらの裁判例では，

68　　第 3 章　派遣労働

派遣先に道義的に不当と認められる事由がある場合に不法行為の成立が認められている。設例では，急激な世界経済の悪化を理由に3月末に期間満了を迎える労働者派遣契約の中途解除が，道義的に不当であるといえるかが問題となる。派遣先であるD社の労働者派遣契約の中途解除によって，派遣元E社は，派遣労働者20名を中途解雇し，その後，30名に対して雇止めを行った。雇止めについては，労働者派遣契約の解除により直ちに派遣労働契約の雇止めが認められるべきではないが（上記3-1を参照），急激な世界経済の悪化を理由とする場合，一般に派遣労働市場は大幅に縮小し，整理解雇の要件を満たす場合が少なくないであろう（整理解雇の4要件に照らして，雇止めの効力が判断された裁判例として，芙蓉ビジネスサービス事件・長野地松本支決平8・3・29労判719号77頁）。これに対して，2月末での中途解雇は，期間満了の3月末まで雇用を維持できないほどの「やむを得ない事由」（労契法17条1項）が認められるとはいえない。派遣元は，3月末までの契約期間満了まで，休業も含め，雇用を確保する努力を尽くすべきであったといえる。

　このように，派遣先による労働者派遣契約の解除に伴う派遣元の行った中途解雇と雇止めの有効性について，異なる判断が行われる場合に，そもそもの派遣先による労働者派遣契約の解除について，派遣労働者が，派遣先の不法行為責任を追及できるかが問題となるが，派遣先は，中途解雇された20名について，3月末の期間満了まで雇用を確保するための休業手当相当分の金銭補償を行うなど，派遣法に基づく義務を果たすべきであり，これを怠ったことによる不法行為責任を負うといえよう。

（橋本陽子）

| 3-5 | 派遣先の安全配慮義務・職場環境配慮義務 |

設例 　大学卒業後に正社員として入社したアパレル会社があまりにも忙しく，体調を崩して約1年後に退社したFは，派遣会社H社に登録し，G社に派遣されて，一般事務を行っている。G社に派遣されてそろそろ3年が経過するころ，Fは，G社のI課長から「派遣なんかで働いて，ご両親は心配しているだろう。うちでは正社員になれる可能性はないから，ほかに正社員になれる会社に転職するか，早く結婚相手を見つけて専業主婦になりなさい。いつまでも派遣では働けないよ」と言われた。Fは，I課長の発言を侮辱であり，セクハラであると感じた。Fは，G社およびH社に対して，I課長のセクハラの責任を追及することはできないか。

| 解　説 |

I　派遣先の義務

　派遣先であるG社が，I課長の派遣労働者であるFに対する発言について，Fに対して，セクハラの責任を負うかが問題となる。I課長の発言は，Fの就業関係を害する性的な言動であるといえ，環境型セクハラ（均等法11条1項）に該当する。さらに，この発言は，パワハラにも該当しよう（職場のパワハラとは，①優越的な関係に基づいて〔優位性を背景に〕行われること，②業務の適正な範囲を超えて行われること，および③身体的もしくは精神的な苦痛を与えること，または就業環境を害することの3つの要素を有する行為である〔厚労省「職場のパワーハラスメント防止対策についての検討会報告書」平成30年3月30日11頁。2019年5月29日に参議院で可決・成立した改正労働施策推進法30条の2において，事業主に対するパワハラ防止のための措置義務が定められた。〕）。

　「特別な社会的接触関係」にある当事者間に認められる安全配慮義務について，派遣先が同義務を負うことが認められている（アテスト〔ニコン熊谷製作所〕事件・東京高判平21・7・28労判990号50頁）。設例で問題となっているセクハラにおいては，職場環境配慮義務違反が問題となるが，東レエンタープライズ事件（大阪高判平25・12・20労判1090号21頁）において，派遣先は，「労働者派遣契約に基づき派遣就業をする者に対し，直接の雇用関係にある従業員と同様

70　第3章　派遣労働

に，労務の提供に関して良好な職場環境の維持確保に配慮すべき義務（職場環境配慮義務）を負っており，セクシュアル・ハラスメントに関してもその予防や発生したときの適切な対処をすべき義務がある」と判示されている。東レエンタープライズ事件では，派遣先に出向中の他社の正社員が，派遣労働者に対して，なれなれしい態度をとり，プライベートな事柄についてたびたび質問をし，トイレ等の前で待ち伏せて，付きまとったり，飲みに行こうと言ったり，勤務時間中に身体をすり寄せてきた等の言動について，セクハラであると認めた上で，派遣元が，事実関係を調査し，派遣先に働きかけるなどの被害回復，再発防止のため，誠実かつ適正に対処すべき義務があるところ，何もしなかったため，同義務違反であると述べ，精神的苦痛に対する慰謝料の支払を命じた。同事件では，派遣先は訴訟当事者となっておらず，上記の派遣先の職場環境配慮義務を認めた判旨は傍論であるが，セクハラの予防義務および発生した時の適切な対処義務を派遣先が負うことを認めた判旨として重要である。

　したがって，本設例においても，派遣先のI課長のセクハラについて，派遣先であるG社の職場環境配慮義務違反が肯定される。

Ⅱ　派遣元の義務

　派遣元は，派遣労働者の使用者として，雇用契約上の付随義務として，セクハラを予防し，また，派遣労働者が被害を申告した場合，事実関係を迅速かつ正確に調査し，派遣先に働きかけるなどして，被害回復，再発防止のため，誠実かつ適正に対処する義務を負うといえる。前掲東レエンタープライズ事件は，派遣法31条に基づく，適正な派遣就業に対する配慮義務から，同義務を導いているが，雇用契約上の付随義務として，当然に職場環境配慮義務を負っているといえよう（労働者派遣ではなく，請負として，グループ会社である他社で就労していたと解される事案であるが，労働者派遣事業等を営んでいた雇用主の雇用契約上の付随義務として，セクハラ防止義務を認めた裁判例として，イビデン事件・名古屋高判平28・7・20労判1157号63頁〔同判決は，セクハラに対する事実確認等をせず，かえって隠ぺいしようとしたことについて，「雇用契約上の安全配慮義務違反」があると述べている〕）。

　したがって，派遣元であるH社も，Fの使用者として，同義務違反の責任

3-5　派遣先の安全配慮義務・職場環境配慮義務　　71

を負う。具体的には，H社は，Fの苦情を受けて，G社に対して，I課長の言動がセクハラにあたることを指摘し，このような言動を行わないよう注意するよう要請すべきであり，このような要請を行わないで，Fの苦情に対応しなかった場合に，職場環境配慮義務違反の責任を負うことになろう。

（橋本陽子）

	3-6

3-6　均等・均衡待遇

設例　派遣先労働者と派遣労働者の待遇の均等・均衡を図るため，2018年に派遣法の改正が行われたようだが，具体的にはどのように対応すればいいのだろうか。

解　説

I　派遣元の均等・均衡待遇義務

(1)　2018年改正までの規制

　働き方改革により，派遣労働者と派遣先の労働者との均等・均衡待遇義務（派遣法30条の3）等が導入されるまで，派遣法では，均衡を考慮した賃金決定および教育訓練・福利厚生の実施に関する派遣元の配慮義務（改正前30条の3），並びに，教育訓練の実施，福利厚生施設の利用および派遣労働者の従事する同種の業務に従事する派遣先に雇用される労働者の賃金水準に関する情報提供に関する派遣先の配慮義務（改正前40条2項ないし5項）が規定されていた。これらの配慮義務は，2012年改正によって導入されたものである。

　配慮義務とは，旧パート労働法の2007年改正で，福利厚生施設の利用について導入された概念である。努力が「目標実現のため，心身を労してつとめること」（「広辞苑第7版」）をいい，そのことをもって義務を達成したことになり，目標の達成は必要ではないのに対し，配慮とは，「心をくばること」（同書）であり，法令上用いられる場合は，単なる心の中の動きにとどまらず，配慮の対象となった事項に実際に取り組むことが求められている。その上で，結果までは求められるものではない。配慮義務について，「努力義務よりは……配慮義務の方がまだ一歩強い」（平19・5・17第166回国会参議院厚生労働委員会議事録20号8頁〔大谷泰夫政府参考人発言〕）と解されている。

(2)　2018年改正

　2018年法改正により，派遣法に均等・均衡待遇義務が導入されることにな

3-6　均等・均衡待遇　　73

った（詳しくは，水町・同一労働同一賃金99頁以下）。施行日は，2020年4月1日の予定である。派遣元の均衡を考慮した賃金決定等の配慮義務（2018年改正前派遣法30条の3）に代えて，派遣法30条の3第1項は，派遣労働者の基本給，賞与その他の待遇のそれぞれについて，派遣先に雇用される通常の労働者との待遇との間において，「職務の内容及び配置の変更の範囲その他の事情のうち，当該待遇の性質及び当該待遇を行う目的に照らして適切と認められるものを考慮して，不合理と認められる相違を設けてはならない」と改正された。そして，派遣法30条の3第2項は，職務の内容が派遣先に雇用される通常の労働者と同一の派遣労働者であって，①当該派遣先における派遣就業が終了するまでの全期間において，②その職務の内容および配置が当該派遣先との雇用関係が終了するまでの全期間において，その職務の内容および配置が通常の労働者の職務の内容および配置の変更の範囲と同一の範囲で変更されることが見込まれるものについて，「正当な理由がなく，基本給，賞与その他の待遇のそれぞれについて……不利なものとしてはならない」と定めている。

　派遣法30条の3以下の均等・均衡待遇に関する規定は，同じく働き方改革関連法で改正されたパート・有期法における均等・均衡待遇に関する規定に対応している（本節末尾の対応関係表を参照）。

　まず，派遣法30条の3第1項および第2項は，パート・有期法8条および9条に対応する規定である（パート・有期法9条は，「差別的取扱いをしてはならない」と規定しており，文言が派遣法30条の3第2項とは若干異なるが，意味は異ならないといえる。派遣法30条の3第2項の「不利なものとしてはならない」という文言は，派遣労働者が派遣先の通常の労働者より有利な待遇を定めることを禁止するものではないことを明確にする趣旨である〔水町・前掲書107頁〕）。パート・有期法8条は，2012年に有期雇用を理由とする不合理な取扱いを禁止する旧労契法20条が導入されたときに，パートタイム労働者について，旧労契法20条に対応する規定として旧パート労働法8条として2014年改正で新設された規定である。旧労契法20条および旧パート労働法8条は，均等・均衡待遇原則の双方を含む規定であるが，パートタイム労働者と通常の労働者との均等待遇原則を定めた規制である旧パート労働法9条との関係が問題となる。この点について，「〔旧パート労働法9条～13条の〕各則規定では捕捉され得ない待

遇上の取扱いについて，原則規定〔旧パート労働法8条〕に立ち返って同規定により捕捉することを可能ならしめる解釈が，立法趣旨によりよく合致するように考えられる」との解釈がある（菅野356頁）。すなわち，パート・有期法8条は，同法9条の内容を含み，同法9条違反が成立すれば，同法8条違反も成立する。他方で，同法9条違反が成立しない場合であっても，「不合理と認められる」相違については，同法8条違反が成立しうることになる（もっとも，職務内容と人材活用の仕組みが同一であれば差別が禁止されるパート・有期法9条の方が多様な事情を考慮して不合理性を判断する8条よりも広く解釈される可能性も指摘されている〔島田裕子「パートタイム・有期労働法の制定・改正の内容と課題」労研701号（2018年）26-27頁〕）。

　派遣法30条の3第1項と第2項の関係についても，パート・有期法8条および9条との類似性から，同様に，派遣法30条の3第2項に基づく均等待遇原則違反が成立する場合には，同時に第1項違反が成立すると解されることになろう。他方で，同第1項違反については，同第2項違反が成立する場合よりも広く，均衡待遇義務違反も含むものと解される。すなわち，職務内容が完全に同一ではなく，派遣就業の全期間において，職務内容および配置の変更の範囲が同一の範囲で変更されることが見込まれる場合でなくても，問題となった待遇の性質および目的に照らして，不合理と認められる相違が禁止されることになる（もっとも，業務を特定して派遣される派遣労働者について，原則として，人材活用の仕組みが派遣先の通常の労働者と同一であるといえる場合はきわめて限られ，派遣法30条の3第2項が適用される場合はほとんどないように思われる）。

　派遣法30条の3第2項に基づき，均等待遇義務の適用される派遣労働者および派遣法30条の4第1項に基づく労使協定の対象となる派遣労働者（後述Ⅱ）以外の派遣労働者について，派遣法30条の5は，派遣元に対して，派遣先に雇用される通常の労働者との均衡を考慮した賃金決定の努力義務を課すこととなった。

　また，派遣先による教育訓練および業務の円滑な遂行に資する福利厚生の配慮義務は，実施義務へと強化され（派遣法40条2項および3項），その他の福利厚生施設の利用に関する努力義務は配慮義務へと強化された（同法40条4項）。

　さらに，派遣元による派遣法31条の2の待遇に関する事項の説明義務が，

上記の派遣法 30 条の 3 および 30 条の 4 に基づく均等・均衡待遇義務に関する措置に拡大された。

Ⅱ　労使協定の締結による均等・均衡待遇義務の適用除外

しかしながら，派遣法 30 条の 3 に基づき派遣元の負う均等・均衡待遇義務は，派遣法 30 条の 4 に基づき，労使協定を締結することによって，適用が除外される。かかる労使協定においては，①労使協定の適用される派遣労働者の範囲，②かかる派遣労働者の賃金決定の方法，③かかる賃金が，派遣労働者の職務内容，職務の成果，意欲，能力または経験その他の就業の実態に関する事項を公正に評価して，決定されること，④賃金を除く，派遣労働者の待遇の決定の方法，⑤教育訓練の実施，および⑥その他，厚生労働省令で定める事項について定めがなければならない。さらに，②の賃金決定方法については，同種の業務に従事する「一般の労働者の平均的な賃金」額と同等以上の賃金額であること，および派遣労働者の職務の内容，職務の成果，意欲，能力または経験その他の就業の実態に関する事項の向上があった場合に賃金が改善されるものでなければならない。

かかる「一般の労働者の平均的な賃金」額の算定については，厚労省が賃金構造基本統計調査などの統計をもとに職種別，能力・経験別に作成した賃金の一覧表と，地域ごとの賃金を反映した地域指数などを通達で示す予定である（2018 年 11 月 16 日，第 14 回労働政策審議会職業安定分科会雇用環境・均等分科会同一労働同一賃金部会資料 1 - 1）。

労使協定で定める内容として，派遣労働者の職務内容，職務の成果，意欲，能力または経験その他の就業の実態に関する事項を公正に評価して，決定されることが要求されているため，協定対象派遣労働者には派遣法 30 条の 5（職務内容等を勘案した賃金決定の努力義務）の適用が除外されている。

また，派遣法 30 条の 4 に基づく労使協定の対象となる待遇について，派遣法 40 条 2 項の教育訓練および派遣法 40 条 3 項の業務の円滑な遂行に資する福利厚生施設の利用は，かかる対象から除かれている。したがって，派遣先だけでなく，派遣元も派遣法 30 条の 3 に基づき，教育訓練および福利厚生施設の利用について，均等・均衡待遇義務を負うことになる（平 30・12・28「同一

労働同一賃金ガイドライン」厚労告430号第5の2(1)および第5の3(1))。

表　パート・有期法に基づく均等・均衡待遇義務と派遣法に基づく均等・均衡待遇義務の対応
　　関係

	パート・有期法	派遣法
原則（不合理な待遇の禁止）	8条	30条の3第1項
均等待遇義務	9条	30条の3第2項
均等待遇義務のデロゲーション	—	30条の4
賃金決定における均衡考慮の努力義務	10条	30条の5
教育訓練の実施義務	11条	40条2項
福利厚生施設の利用	12条	40条3項・4項
通常の労働者への転換	13条	40条5項
待遇に関する説明義務	14条	31条の2

（橋本陽子）

雇用平等・障害者差別の禁止

	性差別の禁止
4-1	——直接差別と間接差別

設例　①　食料品の販売を行うＡ社では，「一定の重さの荷物の持ち運びができ
る」という要件を満たした者のみを荷物の運搬を伴う業務に配置している。
この要件を満たす女性は非常に少なく，一方で，幅広い業務を経験したことを昇進
の要件としていることから，女性の昇進は男性と比べ遅れがちとなっている。

②　全国に営業所を有するＢ社は，「全国転勤に応じられること」を募集・採用の
要件としており，応募者の男女比率は７対３，採用者の割合も概ね同程度である。

③　Ｃ社では，家族手当の支給要件を「住民票上の世帯主」としており，実際に
家族手当を受給している男女比率は９対１となっている。

これらの取扱いは許されるか。

解　説

I　間接差別とは

性に関する「間接差別」とは，採用，配置，昇進，賃金等の労働者の取扱い
について，使用者が，一見，性に中立的な要件を設定した場合に，その要件が
実際上は一方の性に不釣合いに不利に作用するときは，使用者が当該要件の経
営上の必要性を立証しえない限り性差別とみなす，という法理である。アメリ
カで1970年代に「差別的効果」(disparate impact) の理論として確立され，そ
の後，欧州諸国等に広まった。これに対して，一方の性（典型的には女性）で
あることを理由とする差別を違法とする伝統的な差別は，「直接差別」と呼ばれ，
これには差別意図が必要とされる（菅野255頁）。

日本では，2006年の均等法改正によって「間接差別」概念がはじめて導入
された（同法7条）。ただし，その間接差別規制は，対象となる場合を省令で
限定列挙するという諸外国にはみられない特徴をもつ。

均等法7条は，事業主は，差別的取扱いが禁止される事項（同法5条の募集・
採用と同法6条に掲げられたすべての事項）に関する措置であって「労働者の性
別以外の事由を要件とするもののうち，措置の要件を満たす男性及び女性の比
率その他の事情を勘案して実質的に性別を理由とする差別となるおそれがある

80　　第4章　雇用平等・障害者差別の禁止

措置として厚生労働省令で定めるものについては，当該措置の対象となる業務の性質に照らして当該措置の実施が当該業務の遂行上特に必要である場合，事業の運営の状況に照らして当該措置の実施が雇用管理上特に必要である場合その他の合理的な理由がある場合でなければ，これを講じてはならない」としている。また，「労働者に対する性別を理由とする差別の禁止等に関する規定に定める事項に関し，事業主が適切に対処するための指針」（平18・10・11厚労告614号。以下，「均等指針」）は，間接差別を，「①性別以外の事由を要件とする措置であって，②他の性の構成員と比較して，一方の性の構成員に相当程度の不利益を与えるものを，③合理的な理由がないときに講ずることをいう」と定義する（第3の1⑴）。そして，間接差別の①と②の指標に該当するものとして，厚生労働省令は，（ア）募集・採用における身長・体重・体力要件，（イ）募集・採用，昇進，職種の変更における転居を伴う転勤要件，（ウ）昇進における転勤経験要件の3つを定めている（均等則2条）。

Ⅱ　均等法7条の特質と同条違反の効果

　均等法における間接差別禁止法理の特質は，第1に，差別の認定にあたって使用者の差別意図を必要としないことにある。直接差別の場合は，客観的に禁止規定に該当する措置が行われても差別意図が明確に否定されれば均等法違反とならないが，間接差別については，客観的に禁止事項に該当しそのことに合理的理由がない場合に均等法違反が成立する。第2に，間接差別となる措置が限定されており，それ以外については具体的な適用の局面において男女に明らかな格差が生じても均等法上は間接差別違反を生じない点である（野川564頁）。

　均等法7条違反の効果は，直接差別を禁止した同法5条および6条と同様である。第1に，均等法の用意する公法上の実効性確保措置，すなわち，都道府県労働局長による助言，指導，勧告（同法17条），紛争調整委員会による調停（同法18条以下），厚生労働大臣による報告要求，助言，指導，勧告，企業名公表（同法29条・30条）の対象となる。第2に，同法7条は，私法上も強行規定と解され，これに反する法律行為は無効となり，不法行為の違法性を備えさせ，損害賠償責任を生じさせる（荒木103頁，105頁）。

Ⅲ　間接差別の検討と残された課題

　設例①のような性に中立的な体力要件により配置を決定した結果として，男性と比較して女性に相当程度の不利益が生じることがある。均等指針は，「当該業務を行うために必要な筋力より強い筋力があることを要件とする場合」や「運搬等するための設備，機械等が導入されており，通常の作業において筋力を要さない場合に，一定以上の筋力があることを要件とする場合」は，合理的理由にならないとする（第3の2(2)）。実際の業務との関係で「一定の重さ」の設定が重すぎる場合や，設備等が導入されている場合には，合理的理由とはならず，当該要件は間接差別に該当するように思われる。しかし，均等則2条1号が，体力要件を間接差別として禁止するのは「募集・採用」時のみである。したがって，採用後の昇進について，体力要件が用いられたとしても，均等法上の間接差別違反とはならない。ただし，「女性は重い荷物を持つことができない」という理由から女性を当該業務に配置していない場合には，差別意図のある直接差別として均等法6条違反になる可能性がある。

　設例②のような「全国転勤要件」は，均等則2条2号の実質的に性別を理由とする差別となるおそれがある措置といえる。問題は，全国転勤要件に合理的な理由（業務の遂行上や雇用管理上特に必要である場合等）があるかどうかである。均等指針は「合理的な理由の有無については，個別具体的な事案ごとに，総合的に判断が行われるものである」としつつ，合理的な理由がない場合として「イ　広域にわたり展開する支店，支社等がなく，かつ，支店，支社等を広域にわたり展開する計画等もない場合」，「ロ　広域にわたり展開する支店，支社等はあるが，長期間にわたり，家庭の事情その他の特別な事情により本人が転勤を希望した場合を除き，転居を伴う転勤の実態がほとんどない場合」，「ハ　広域にわたり展開する支店，支社等はあるが，異なる地域の支店，支社等で管理者としての経験を積むこと，生産現場の業務を経験すること，地域の特殊性を経験すること等が幹部としての能力の育成・確保に特に必要であるとは認められず，かつ，組織運営上，転居を伴う転勤を含む人事ローテーションを行うことが特に必要であるとは認められない場合」を挙げる（第3の3(2)）。B社は全国に営業所を有するためイには該当しないと考えられるが，ロやハのような場

82　第4章　雇用平等・障害者差別の禁止

合には，合理的な理由のない全国転勤要件として，均等法上の間接差別違反となる可能性がある。

「合理的理由」をめぐっては，誰がどういう基準で判断するかも問題となる。会社が合理的理由だと考えていればよいとの考え方や，監督官庁や裁判所が合理的理由かどうかを一律に判断するという考え方がある。この点について，会社が転勤要件を付すことやその理由について従業員に説明し，両者が納得した上でそれを運用する手続を尽くすことが，合理的理由の大きな判断要素になるとの指摘がある（「〈座談会〉男女雇用機会均等法の論点」法時 79 巻 3 号〔2007 年〕15 頁以下〔水町勇一郎〕）。間接差別は，差別的な効果が生じている基準等の正当性を使用者に説明させることを通じて，事業に不可欠な採用・昇進基準や雇用管理上の基準等の正当性を，使用者の差別意図の有無を問わず問い直し，差別禁止の内容を発展させる機能をもつとされる（長谷川聡「性差別禁止の現代的展開——差別的構造に着目して」日本労働法学会誌 117 号〔2011 年〕15 頁，22 頁）。このことを踏まえると，従業員への説明や納得は重要な判断要素となるといえよう。

設例③のような「世帯主要件」は，2006 年均等法改正に向けた研究会の報告書（「男女雇用機会均等政策研究会報告書」〔2004・6・22〕）に，間接差別として考えられる例として挙げられていた。2015 年における 40 代〜50 代の普通世帯世帯主率は，男性 7，8 割に対し女性 2 割程度であり，男女間で大きな格差が生じている。しかし，世帯主要件は均等則 2 条には列挙されていないため，世帯主要件を適用した結果として男女で明らかな格差が生じていても，均等法上は間接差別違反とならない。ただし，均等則 2 条に列挙されている場合以外については男女間の格差があっても容認されるという趣旨なのか，均等法 7 条の類推適用や公序違反の援用などの手法を用いて実質的には間接差別法理を拡大しうるのかは，必ずしも明らかとされていない（野川 564-565 頁）。これについては，均等法 7 条違反に該当しない措置であっても，裁判所において違法（公序違反等）と判断される可能性があるとの見解が有力である（水町 223 頁）。

（長谷川珠子）

| 4-2 | 女性の雇用促進 |

設例 ① 有期（4月から翌年3月までの1年間）の労働契約を締結してD社で働いているEは，契約を2度更新して3年目となっていた。3年目の9月に妊娠が判明し出産予定日が翌年の3月1日となったことから，産前産後休業の申出を行ったところ，D社は，産後休業の途中である3月31日に契約期間が終了するため3度目の契約更新は行わないと回答した。

② D社で営業職（正社員）として働くFが，妊娠したことを契機に，軽易業務への転換を希望したため，外勤の多い営業職から事務職に転換することとした。D社では，事務職の賃金は営業職よりも低く設定してあったため（賃金額は勤続年数等により決まる），Fに対しても，Fと同じ勤続年数の従業員の平均賃金を支払うことにし，結果として月額基本給が30万円から27万円に下がることとなった。

これらの取扱いは許されるか。

| 解　説 |

I 女性の婚姻，妊娠，出産等を理由とした不利益取扱いの禁止

　均等法9条は，女性労働者について，婚姻，妊娠，出産を退職理由として予定する定め（1項），婚姻したことを理由とする解雇（2項），妊娠，出産，労基法上の産前産後休業その他の母性保護措置，均等法12条・13条の母性健康管理措置を受けたこと，妊娠中の軽易業務への転換等を理由に解雇その他の不利益取扱いをすること（同法9条3項）を禁止し，妊娠中および出産後1年を経過しない時点での解雇を無効にする（同条4項）としている。この規定は私法上の強行規定と解され，これに違反する法律行為は無効となり，また，不法行為の違法性を基礎付け損害賠償責任の根拠となりうる。解雇以外の不利益取扱いとは，有期契約の更新拒否，更新回数の上限が明示されている場合に当該回数を引き下げること，労働契約内容変更の強要，降格，就業環境を害すること，不利益な自宅待機，減給，賞与における不利益算定，昇進・昇格時の不利益な人事考課，不利益な配置変更，派遣先による派遣役務の拒否等がこれに当たる（均等指針第4の3(2)。野川565頁，荒木106頁）。

84　第4章　雇用平等・障害者差別の禁止

妊娠・出産を理由とする不利益取扱いの禁止は，男女比較できないため「性別」の範疇から除外され，また，婚姻上の地位を理由とする不利益取扱いの禁止も，婚姻に関わる要素は「性別」ではないから，均等法 6 条とは別に，特別に規定が設けられているとされる（藤本茂・争点 26 頁）。

Ⅱ　産前産後休業と有期労働契約の更新

使用者は，6 週間以内に出産する予定の女性が休業を請求した場合に，その者を就業させてはならず（産前休業。労基法 65 条 1 項），産後 8 週間を経過しない女性を就業させてはならない（産後休業。同条 2 項）。有期契約労働者が産前産後休業を取得するとその休業期間中に契約期間が満了する場合に，使用者は休業の取得や契約の更新を認めなければならないかどうかが問題となる（なお，育児休業の場合は，当該事業主に 1 年以上継続雇用されており，当該子が 1 歳 6 か月到達までの間に契約が満了・不更新により終了することが明らかでないことが，取得要件とされる〔育介法 5 条 1 項〕。育児休業を取得する権利を有する有期契約労働者が，育児休業を取得しようとした場合にも，産休と同様の問題が生じる）。

均等指針は，①有期契約の更新をしないことと，②あらかじめ契約回数の上限が明示されている場合に，当該回数を引き下げることが，不利益取扱いに該当すると定める（第 4 の 3 (2)）。不利益取扱いの禁止は，妊娠・出産等を理由とする場合に限られるため，契約の更新回数が決まっており，妊娠・出産等がなかったとしても契約は更新されなかった場合等，妊娠・出産等以外の理由による契約不更新は，均等法 9 条 3 項違反には当たらない（「改正雇用の分野における男女の均等な機会及び待遇の確保等に関する法律の施行について」（平 18・10・11 雇児発 1011002 号，最終改正平 28・8・2 雇児発 0802 第 1 号）。

設例①において，契約期間の上限を 3 年としていた場合には，契約の不更新は不利益取扱いとはならないが，上限が決まっていなかったにもかかわらず，期間満了時である 3 月 31 日に産後休業中であるという理由で契約の不更新を決めた場合には，均等法 9 条 3 項に該当する不利益取扱いとなる。また，契約回数の上限を 5 回としていた場合にも，不利益取扱いとなり，許されない。前掲通達によれば，「契約の不更新が不利益な取扱いに該当することになる場合には，休業等により契約期間のすべてにわたり労働者が労務の提供ができない

場合であっても，契約を更新しなければならない」とされており，契約の期間が3か月であって，その契約期間中がすべて産前産後休業となる場合であっても，契約を更新しなければならない。

Ⅲ　軽易業務転換と不利益取扱いの禁止

　妊娠中の軽易業務への転換を契機としてなされた女性労働者の降格措置が均等法9条3項の禁止する不利益取扱いに当たるかが争われた事件で，最高裁は，均等法の文言・趣旨等に鑑みると同項は強行規定と解されるとした上で，同項の趣旨・目的に照らせば，妊娠中の軽易業務への転換を契機としてなされた降格措置は，原則として同項の禁止する取扱いに当たるが，①労働者が受ける有利・不利な影響の内容や程度，事業主による説明などの経緯，労働者の意向等に照らして，労働者が自由な意思に基づいて降格を承諾したものと認めるに足りる合理的な理由が客観的に存在するとき，または，②事業主の業務上の必要性の内容や程度，労働者が受ける有利・不利な影響の内容や程度に照らして，同項の趣旨・目的に実質的に反しないと認められる特段の事情が存在するときは，同項違反とならないとの判断枠組みを示した（広島中央保健生活協同組合事件・最一小判平26・10・23民集68巻8号1270頁）。この最高裁判決を受け，均等法11条の2として，「職場における妊娠，出産等に関する言動に起因する問題に関する雇用管理上の措置」が新設された。また，「事業主が職場における妊娠，出産等に関する言動に起因する問題に関して雇用管理上講ずべき措置についての指針」（平28・8・2厚労告312号・いわゆるマタハラ指針）が策定され，職場における妊娠・出産等に関するハラスメントの内容や事業主が講ずべき措置の内容が明記された。

　設例②は，降格ではなく業務転換による減給の事例だが，最高裁判決の判断枠組みを用いることができよう。したがって，D社がFに，軽易業務転換によって変更される業務内容や賃金の減額，その金額の決定方法等を説明し，Fが納得して承諾した場合には，均等法9条3項違反とはならない。また，減給措置がD社の業務上必要であり，労働者の受ける不利益性が軽易業務転換という有利性を下回る場合には，同法9条3項の趣旨・目的を実質的に反しないとして，同項違反にはならない。事業主からの適切な説明がない場合，減給額

86　第4章　雇用平等・障害者差別の禁止

が大きい場合，あるいは，減給された賃金額が他の事務職の賃金額等に基づかない形で設定された場合には，同法9条3項違反になる可能性が高い。

Ⅳ　女性の雇用促進に向けて──女性活躍推進法

　上述したように，労基法・均等法により母性保護や性差別の禁止が規定され，また，後述するように（**4-3**），育介法による育児休業の措置等についても充実が図られてきた。しかし，日本の雇用システムに根差した男女間の格差は解消されず，女性の職業生活と家庭生活との両立を図ることはなお困難な状態が続いている。このような状況を克服するために2015年に制定されたのが女性活躍推進法である。同法は，①女性に対する採用・昇進等の機会の積極的な提供および活用を通して，女性の個性と能力が十分に発揮できるようにすること（同法2条1項），②職業生活と家庭生活の円滑かつ継続的な両立を可能とすること（同条2項），③女性の職業生活と家庭生活の両立に関し，本人の意思が尊重されるべきこと（同条3項）を基本原則として，女性の職業生活における活躍を推進すること等を目的とする（同法1条）。

　具体的には，常時雇用する労働者が100人を超える一般事業主（民間企業等）は，政府が作成した「事業主行動計画策定指針」に即して，「一般事業主行動計画」を定め，厚生労働大臣に届け出なければならない（同法8条1項，常時雇用労働者数100人以下の一般事業主は努力義務）。同計画には，計画期間，達成目標，取組みの内容および実施期間を定めなければならず（同条2項），①女性採用比率（雇用管理区分ごと），②勤続年数の男女差（雇用管理区分ごと），③各月ごとの平均残業時間数等の労働時間の状況，④女性管理職比率（課長級以上），その他その事業における女性の活躍状況を把握した上で，その結果を勘案して，①〜④等を用い定量的に定めなければならない（同条3項）。計画の実施状況が優良である場合には，厚生労働大臣による認定が行われ，認定を受けた一般事業主は「えるぼし」（特に優良な場合には「プラチナえるぼし（仮称）」）マークを商品等に付することができる（上記について一部未施行あり）。

（長谷川珠子）

| 4-3 | 育児休業等に対する不利益取扱いの禁止 |

設例 G病院で働くレントゲン検査技師のH（男性）が，2019年4月1日から同年7月31日にかけて4か月の育児休業を取得したところ，「年度内に3か月以上の育休取得者は，翌年度の職能給を昇給させない」との就業規則の規定に基づき，2020年度の職能給が昇給されなかった。また，2020年度の昇格試験の受験資格が認められず，昇格することができなかった。さらに，賞与についても，2019年6月支給分（査定期間は2018年12月から2019年5月）については支払われず，同年12月支給分（査定期間は2019年6月から11月）については，業績目標を下回ったとして最低評価の考課が行われた。

このような取扱いは許されるか。

解　説

I　問題の所在──育児休業の取得等を理由とした不利益取扱いの禁止

育介法は，労働者が育児休業，介護休業，子の看護休暇，介護休暇，所定時間外労働の免除，時間外労働・深夜労働の制限，短時間勤務（またはフレックスタイム制，始業・終業時刻の繰上げ・繰下げ等）を事業主に申し出たことまたはこれらを行ったことを理由として，事業主が当該労働者に対して解雇その他の不利益な取扱いをすることを禁止している（同法10条・16条・16条の4・16条の7・16条の10・18条の2・20条の2・23条の2）。この育介法上の不利益取扱い禁止規定は，均等法上の婚姻・妊娠・出産等を理由とする不利益取扱い禁止規定（均等法9条）と同様に強行規定であり，これに反する法律行為は無効と解される（菅野599頁，平21・12・28職発1228第4号・雇児発1228第2号）。また，当該不利益取扱いは違法であり不法行為として損害賠償責任を発生させる。いかなる行為がここで禁止された不利益取扱いに当たるかについては，「子の養育又は家族の介護を行い，又は行うこととなる労働者の職業生活と家庭生活との両立が図られるようにするために事業主が講ずべき措置に関する指針」（平21・12・28厚労告509号，平28・8・2改正）による例示がある。同指針は，解雇，雇止め，退職または非正規雇用労働者とするような契約内容変更の強要，

88　第4章　雇用平等・障害者差別の禁止

自宅待機，降格，減給，不利益な査定，不利益な配置変更，就業環境を害することなどを不利益取扱いの例として掲げている（同指針第2の11（2））。例えば，育児休業や介護休業をとったことを理由として解雇・雇止め，退職強要，低処遇の非正規雇用労働者への転換強要をすること，育児や介護のための短時間勤務をとったことを理由として業務に従事させないまたはもっぱら雑務に従事させることは，法が禁止する不利益取扱いに当たる。

　もっとも，これらの不利益取扱いがあったとしても，育介法が禁止しているのは，育児・介護休業など育児・介護支援措置を「理由とし〔た〕」不利益取扱いである。したがって，ここではまず，育児休業等を理由とした不利益取扱いなのか，他の理由に基づく取扱いなのかが問題となる。

Ⅱ　育児休業等を「理由とし〔た〕」不利益取扱いか

　育介法は，育児・介護休業，子の看護休暇，介護休暇，育児・介護のための短時間勤務における不就労について，有給扱いとすることを義務付けておらず，賃金を支給するか否かは当事者の合意（労働契約の解釈）に委ねられている。したがって，これらの不就労日や働かなかった時間を，賃金の支給や算定上，無給や欠勤として取り扱うことは，必ずしも法が禁止する不利益取扱いに当たるわけではない。例えば，この無給や欠勤扱いが育児休業等の取得そのものを理由としたものでなく，病気休業等にも共通する不就労一般を理由とする無給・欠勤扱いであれば，育児休業等を理由とした不利益取扱いには当たらないものと解される。これに対し，病気休業等の不就労については賃金を支給している（欠勤扱いしていない）にもかかわらず，育介法が保障する休業・休暇・短時間勤務については無給・欠勤扱いとし，このような取扱いについて他に正当な理由が認められない場合には，この無給・欠勤扱いは育児休業等を理由とする不利益取扱いとして違法・無効と解されることになる（水町319頁）。

　設例では，育児休業の取得による不昇給，不昇格および賞与の不支給・減額が問題となっているが，これらの取扱いについても同様のことがいえる。すなわち，育児休業のみならず病気休業等の不就労一般について，同じ期間の不就労に対し不昇給，不昇格，賞与の不支給・減額等がなされている場合には，育児休業を理由とした不利益取扱いには当たらず（不就労を理由とした不利益取扱

いに当たる），他方で，育児休業等の場合に病気休業など他の休暇・休業より不利益に取り扱うことや，育児休業等により就労しなかった期間・時間を超えて働かなかったものとして不利益に取り扱うことは，育児休業等を理由とする不利益取扱いに該当しうる。裁判例では，3か月以上の育児休業により次年度は昇給させないとの取扱いにつき，遅刻・早退，年休等の不就労に比べて育児休業を不利益に扱うものであり，育介法10条の禁止する不利益取扱いに当たるとしたもの（医療法人稲門会（いわくら病院）事件・大阪高判平26・7・18労判1104号71頁），育児のための短時間勤務をしている労働者に対し昇給を抑制する（労働時間数に比例した8分の6を乗じた号俸分しか昇給を認めない）ことは，育介法23条の2に反する不法行為であるとして損害賠償を命じたもの（社会福祉法人全国重症心身障害児（者）を守る会事件・東京地判平27・10・2労判1138号57頁）がある。設例でも，育児休業の取得による不昇給，不昇格，賞与の不支給・減額という取扱いが，病気休業等の不就労一般に比べて育児休業を不利益に取り扱うものであるという事情がある場合には，育介法10条が禁止する育児休業を理由とした不利益取扱いとして許されないものと解される。

Ⅲ　権利行使を抑制する公序良俗違反行為か

これに対し，病気休業など他の不就労と同様に取り扱われている場合など育介法が禁止する育児休業等を理由とした不利益取扱いに当たらない場合であっても，育児休業等における不就労の期間・時間を欠勤扱いすることが違法と判断されることがある。例えば，判例は，昇給の要件や賞与支給の要件として出勤率要件を設定し，産前産後休業や育児休業の期間を欠勤日として取り扱うことは，これらの権利の行使を抑制し，法がこれらの権利を保障した趣旨を実質的に失わせるものであり，公序良俗に反し無効（民法90条）であると解している（日本シェーリング事件・最一小判平元・12・14民集43巻12号1895頁，東朋学園事件・最一小判平15・12・4労判862号14頁）。他方で，賞与額の算定にあたり産前産後休業の不就労日や育児短時間勤務の不就労時間を欠勤扱いしその分減額することは，権利保障の趣旨を実質的に失わせるものではなく，無効とはいえないと解されている（前掲東朋学園事件判決）。

設例においても，3か月以上の育児休業を取得したことで昇給の対象外とす

ることや昇級試験の受験資格を認めないことは，権利行使を抑制し法が権利を保障した趣旨を実質的に失わせるものとして，公序良俗に反し許されないものと解されよう（前掲医療法人稲門会（いわくら病院）事件参照）。また，賞与については，6か月間の査定期間のうち2か月間育児休業をとったことで賞与が不支給とされていることは，権利保障の趣旨を実質的に失わせるものとして公序良俗に反し許されないが，賞与額の算定に際し，不就労期間分を減額すること（6か月の査定期間のうち2か月分を減額して4か月分支給すること）は権利行使を抑制するものではなく適法と解されよう。したがって，翌期の賞与については，賞与の査定期間6か月のうち2か月間育児休業をとったことで，業績目標を下回ったとして最低評価の考課とされているが，業績目標の設定自体を育児休業期間分を考慮して6分の4に設定し直した上で，その達成度に応じた評価・考課を行って賞与を支給する（例えば6分の4に設定された業績目標を達成した場合には6分の4の賞与を支給する）ことが法の趣旨に適った取扱いといえよう。

　育児・介護休業等に対する不利益取扱いについては，第1に，その理由が当該休業等を申し出たまたは取得したこと自体にあるのか（育介法10条・16条・16条の4・16条の7・16条の10・18条の2・20条の2・23条の2違反性），第2に，育児・介護休業等そのものが理由ではないとしても，その権利の性質（要保護性の強さ等）や不利益の程度などに照らし，権利行使に対する抑制力が強いかどうか（権利保障の趣旨に照らした公序違反性）の2つの点で，その適法性が決せられることになる（水町319頁）。

（長谷川珠子）

| 4-4 | 障害者雇用義務制度と障害者差別 |

設例 I社では，障害者の雇用率が1％台にとどまっており，障害者雇用率（法定雇用率）を達成するための対策をとる必要に迫られていた。そこで，障害者の採用枠を特別に設け，通常の採用とは異なる緩やかな基準により障害者を採用するとの方針を決定し，この方針に基づき障害者であるJらを採用した。

このような特別枠での障害者の採用は，障害者に対する不当な差別的取扱いとなるか。また，そのような採用枠で採用した障害者については，業務内容が補助的・定型的業務であることを理由に，労働条件を低く設定することは許されるか。

解　説

Ⅰ　問題の所在

障害者雇用促進法は，①障害者雇用義務制度，②障害者差別禁止・合理的配慮提供義務，③職業リハビリテーションを中心に，その他障害者がその能力に適合する職業に就くこと等を通じてその職業生活において自立することを促進するための措置を総合的に講じ，障害者の職業の安定を図ることを目的とする（同法1条）。

設例では，事業主に課せられた義務である①と②の関係が問題となる。多くの障害者は職業生活上の困難を有するため（障害者雇用促進法2条1号参照），事業主が①の雇用義務を果たそうとする場合，障害者に対し障害のない者とは異なる取扱いをする必要に迫られることがある。問題は，この異なる取扱いが，②の障害者に対する（違法な）差別的取扱いに該当するかどうかである。

Ⅱ　各制度の対象となる障害者の範囲

障害者雇用促進法は，障害者を「身体障害，知的障害，精神障害（発達障害を含む。……）その他の心身の機能の障害……があるため，長期にわたり，職業生活に相当の制限を受け，又は職業生活を営むことが著しく困難な者をいう」と定義する（同法2条1号）。この障害者は，（ア）身体障害者手帳の所持者（身体障害者，同条2号），（イ）療育手帳の所持者または知的障害者と判定された

92　第4章　雇用平等・障害者差別の禁止

者（知的障害者，同条4号），（ウ）精神障害者（発達障害を含む）のうちの精神障害者保健福祉手帳の所持者（同条6号，障雇則1条の4第1号），（エ）精神障害者（発達障害を含む）のうち統合失調症，そううつ病またはてんかんなどの罹患者で精神障害者保健福祉手帳を所持しない者（障害者雇用促進法2条6号，障雇則1条の4第2号），および（オ）各種の手帳を所持しない，発達障害者や難治性疾患患者等で，長期にわたり職業生活上に相当の制限を受ける者に整理することができる。

　①雇用義務の対象障害者は，（ア）（イ）（ウ）であり，原則として障害者手帳の所持者に限定される。これに対し，②差別禁止・合理的配慮および③職業リハビリテーションの対象には，（ア）～（オ）が含まれ，手帳所持者に限定されない。設例において，雇用義務達成のために採用されたJらは，障害者手帳所持者であると考えられるため，Jらは同時に差別禁止の対象ともなる（制度間の障害者の範囲の差から生じうる問題としては，**4-6**参照）。

Ⅲ　雇用義務制度

　雇用義務制度は，障害者雇用率制度と障害者雇用納付金制度から構成される。障害者雇用率制度とは，民間，国，地方公共団体等の事業主に対し，その雇用する労働者に占める障害者の割合が障害者雇用率（法定雇用率）以上になるよう義務付けるものである（障害者雇用促進法37条以下）。民間事業主の障害者雇用率は2.2％であり，常用雇用労働者45.5人に1人の割合で障害者を雇用する義務を負う（2021年3月31日までに2.3％に引上げが予定されている）。

　障害者雇用納付金制度は，障害者の雇用に伴う事業主間の経済的負担の調整と，雇用水準を全体として引き上げるための助成・援助のために設けられた制度である。雇用率未達成事業主から不足1人につき月額5万円の納付金を徴収し，雇用率達成事業主に対し超過1人につき月額2万7千円の調整金を支給する（常用雇用労働者数100人以下の事業主が6人を超えて障害者を雇用している場合は，超過1人につき月額2万1千円の報奨金が支給される）。

　常用労働者数45.5人以上の事業主は，毎年6月1日時点の障害者の雇用状況を厚生労働大臣に報告することが義務付けられており（障害者雇用促進法43条7項），障害者の実雇用率が著しく低い事業主は，障害者雇入れ計画の作成

を厚生労働大臣（公共職業安定所長）から命じられる（同法46条1項）。計画の実施状況が悪い事業主に対しては，勧告や特別指導が行われ，最終的に障害者雇用率への不足数が特に多い事業主については，事業主名の公表がなされる（同法47条）。

このような制度を背景に，事業主は設例のように特別枠を設け優先的に障害者を採用することが少なくない。雇用義務制度の下では，このような取扱いはむしろ望ましいものと考えられてきた。日本曹達（退職勧奨）事件（東京地判平18・4・25労判924号112頁）では，障害者を障害者枠で採用する場合，最初に6か月間の嘱託契約社員として契約を締結し，6か月経過後に正社員に移行するという制度（障害者枠制度）が，不当な差別的取扱いとなるかが問題となった。裁判所は，障害者枠制度は，障害者雇用の維持・拡大を図る目的と機能を有するものと認められるとして，差別には該当しないと判示した。

Ⅳ　雇用義務制度と差別禁止の関係

しかし，2013年の障害者雇用促進法改正によって差別禁止規定が導入されたことから（2016年4月1日施行），障害者の特別扱いと差別との関係が改めて問題となっている。障害者雇用促進法34条は，募集・採用について，障害者に対して，障害者でない者と均等な機会を与えなければならないと定める。また，同法35条は，採用後について，賃金の決定，教育訓練の実施，福利厚生施設の利用その他の待遇について，労働者が障害者であることを理由として，障害者でない者と不当な差別的取扱いをしてはならないと定める。

これらの規定に関しては，「障害者に対する差別の禁止に関する規定に定める事項に関し，事業主が適切に対処するための指針」（平27厚労告116号。以下，「差別禁止指針」）により，内容の明確化が図られている。同指針は，「積極的差別是正措置として，障害者でない者と比較して障害者を有利に取り扱うこと」は不当な差別的取扱いとはならないと定める（第3の14イ）。したがって，障害者の優先的な採用自体は障害者雇用促進法上も許容される。ただし，障害者を「障害者枠でしか採用しない」（一般枠では採用しない）対応は，均等な機会を与えているとはいえず，障害者雇用促進法34条違反となると考えられる。なお，障害者雇用促進法は片面的差別禁止規定であり，障害のない者を不利に

取り扱うことは禁止していないため，障害者が優先的に採用された結果として，障害のない者が採用されなかったとしても，同法上，逆差別の問題は生じない。

　障害者を優遇する効果をもつものの，同時に不利益を伴う措置が，「積極的差別是正措置」といえるかどうかは，慎重な検討を要する。具体的には，障害者枠で採用した場合にのみ，通常よりも長い試用期間を設定したり労働条件を低くしたりすることが考えられる。この問題について，前掲日本曹達事件判決は，嘱託期間を設ける障害者枠制度には合理性があり，賃金額の差も雇用形態の違いに基づく差異にすぎず，障害者を差別的に取り扱うものではないと判示した。学説上も，障害者枠採用が，雇用の場を確保することが困難な障害者を雇用に結びつける機能を有しており，障害者が一般求人から排除されている等の事情がなく，障害者枠での採用が障害者自身の意思に基づいている場合には，通常より長い試用期間や軽易な業務への従事を前提とする処遇も許容されるとするものがある（石﨑由希子「障害者差別禁止・合理的配慮の提供に係る指針と法的課題」労研685号〔2017年〕26頁）。

　この問題については，当該障害者枠制度の目的や効果を事案ごとに評価すべきであり，障害者枠採用はすべて許容されるとすることは妥当ではない（上記の裁判例や学説も同様の立場といえよう）。その上で，嘱託契約期間や通常よりも長い試用期間の設定は，業務適性等を判断するためのものと考えられるが，その判断に時間を要するのは障害者だけではない。事業主が，業務適性の見極めに特に時間を要するという客観的に合理的な理由を示さない限り，障害者を一括りにした一律の期間設定は，差別的取扱いに該当すると考える。

　労働条件の差異については，雇用形態の違いを理由とする不合理な労働条件格差の是正を図ろうとする近年傾向を踏まえると，障害者雇用の場面においても，障害者枠採用であるという理由で労働条件を低く設定するべきではなく，一般枠採用者と同じ職務内容の場合には，労働条件に差を設けることは許されないと考える。また，従事する業務が通常よりも軽易な場合，それに応じた賃金設定とすることは許容されようが，採用後に，一般枠採用と同等の業務遂行が可能と見込まれる場合には，転換制度を設けるなど，差別的な状態を継続させることのないような対応が事業主に求められることになろう。

（長谷川珠子）

4-5	障害者に対する合理的配慮

設例 K社において、Lは、パソコンを用いて入力業務を行う事務職員として働いている。中途障害（視覚障害）により、従前の職務遂行が困難となったが、職業訓練を受けた結果、パソコンの読み上げソフト等を用いることにより、従前の業務量の7～8割まで行うことができるようになった。ただし、完全に従前通りとするためには1日2時間程度の補佐員を必要とする。

このような場合、事業主は合理的配慮として、読み上げソフトを提供したり補佐員を配置したりすることが求められるか。補佐員を配置することが過重な負担となる場合、K社はLを解雇することができるか。

解　説

I　合理的配慮とその対象となる障害者

2013年障害者雇用促進法改正により、障害者に対する「合理的配慮」の提供が事業主に義務付けられた。事業主は、労働者の募集・採用について、障害者と障害者でない者との均等な機会の確保の支障となっている事情を改善するため、「障害の特性に配慮した必要な措置」を講じなければならない（障害者雇用促進法36条の2）。採用後において、事業主は、障害者でない労働者との均等な待遇の確保または障害者である労働者の有する能力の有効な発揮の支障となっている事情を改善するため、「障害の特性に配慮した職務の円滑な遂行に必要な設備の整備、援助を行う者の配置その他の必要な措置」を講じなければならない（同法36条の3）。ただし、事業主に対して「過重な負担」を及ぼす場合は、合理的配慮の提供義務を免れる（同法各条ただし書）。合理的配慮に関しても、差別禁止指針と同様、「雇用の分野における障害者と障害者でない者との均等な機会若しくは待遇の確保又は障害者である労働者の有する能力の有効な発揮の支障となっている事情を改善するために事業主が講ずべき措置に関する指針」（平27厚労告117号、以下「合理的配慮指針」）が策定されている。

障害者雇用促進法の差別禁止および合理的配慮規定から、直接には私法上の効果は生じず、公序良俗（民法90条）、不法行為（同法709条）、信義則（同法

96　第4章　雇用平等・障害者差別の禁止

1条2項）または権利濫用（同条3項）等を介して，間接的に効果が生じるものと考えられる。例えば，障害者であることを理由とする解雇や合理的配慮が適切に提供されず解雇に至った場合には，解雇権の濫用として無効と判断される場合がある（菅野 282-283 頁）。

差別禁止や合理的配慮提供の対象となる障害者は，障害者雇用促進法2条1号に該当する者であり，障害者手帳の所持者に限られず（**4-4**参照），また，中途障害者も対象となる。対象となるかどうかは，①障害者手帳を所持する者については手帳により，②障害者総合支援法に基づく受給者証や難病法に基づく医療受給者証を所持する者はそれらにより確認する。③それらを所持しない者については，本人の了解を得た上で，障害名または疾患名を記載した医師の診断書または意見書により確認する。障害の把握・確認にあたっては，個人のプライバシーに十分注意しなければならない（厚生労働省『障害者雇用促進法に基づく障害者差別禁止・合理的配慮に関する Q&A〔第2版〕〔以下，「Q&A」〕参照）。

Ⅱ　合理的配慮の手続と内容

合理的配慮の提供手続は，①必要性の把握，②内容に関する話合い，③確定の3段階により行う（合理的配慮指針第3）。必要性の把握について，募集・採用時は「障害者からの申出」を契機として手続が開始されるのに対し（障害者雇用促進法36条の2），採用後は事業主の側で職場において支障となっている事情の有無等を確認しなければならない。また，採用後は，必要に応じて定期的にその確認が事業主に求められる。事業主は，障害者との話合いを踏まえ，その意向を十分に尊重しつつ，合理的配慮の内容を確定する。合理的配慮となりうる措置が複数ある時は，事業主が提供しやすい措置を講ずることは差し支えない。障害者からの求めに応じ，事業主は当該措置を実施するに至った理由や実施できない理由等を説明しなければならない。

合理的配慮の例は，合理的配慮指針第4および同別表に記載されている。障害者が日常生活のために利用する眼鏡や車いす等は，合理的配慮に当たらない。また，配慮をしても重要な職務遂行に支障を来たす中途障害者に対し，当該職務の遂行を継続する必要はない。ただし，別の職務に就かせるなど他の合理的配慮を検討することが求められる。合理的配慮は，個々の状況に応じて提供さ

れるものであり，多様かつ個別性が高いことから，別表記載以外のものであっても，合理的配慮に該当することがある。話合いのなかで内容を確定し，実施していくことが重要となる。当該配慮が過重な負担となるか否かは，①事業活動への影響の程度，②実現困難度，③費用・負担の程度，④企業の規模，⑤企業の財務状況，⑥公的支援の有無を総合的に勘案し，個別に判断される（合理的配慮指針第5）。事業主は，合理的配慮に関する相談窓口等を設置しなければならない（障害者雇用促進法36条の4第2項，合理的配慮指針第6）。

Ⅲ　機器の提供と援助者の配置

以上を前提にすると，設例のK社は何らかの合理的配慮をLに対して実施しなければならず，中途障害を理由として解雇することや，合理的配慮を検討することなく解雇することは，許されない（合理的配慮を検討した形跡すらないことを解雇無効の理由の1つに挙げた裁判例として，O公立大学法人事件・京都地判平28・3・29労判1146号65頁）。設例では，①読み上げソフトの提供や補佐員の配置をする必要があるか，②職務遂行能力がどの程度まで回復する必要があるか，③他部署への配置転換を検討する必要があるか，が問題となる。

①について，読み上げソフトは4〜5万円であり，過重な負担ともならず，その提供が求められる。補佐員の配置も合理的配慮となりうるところ，1日2時間分の業務のために補佐員を雇用することや同僚に援助を依頼すること等が，過重な負担となるかどうかは，事案ごとに判断される。高齢・障害・求職者雇用支援機構では，無料で，障害者の就労支援機器の貸出事業や，ジョブコーチの職場派遣事業を行っており，それらの利用を検討することも有効である。

Ⅳ　他部署への配置転換

次に，②と③について検討する。合理的配慮規定が障害者雇用促進法に導入される前から，障害等により従前の職務遂行ができなくなった労働者に対する配慮を事業主に求める裁判例がみられていた。バセドウ病に罹患した現場監督労働者が，内勤業務への転換を申し出たが，使用者はこれを拒否し労働者に休職を命じた片山組事件（最一小判平10・4・9労判736号15頁）において，最高裁は，「労働者が職種や業務内容を特定せずに労働契約を締結した場合におい

ては，現に就業を命じられた特定の業務について労務の提供が十全にはできないとしても，その能力，経験，地位，当該企業の規模，業種，当該企業における労働者の配置・異動の実情及び難易等に照らして当該労働者が配置される現実的可能性があると認められる他の業務について労務の提供をすることができ，かつ，その提供を申し出ているならば，なお債務の本旨に従った履行の提供があると解するのが相当である」と判示した。また，車両の修繕・検査業務に従事していた労働者が，私傷病休職後，「軽作業なら行える」等の診断書を提出して復職を求めたが，復職不可とされ退職扱いとなった東海旅客鉄道（退職）事件（大阪地判平 11・10・4 労判 771 号 25 頁）は，上記最高裁判決の判断枠組みを用い，工具室への配置換えを行うべきであったとした上で，障害者に「健常者と同じ密度と速度の労務提供を要求すれば労務提供が可能な業務はあり得なくなる」とし，工具室においても職務の分担を行うべきであるとした。

　これらの裁判例や，障害者雇用促進法が障害者を職業生活に相当の制限を受ける者と定義していること等を併せて検討すると，職務遂行能力が 10 割に回復しない場合でも，事業主は合理的配慮を提供する義務を負うといえよう。何割までの職務遂行能力が求められるかは，今後の裁判例の蓄積が待たれるところであり，また，事案ごとの判断となろうが，7，8 割の回復が見込める場合には，雇用の維持が求められるのではないかと考える。

　従前業務の遂行ができない場合であっても，職種や業務内容が特定されていない場合には，他職種への配置転換を検討しなければならない。一方で，職種等が特定されている場合について，裁判例の立場は分かれているが，合理的配慮指針を踏まえれば，他職種への配置可能性を検討すべきである。アスペルガー症候群と診断された総合職の従業員の配置転換先として，一般職に広げて検討する必要はないとし，解雇を有効とした裁判例（日本電気事件・東京地判平 27・7・29 労判 1124 号 5 頁）があるが，合理的配慮として，または，使用者の信義則上の義務として，一般職への配置可能性を検討すべきであったと考える。ただし，職種特定のない場合よりも，事業主にとっての過重な負担となる（現実的配置可能性がないと判断される）可能性は，高まることになろう。

（長谷川珠子）

4-6	**精神障害者への対応** ——雇用義務と差別禁止の対象者の違い

設例 M 社は，障害者雇用率（法定雇用率）を達成することを目的として，障害者雇用義務の対象である N（精神障害者保健福祉手帳の交付を受けている者）を採用した。M 社は，N が業務の相談等をするための相談者を配置し，業務の優先順位や目標を明確にし，指示を 1 つずつ出す等の配慮を実施した。N はこれらの配慮を受けながら問題なく勤務を続けていたが，精神障害者保健福祉手帳の再認定を受けようとした際，症状の改善がみられるとして，再認定がなされなかった。M 社は，N が手帳を所持しなくなったことを理由として，解雇その他の不利益取扱いをすることは許されるか？

解　説

I　精神障害者の雇用状況

　雇用義務制度の対象は，1960 年の障害者雇用促進法制定以降長い間身体障害者に限られていたところ，1997 年改正により知的障害者も対象となった。精神障害者の雇用義務化はその後も見送られ続けたが，2005 年改正により，実際に雇用する精神障害者（精神障害者保健福祉手帳所持者）を実雇用率に算定することが可能となった。同改正等の影響を受け，精神障害者を雇用する事業主が増えている。例えば，雇用義務のある民間企業で雇用されている精神障害者の人数は，実雇用率の算定が可能となった 2006 年の 2189 人（実数）から，2018 年には 7 万 1235 人（実数）となっている（全雇用障害者数は 43 万 7532 人〔実数〕）。また，ハローワークを通して就職した精神障害者の件数は，2006 年の 4665 件から 2016 年には 4 万 1367 件と，10 倍近い増加となっている。就職件数における障害種別の割合も，2016 年時点では，精神障害者が 44％（身体障害者 29％，知的障害者 22％，その他 5％）と，半数近くを精神障害者が占めるに至っている。

　このような状況のなかで，2013 年障害者雇用促進法改正により，精神障害者が雇用義務の対象となった（2018 年 4 月施行）。障害者雇用率は，労働者（失業者を含む）の総数に対する対象障害者である労働者（失業者を含む）の総数の

100　　第 4 章　雇用平等・障害者差別の禁止

割合の基準として設定されるため（障害者雇用促進法43条2項），精神障害者の雇用義務化は，必然的に障害者雇用率の引上げを伴う。急激な上昇を避けるため，2018年4月から2.2％，2021年4月1日よりも前の日までに2.3％と，段階的に引き上げられている。

　身体障害者や知的障害者を雇用することで障害者雇用率を達成することも可能であるため，事業主が必ず精神障害者を雇用しなければならないわけではないが，障害者雇用率の引上げや，既に就職していることの多い身体または知的障害者を採用することの難しさなどから，今後，精神障害者を雇用する事業主はさらに増加するものと考えられる。

Ⅱ　精神障害者雇用における課題と合理的配慮例

　数の面では順調に推移する精神障害者雇用であるが，定着率の面でみると問題を抱える。厚生労働省が2017年に作成した資料によれば，就職後3か月および1年経過後の定着率について，身体障害者77.8％・60.8％，知的障害者85.3％・68.0％であるのに対し，精神障害者は69.9％・49.3％であり，精神障害者の定着率は他の障害と比べても低い。求人種別でみると，障害者求人の場合には比較的高い定着率を示すものの（3か月後86.9％・1年後70.4％），障害を有することを開示せず一般求人で就職した障害者の定着率は非常に低い（3か月後52.2％・1年後30.8％）。障害を開示して一般求人で就職した場合は，それらの中間（3か月後69.3％・1年度49.9％）を示す。傾向としては，身体障害者は一般求人障害開示，精神障害者は一般求人障害非開示で就職するケースが多くみられるという。

　精神障害者の定着率の低さの要因の1つとして，偏見等をおそれて障害を開示しないで就職することにより，適切な配慮が受けられないことが考えられる。また，障害特性を理解した上で対応することが求められるものの，精神障害者の雇用管理に関するノウハウのない事業主が，対応に苦慮する場面もみられる。精神疾患の種類や症状は多様であるが，一般的にみられる特性として，抑うつ的な気分や感情・意志・意欲の障害等により，自発的な行動や他者とテンポを合わせた行動ができなくなることがある（行動抑制）。また，幻覚・幻聴等の知覚障害や被害妄想等の思考の障害等によって，その場に適さない発言や行動

をとってしまい，対人関係において困難を抱えることがある。さらに，変化やストレスへの対応に困難を抱え，服薬により，集中力が続かないなどの副作用が生じることがある（永野仁美ほか編著『詳説障害者雇用促進法〔増補補訂版〕』（弘文堂，2018年）370頁以下〔永野仁美〕参照）。事業主は，これらの特性に対し，合理的配慮を提供することが求められる。合理的配慮指針別表には，業務指導や相談に関し担当者を定めること，本人のプライバシーに配慮した上で，他の労働者に対して障害の内容や必要な配慮等を説明すること，業務の優先順位や目標を明確にし指示を1つずつ出すこと，出退勤時刻や休暇・休憩または業務量を調整すること等が，配慮例として挙げられている。

Ⅲ　精神障害者保健福祉手帳の再認定

　障害者雇用促進法2条6号は，精神障害者を「障害者のうち，精神障害がある者であって厚生労働省令で定めるものをいう」と定める。これを受けて，障害者雇用促進法施行規則1条の4は，精神保健福祉法に基づき精神障害者保健福祉手帳の交付を受けている者（1号），もしくは，手帳の交付を受けていないが，統合失調症，そううつ病（そう病およびうつ病を含む）またはてんかんにかかっている者（2号）であって，症状が安定し，就労が可能な状態にあるものを精神障害者と定める。**4-4** でも述べたように，雇用義務の対象となるのは，1号の精神障害者保健福祉手帳の交付を受けている者のみであるのに対し，差別禁止や合理的配慮の対象には2号の手帳を所持しない者も含まれる。

　精神障害は，治癒や軽快する一方で症状が重度化するなど，症状に変動がある患者が多いことから，精神障害者保健福祉手帳の有効期限は2年とされている。その延長を希望する場合には，再認定を受けなければならない（精神保健福祉法45条4項）。身体障害は一部の例外（再認定制度）を除き原則として有効期限はない。知的障害者の療育手帳については，自治体により取扱いが異なり再認定を求める自治体もある。

　この手続ゆえに，特に精神障害者については雇用義務の対象として手帳所持者を雇用したものの，再認定がなされないという事態が生じうる。雇用義務の対象は手帳所持者だけであるが，合理的配慮の対象はそれより広いという点も，問題を複雑にする。つまり，障害者手帳の再認定を受けられず，雇用義務の対

象から外れた場合であっても，うつ病や統合失調症等と診断され通院や服薬をしているような場合には，障害者雇用促進法2条1号の障害者に該当し，事業主は当該障害者に対して合理的配慮を提供する義務を負う。したがって設例のM社はNが障害者手帳の再認定を受けられなかった場合でも，引き続き合理的配慮を提供することが求められる。

Ⅳ　精神障害者の解雇

　障害者枠で採用した者が手帳の再認定を受けられなかったとしても，それだけで直ちに解雇することは，解雇権の濫用になる可能性が非常に高い（労契法16条参照）。障害者枠として通常の正社員として採用され，一定の合理的配慮の提供により，正社員に求められる質と量の仕事を行えているのであれば，手帳の再交付を受けられなかったとしても解雇することは許されない。障害者枠ということで，正社員として求められる仕事よりも軽減されていた場合には，業務量の見直しを行った上で，正社員としての能力を判断することになる。

　特別に職務内容を定め障害者枠で採用していた場合，賃金が職務内容に見合っているのであれば，その後も雇用継続が求められようが，通常想定されるよりも高い賃金が支払われていた場合には，必ずしも同じ労働条件を維持する必要はないであろう。ただし，その場合でも，直ちに解雇や雇止めをするのではなく，事業主は，他の（通常の）業務への配置転換等を検討することになろう（山川隆一＝相澤欽一＝小鍛冶広道＝長谷川珠子「〈座談会〉今後の障害者雇用のあり方と企業の対応を考える」労務事情1288号〔2015年〕24頁以下）。

　身体障害者の場合には，職業生活上支障がない人であっても，身体障害者手帳の交付を受け，雇用義務の対象となることがある。また，原則として手帳の更新手続はない。それに対して，精神障害者は，様々な配慮により順調に就労ができ，症状が落ち着いている場合，手帳の再交付が受けられないことがある。そのこと自体は喜ばしいことであるが，その結果，雇用義務の対象から外れ雇用の維持が難しくなれば，本末転倒である。政策論的には，精神障害者保健福祉手帳の再交付を受けられなくなってからも，数年間は雇用義務の対象として実雇用率に算定できるなどの対応が図られるべきであると考える。

（長谷川珠子）

人事制度

5-1	労使間合意による賃金の不利益変更

設例 A社は，経営改革の一環として就業規則を改訂し，役職定年制を導入した。その概要は，役職定年制適用の55歳到達時以降，毎年10%の割合で基本給を減額し，60歳定年時には削減率が50%になるというものであり，退職金額にも反映される。A社は，制度導入に際して説明会を実施し，書面による応諾を求めたところ，社員の反応は，①反対意見を述べ，応諾書面を提出しなかったが，削減後の給与を異議なく受領した者と，②反対意見を述べることなく応諾書面に署名押印の上，提出した者に分かれた。①・②について，就業規則改訂の拘束力をどのように考えるべきか。また，従業員の同意を取り付けるために留意すべき点は何か。

解　説

I　問題の所在・議論状況

従来，就業規則による労働条件の不利益変更については，使用者による就業規則の一方的変更（労契法10条）をめぐる紛争が中心を占めてきた。この問題については，秋北バス事件（最大判昭43・12・25民集22巻13号3459頁）や第四銀行事件（最二小判平9・2・28民集51巻2号705頁）等の多数の判例が示され，労契法10条の規定に結実した。一方，近年には，就業規則による労働条件の不利益変更に労働者が同意した場合（以下「就業規則変更合意」という）の拘束力（契約内容変更効）をめぐる紛争が増加し，最高裁判例も登場している（山梨県民信用組合事件・最二小判平28・2・19民集70巻2号123頁）。

就業規則変更合意の拘束力については，学説上は多彩な議論があるが（土田579頁参照），裁判例の基礎を成しているのは，合意基準説と呼ばれる見解である。この見解は，労契法9条は10条の前提として，労働者との合意を経ないまま就業規則によって労働条件を不利益に変更することを禁止しているところ，同条を反対解釈して，就業規則変更合意によって就業規則変更が成就することを肯定する。これによれば，労使間合意によって就業規則変更が成就するため，変更の合理性と周知（労契法10条）は要件とならない。すなわち，就業規則の不利益変更は，それに同意した労働者には当該合意によって拘束力が及び，反

対した労働者には10条によって拘束力が及ぶことになる（菅野205頁，荒木378頁）。もっとも，後述するとおり，判例・裁判例は，就業規則変更合意の認定に際して，不利益の内容・程度という実体的側面も考慮している。

Ⅱ　判例・裁判例の動向

　裁判例では，合意基準説に依拠しつつ，就業規則変更合意の認定を慎重に行うべき旨を判示する例が多い。特に，最近の判例（前掲山梨県民信用組合事件）は，他企業との合併に先立ち，使用者が労働者の退職金を0円または不支給とする帰結をもたらす就業規則（退職給与規程）の変更を行ったことに対し，労働者が書面により同意したケースにつき，賃金・退職金を不利益に変更する合意については，労働契約の他人決定的性格や労使間の情報格差を踏まえれば，当該変更を受け入れる旨の労働者の行為の有無だけでなく，「当該変更により労働者にもたらされる不利益の内容及び程度，労働者により当該行為がされるに至った経緯及びその態様，当該行為に先立つ労働者への情報提供又は説明の内容等に照らして，当該行為が労働者の自由な意思に基づいてされたものと認めるに足りる合理的な理由が客観的に存在するか否かという観点からも」判断されるべきであると判示し，「労働者の自由意思に基づく同意」を重視する判断を示している。そして，具体的判断としても，労働者の上記不利益や同意書への署名押印に至った経緯等を踏まえると，労働者が本件基準変更に同意するか否かについて検討・判断するために必要十分な情報を与えられたというためには，変更の必要性に関する情報提供・説明のみならず，自己都合退職の場合の退職金額が0円となる可能性が高くなることや，合併相手の従業員に係る退職金支給基準との関係でも著しく均衡を欠く結果となることなど，退職給与規程の不利益変更により発生する具体的な不利益の内容・程度についても情報提供・説明が行われる必要があったと判断した上，原審を破棄し差し戻した。

　次に，就業規則変更合意の認定に際しては，使用者側の説明・情報提供のみならず，労働者の同意（承諾）の態様も問題となるが，裁判例は，明示の同意（書面による同意）に限られず，黙示の同意でもよいと解している。そこで，労働者が就業規則の改訂後，それに基づく賃金・労働条件を異議なく受領したことから黙示の同意を認定できるかが問題となるが，裁判例は慎重な姿勢を示し

ている。例えば、協愛事件（大阪高判平22・3・18労判1015号83頁）は、従業員が使用者の方針に不満や反対の意思を有していても、そうした意思を表明することは期待できないのが通常であるから、退職金制度の不利益変更について、単に異議が出なかったことから従業員の同意を推認することはできないと判断している。前掲山梨県民信用組合事件最判が、就業規則変更を受け入れる旨の労働者の行為のみから就業規則変更合意を認定することはできないと述べるのも同じ趣旨であろう。他方、①労働者が使用者から賃金年額を624万余円から500万円に減額する旨の提案を受けて了承後、11か月間にわたって減額後の賃金を異議なく受領した後、②改めて上記と同内容の賃金を明示した労働条件確認書に署名押印した場合は、②の時点において、賃金減額について自由な意思で同意したものと評価される（ザ・ウィンザー・ホテルズインターナショナル事件・札幌高判平24・10・19労判1064号37頁）。労働者の黙示の同意を肯定するに足りる積極的事情を認定できる典型例といえよう。

　以上のとおり、判例・裁判例は、就業規則変更合意の認定に際して、労働者の自由意思に基づく同意の有無を重視しつつ、使用者による十分な説明・情報提供をその必須の要素に位置付けている。これは、賃金・退職金減額に関する就業規則変更合意における合意形成手続（プロセス）の重要性を示すものである。すなわち、使用者は、賃金・退職金引下げの必要性（経営状況の悪化等）および不利益変更後の内容（賃金・退職金額、経過措置、激変緩和措置等）について十分な説明・情報提供を行い、意見を聴取する等の手続を尽くす必要がある。また、労働者の同意についても、労働者が賃金減額の必要性および内容に関する十分な説明を受けた上で同意したといえることを要するのであり、単に賃金減額に関する書面に署名押印したり、賃金減額後、当該賃金を一定期間異議なく受領したというだけでは、自由意思に基づく同意は認められない。

　また、判例（前掲山梨県民信用組合事件）および裁判例は、就業規則変更合意（労働者の自由な意思に基づく同意）の認定に際して、合意形成手続のみならず、不利益変更（賃金・退職金減額）の内容・程度という実体的側面も考慮している。すなわち、前掲山梨県民信用組合事件は、就業規則の変更が退職金を0円または不支給とする帰結をもたらすことや、合併相手の従業員に係る退職金支給基準との関係でも著しく均衡を欠く結果となることを、就業規則変更合意の認定

要素である「当該変更により労働者にもたらされる不利益の内容及び程度」として考慮している。もっとも，この判例については，上記のような不利益変更の大きさに応じて慎重な手続を求める立場を採用し，もっぱら合意形成手続を重視していると解する余地もあるが，下級審裁判例の中には，不利益の内容・程度（減額幅の大きさ）や激変緩和措置・代替的労働条件の改善策の有無を考慮する例が少なくない（NEXX 事件・東京地判平 24・2・27 労判 1048 号 72 頁など）。企業としては，十分留意する必要がある。

Ⅲ　役職定年制導入の拘束力

(1)　手続面の留意点

設例では，社員の反応は，①反対意見を述べ，応諾書面を提出しなかったが，削減後の給与を異議なく受領したグループと，②反対意見を述べることなく応諾書面に署名・押印の上，提出したグループに分かれている。

このうち②のグループについては，応諾書面に署名押印して提出していることから，本件変更を「受け入れる旨の労働者の行為」（前掲山梨県民信用組合事件）は存在したわけである。しかし，判例（山梨県民信用組合事件）が説くとおり，こうした明示の受入れ行為が存在することから直ちに就業規則変更合意が肯定されるわけではなく，「当該変更により労働者にもたらされる不利益の内容及び程度，労働者により当該行為がされるに至った経緯及びその態様，当該行為に先立つ労働者への情報提供又は説明の内容等」に照らして，労働者が自由な意思に基づいて同意したものと客観的に認められなければならない。そして，この認定基準の中心を成すのが使用者による説明・情報提供である。したがって，設例についても，A 社が役職定年制導入に際して実施した説明会においてどの程度実質的な説明・情報提供を行ったかがポイントとなる。その際，上記判例が示すとおり，就業規則変更の必要性に関する説明だけでは不十分であり，A 社は，当該変更によって労働者に発生する具体的不利益の内容・程度についても実質的に説明・情報提供を行う必要がある。

一方，①のグループは，応諾書面こそ提出しなかったものの，削減後の給与を異議なく受領しているので，黙示の同意の成否が問題となる。しかし，明示の同意に比べて黙示の同意を厳格に認定すべきことは当然であり，裁判例も，

こうした事情から労働者の黙示の同意を認定することには慎重な姿勢を示している（Ⅱ）。したがって，ここでも，Ａ社が説明会においてどの程度実質的な説明・情報提供を行ったかがポイントとなり，そうした説明・情報提供を前提に，労働者がそれに対して異議を唱えなかったという積極的事情が存在してはじめて黙示の同意を認定できることになる。この点は，原則として，労働者による異議なき受領の期間の長短を問わないと解される。

なお，裁判例では黙示の同意も認められているものの，法的リスク管理としては，就業規則変更合意を書面化した上，労働者から署名押印による明示の同意を得ることが重要となる（合意の書面化を重視する裁判例として，技術翻訳事件・東京地判平23・5・17労判1033号42頁，日本構造技術事件・東京地判平20・1・25労判961号56頁）。

(2) 制度設計面（変更内容面）の留意点

次に，使用者は，就業規則変更合意の形成に際して，就業規則の変更が労働者にもたらす不利益の内容・程度をできるだけ抑制するよう努めた上で合意を形成する必要があると解される。前記のとおり，判例・裁判例は，就業規則変更合意の認定に際して，不利益の内容・程度という実体的側面も考慮しているからである。したがって，就業規則変更に関する労働者の納得性を高め，自由意思に基づく同意を得たとの評価を獲得するためには，労契法10条が変更の合理性に関して掲げる要素を考慮して就業規則の変更を行う必要がある。

この点，設例の就業規則改訂の内容は，役職定年制適用の55歳到達時以降，毎年10％の割合で基本給を減額し，60歳定年時には削減率が50％になるというものであり，不利益性の内容・程度は相当に大きい。この種のケースでは，労契法10条が掲げる要素のうち，「変更後の就業規則の内容の相当性」が重要となり，労働者の不利益を緩和するための措置（代償措置・経過措置・激変緩和措置）の有無がポイントとなる。したがって，Ａ社としては，可能な限りこれら措置を盛り込んで就業規則内容を決定し，合意を形成することが適切である。また，可能であれば，従業員に対して就業規則変更を受け入れるか否かの考慮期間を提供した上で同意を得ることが望ましい。

（土田道夫）

5-2 成果主義賃金制度導入時の留意点

設例 B社は，年功的要素の強い現行の職能給制度を改編し，人件費総額を維持しつつ，成果主義的な賃金制度の導入（業績目標達成度を重視する人事考課制度を導入し，年齢給支給の上限を従来の45歳から30歳に引き下げ，管理職に昇進後も降格を可能とする）に着手した。B社は，この人事制度の導入を就業規則の改訂によって実行したいと考えているが，いかなる点に留意すべきか。なお，B社には，従業員の約70％で組織するC労働組合が存在する。

解　説

I　成果主義賃金制度の導入と労働条件の不利益変更

近年，従来の年功序列的な賃金制度を改め，成果主義的な賃金制度を導入する企業が増えている。成果主義賃金制度とは，「労働者の年齢や勤続年数にかかわらず，その能力・成果・仕事の価値を基準に賃金処遇を行う制度」をいう。具体的には，基本給・昇格・昇給・賞与の決定における人事考課の拡大，年齢給・勤続給の縮小，降格制度の導入，職務給制度の導入等が挙げられる。

成果主義賃金制度の導入は，就業規則の改訂によって行われるのが一般的である。就業規則による労働条件の不利益変更については，労契法10条が規定しており，変更内容の合理性と周知を要件に拘束力（契約内容変更効）を認めている。設例でも，①成果主義賃金の導入が労働条件の不利益変更に該当するか，②当たるとして，その要件をどのように考えるべきか，の2点が問題となる。

まず，成果主義賃金制度の導入はそもそも労働条件の不利益変更に該当するのであろうか。この点，成果主義賃金の場合は，賃金等の労働条件を一律に引き下げる通常のケースとは異なる面がある。すなわち，成果主義賃金制度は，賃金原資を削減するものではなく，原資の配分方法を変更することに主眼があり，また，賃金をストレートに削減するというよりは，労働者の働き振り（能力・成果・職務行動）に応じて再配分することを目指している（その結果，成績優秀な社員は賃金が上昇することになる）。このため，成果主義賃金制度の導入は労働条件の不利益変更に当たらないという意見もある。

しかし，成果主義賃金制度の導入はやはり労働条件の不利益変更に当たるも

のと解される。労契法 10 条は，「労働条件〔の〕変更」を対象とするが，これ
は労働条件を現実に変更する場合だけでなく，不利益変更の可能性がある場合
も含むと解されているからである（土田 569 頁，570 頁，荒木 384 頁）。裁判例
も同様に解しており，職務給制度の導入を内容とする就業規則の改訂によって
賃金減少の可能性が存在するケースにつき，当該可能性がある点を捉えて就業
規則の不利益変更に当たると判断している（ノイズ研究所事件・東京高判平 18・
6・22 労判 920 号 5 頁）。

Ⅱ　不利益変更の合理性

(1)　合理性の判断基準

　では，不利益変更の要件である変更の合理性をどう考えるべきか。この点，
労契法 10 条は，ⓐ労働者の受ける不利益の有無・程度，ⓑ労働条件変更の必
要性，ⓒ変更後の就業規則の内容の相当性，ⓓ労働組合等との交渉の状況，ⓔ
その他就業規則の変更に係る事情の 5 点を掲げており，変更の合理性は，これ
ら要素を総合して判断される。特に，賃金・退職金の不利益変更については，
「高度の必要性に基づいた合理的な内容のもの」であることが要求される（第
四銀行事件・最二小判平 9・2・28 民集 51 巻 2 号 705 頁）。

　しかし，成果主義賃金制度の導入に関して，上記のオーソドックスなルール
は必ずしも適合的ではない。このルールは，賃金をストレートに引き下げる不
利益変更のケースには妥当するが，前記のとおり，成果主義賃金の場合は，単
純な賃金引下げのケースとは同視できない面があるからである。成果主義賃金
が基本的な賃金制度として普及していることを考えると，その特質に即した合
理性要件を 4 つの観点から再考する必要があろう（土田 570 頁以下参照）。

　第 1 に，変更の必要性（ⓑ）については，「高度の必要性」を文字どおりに
解して，企業の業績や経営悪化などの過度に厳しい要件を課すことは妥当でな
い。むしろ，成果主義賃金制度の導入が賃金原資の公正な配分，能力・成果評
価の明確化，生産性の向上等に寄与すること，またそれを通して企業の将来の
発展をもたらし，労働者からも肯定的に迎えられていることが立証されれば，
変更の必要性を肯定すべきである。これに対し，成果主義賃金の名を借りて，
賃金原資総額を削減するなど単なる人件費削減の目的で制度を導入する場合に，

変更の必要性が否定されることはいうまでもない。

　第2に，労働者の不利益の有無・程度（ⓐ）に関しても，成果主義賃金制度の導入による賃金引下げやその可能性があることを過度に重視することは適切でない。むしろここでは，①賃金原資総額が維持されること（年度により多少減少することはやむを得ない），②標準的な成績評価が行われれば予測賃金が現行賃金を下回ることがないこと，③本人の努力と適正な人事考課によって賃金が増額し，昇格する可能性が十分あることが明らかにされれば，不利益性はカバーされると解すべきである。もとより，実際の賃金減額状況は変更の合理性の判断要素となるが，上記のような諸要素が整った場合は，合理性を否定する要素として過大視すべきではない。他方，成果主義賃金によって最も影響を受けるのは，それまで年功賃金に慣れ親しんできたベテラン層であるから，急激な賃金変動を緩和するための経過措置を講ずることが重要となる。

　第3に，成果主義賃金においては，合理的で公正な評価制度を整備することが制度設計のポイントとなり，労契法10条の適用上も，ⓒ「変更後の就業規則の内容の相当性」として重要となる。ⅰ透明性・具体性のある評価項目・基準を整備すること，ⅱ評価の納得性・客観性を保つための評価方法（多面的評価等）を導入すること，ⅲ評価を賃金・賞与等の処遇に反映させるためのルールを明確化すること，ⅳ評価基準・結果等を従業員に開示すること，ⅴ異議申立制度等の企業内紛争処理制度を整備することが重要となる。

　第4に，労働組合等との交渉の状況（ⓓ）については，成果主義賃金は，年功賃金制度を抜本的に改める制度であるから，労働者の納得を得るための入念な団体交渉・労使協議が求められる。他方，労使協議によって多数組合や多数従業員の同意が得られれば，労使間の利益調整が行われたものとして合理性判断のプラス要素となる（前掲第四銀行事件参照）。

⑵　裁判例の動向

　裁判例も，成果主義賃金の特質を重視して変更の合理性を判断するものが多い。典型例として，東京商工会議所事件（東京地判平29・5・8労判1187号70頁）がある。同事件は，年齢給等を内容とする従来の年功序列型賃金制度から，役割給等を内容とする成果主義賃金制度への変更事案であるが，判決は，上述し

た4つのポイントを踏まえて変更の合理性を検討し，肯定している。特に，ⓐ労働者の不利益について，経過措置を除けば，月額4万8000円減額されるものの，その後の努力によって増額も可能であることや，一定の経過措置（変更1年目は減額賃金相当額を調整給として全額支給，2年目はその3分の2を支給，3年目は当初調整給の3分の1を支給する措置）が講じられていることを重視し，ⓒ変更後の就業規則内容の相当性について，新制度においては，職員の成果に見合った賃金が支給され，職員全員に対し等しく昇級・昇給の可能性が与えられるなど公平性が確保され，合理的な人事考課制度が整備されていること（職員が考課者と面談して策定した成果目標等を目安としつつ，その達成度を考課者が職員の自己評価も踏まえて評価し，評価は多面的評価として行われ，評価結果が職員に開示され，異議申立ても可能であること等）を考慮し，ⓓ労働組合等との交渉の状況について，制度導入に際して労働組合と交渉し，その意見も取り入れながら制度設計を行っていること等を評価して合理性を肯定している。周到な判断と評価できる（その他の合理性肯定裁判例として，前掲ノイズ研究所事件，トライグループ事件・東京地判平30・2・22労経速2349号24頁）。

　他方，使用者が成果主義賃金の制度設計や導入手続に失敗したケースでは，変更の合理性が否定された例も少なくない。すなわち，年功賃金体系から成果主義賃金への変更に際して必要な経過措置を講じなかったケース（キョーイクソフト事件・東京高判平15・4・24労判851号48頁等），労働組合との間で十分な労使協議を行わなかったケース（前掲キョーイクソフト事件，賛育会事件・東京高判平22・10・19労判1014号5頁），成果主義人事の導入を趣旨としながら，実際には賃金原資総額が減額されているケース（前掲賛育会事件），基本給・能力給・実績給に関する具体的決定基準・ランク等が欠如するなど人事考課制度の制度設計が不十分なケース（学校法人実務学園ほか事件・千葉地判平20・5・21労判967号19頁）では合理性が否定されている。企業としては，十分留意する必要がある。

Ⅲ　成果主義賃金制度導入にあたっての留意点

　設例においてB社が検討している成果主義賃金制度は，業績目標達成度を重視する人事考課制度を導入し，年齢給支給の上限を45歳から30歳に引き

下げ，管理職昇格後も降格を可能とするというものであり，成果主義の性格が強い制度である。したがって，B社としては，Ⅱで指摘したポイントに留意して制度設計を行う必要がある。労契法10条に即していえば，ⓐ労働者の不利益の有無・程度につき，賃金原資を維持すること，標準的な成績評価によって予測賃金が現行賃金を下回ることがなく，適正な評価により賃金が増額する制度とすること，ベテラン層を中心に，急激な賃金変動を回避するための経過措置を講ずること，ⓒ変更後の就業規則の内容の相当性につき，合理的で公正な評価制度を整備すること，ⓓ労働組合や制度の適用対象となる労働者層との間で入念な団体交渉・労使協議を行うことがポイントとなる。

特に，ⓒについては，B社の新賃金制度は，業績目標達成度を重視する人事考課制度を中軸としており，成果主義賃金の性格が強い制度であるから，評価項目・基準・評価結果の従業員への開示・説明（フィードバック），労働者の意見表明の機会・苦情処理制度の整備が求められるものと解される。この点については，前掲東京商工会議所事件における制度設計が参考となろう。

また，ⓐについても，上記と同様の理由から，経過措置は相当程度手厚いものとする必要があると解される。この点，前掲ノイズ研究所事件は，経過措置としての調整手当の支給期間が2年間と短く，支給の減額が急激に行われた事案につき，経過措置に関する具体的判断として，性急で柔軟性に欠けるものの，なお変更の合理性を否定する理由となるとはいえないと判断しており，疑問の余地がある。他方，前掲東京商工会議所事件における経過措置（3年間）は，激変緩和措置としてより有効なものと評価できる。

さらに，ⓓについては，C組合と十分交渉するとともに，従業員に対して，新制度の導入について丁寧な説明を行う必要がある。また，設例では，成果主義賃金の一環として管理職昇格後の降格制度が組み込まれているため，降格の対象となる管理職層との間でも説明協議を行う必要があるものと解される。仮に管理職層が非組合員とされているのであれば，労働組合とは別に協議する必要があろう。本件制度変更によって不利益を被るのが管理職層である以上，管理職層との説明協議を行わないことは，就業規則変更の合理性を否定する方向に働く事情となるからである（土田572頁参照）。

（土田道夫）

| 5-3 | 従業員の競業・引抜き行為の限界 |

設例 派遣会社Ｄ社で派遣スタッフの管理に従事する社員Ｅは，競業他社Ｆ社と共謀して派遣スタッフの引抜きを図り，「Ｄ社の経営は悪化しており，間もなく潰れる。Ｆ社の方が労働条件がよい」などと虚偽の情報を伝えたり，金銭を供与するなどして転職を勧誘し，30名の派遣スタッフをＦ社に転職させるとともに，自らも直後にＦ社に転職して管理職の地位に就いた。また，Ｅは，Ｆ社転職後もＤ社の派遣スタッフの引抜きを続け，さらに20名をＦ社に転職させた。50名の派遣スタッフは，転職後もＤ社時代と同じ派遣先に派遣されている。Ｄ社は，いかなる対抗措置を講ずることができるか。

解　説

Ⅰ　競業避止義務

(1)　在職中の競業避止義務

　雇用の流動化に伴い，労働者の競業や引抜き行為をめぐる紛争が増えている。競業避止義務とは，使用者と競合する企業に就職し，または自ら業務を営まない義務をいい，労働契約継続中（在職中）の義務と労働契約終了後（退職後）の義務に分かれる。

　在職中の競業避止義務は，労働者が信義誠実の原則（労契法3条4項）に基づいて負う誠実義務の一環として当然に発生する。在職中に競業他社の運営に積極的に関与することは，営業秘密の漏洩や顧客の奪取によって使用者の正当な利益を侵害する（またはその蓋然性が高い）行為であるから，それを控えることは，特別の合意や就業規則がなくても当然に発生する義務と解される。

　競業避止義務違反の態様としては，①競業他社での現実の就労，②競業他社の設立またはその準備行為，③競業他社の利益を図る行為が挙げられる。①・②の典型は，労働者が在職中に競業会社に転職し，または競業会社を設立して競合事業を営み，会社の取引を奪ったり，従業員を大量に引き抜いて会社に損害を与えるケースであり，この種のケースでは，労働者の懲戒解雇が有効と判断され，債務不履行ないし不法行為による損害賠償責任が肯定される（日本コンベンションサービス事件・大阪高判平10・5・29労判745号42頁）。また，③（競

116　第5章　人事制度

業他社図利類型）としては，幹部社員が半年間にわたって人事情報を競業他社に提供し，競業他社のシステム構築を支援したことを理由とする懲戒解雇を有効と判断した例がある（ヒューマントラスト事件・東京地判平24・3・13労判1050号48頁）。設例のような引抜き行為は，①・②とは無関係に単独で行われた場合も，③類型の競業避止義務違反と評価されうる（土田125頁以下参照）。

　競業避止義務違反は，債務不履行を構成するとともに，企業秩序違反行為に該当する。したがって，使用者は，損害賠償請求（第一紙業事件・東京地判平28・1・15労経速2276号12頁）や，懲戒解雇（前掲日本コンベンションサービス事件〔労契法15条〕）等の対抗措置を講ずることができる。また，在職中の競業が在職中の功労を抹消ないし減殺するほどの背信行為と評価されれば，競業を理由とする退職金の不支給・減額も適法とされる（土田126頁，283頁）。

(2)　退職後の競業避止義務

　以上に対し，退職後の競業避止義務については，労働契約上の義務は契約終了とともに終了することと，競業避止義務は労働者の職業選択の自由（憲法22条1項）に強い制約効果を及ぼすことから厳格に判断される。まず，競業避止義務の法的根拠としては，契約上の明確な合意（競業避止特約）または就業規則規定が必要とされる。また，競業避止義務の要件も，職業選択の自由を考慮して厳格に解釈される。その準則は，①労働者の地位・職務が競業避止義務を課すのに相応しいものであること，②前使用者の正当な利益（営業秘密・顧客リスト等の重要な秘密情報）の保護を目的とすること，③競業制限の対象職種・期間・地域から見て職業活動を不当に制限しないこと，④適切な代償が存在することの4点に置かれ，これらを総合して義務の有効性が判断される。この結果，競業避止義務が退職者の職業活動を不当に制約するものと判断されれば，職業選択の自由が構成する公序（民法90条）違反として無効と解される（岩城硝子ほか事件・大阪地判平10・12・22知的裁集30巻4号1000頁）。一方，競業避止義務が有効とされた場合の効果としては，損害賠償請求，競業の差止請求，退職金の不支給・減額等が挙げられる（土田710頁以下参照）。

　なお，競業避止義務が合意されず，または有効性を否定される場合も，退職労働者が社会通念上，自由競争の範囲を著しく逸脱する違法な態様で競業を行

ったケースでは，営業の自由を侵害する行為として不法行為（民法709条）が成立することがある（サクセスほか〔三佳テック〕事件・最一小判平22・3・25民集64巻2号562頁）。もっとも，退職労働者には職業選択の自由があり，また，自由競争の原則があることから，競業が不法行為と評価されるのは，社会通念上，自由競争の範囲を逸脱する著しく悪質な態様で行われた場合に限定される（前掲最判も，結論としては不法行為を否定）。

Ⅱ　労働者の引抜き

競業避止義務に隣接して，労働者の引抜きに関する紛争も増加している。まず，従業員が在職中に行う引抜きについては，裁判例は，引抜き行為が労働契約上の誠実義務違反となることを認めつつ，職業選択の自由を考慮して，引抜きが「単なる転職の勧誘の域を越え，社会的相当性を逸脱し極めて背信的方法で行われた場合」に誠実義務違反となると判断している。この結果，引抜きが誠実義務違反とされれば，債務不履行（民法415条）または不法行為（民法709条）に基づく損害賠償責任が肯定される（ラクソン等事件・東京地判平3・2・25労判588号74頁）。また，こうした競業他社への大量引抜き行為は，在職中の競業避止義務違反（競業他社図利類型）にも該当する。

派遣労働者のニーズの高まりに伴い，設例のような派遣会社従業員による派遣労働者の大量引抜きをめぐる紛争も増加している。まず，従業員が在職中に行う引抜きについては，裁判例は，前掲ラクソン等事件の判断枠組みを踏襲して違法性の有無を判断している。典型例として，派遣会社の幹部社員による派遣労働者の大量引抜き事案（幹部社員の働きかけにより80名の派遣社員が一斉退職して同業他社に移籍し，そのほとんどが従来と同じ派遣先に派遣された事案）につき，幹部社員は派遣労働者に対して派遣会社営業所が閉鎖される等の虚偽の情報を伝え，金銭を供与するなどきわめて背信的な態様で引抜きを行ったと判断して誠実義務違反と評価し，損害賠償責任を肯定した例がある（フレックスジャパン・アドバンテック事件・大阪地判平14・9・11労判840号62頁。東京コンピュータサービス事件・東京地判平8・12・27判時1619号85頁も参照）。ただし，損害の範囲（引抜きと相当因果関係にある損害の範囲）については，派遣市場における人材の代替性と流動性を考慮して，損害を限定的に評価する例が多い

（例えば，前掲フレックスジャパン・アドバンテック事件は，この観点から，損害を3か月分の逸失利益に限定している）。

　一方，派遣会社従業員が競業他社に転職後，派遣労働者を引き抜くケースについては，裁判例は，職業選択の自由を尊重する観点から，派遣労働者を勧誘する行為を原則として適法と解しつつ，著しく社会的相当性を欠く手段・態様で引抜きに及んだ場合にのみ例外的に不法行為が成立しうると判断している（コスモス事件・東京地判平25・4・16LEX/DB25512445）。

Ⅲ　設例の検討

(1)　Eの行為の法的性格

　設例では，EはD社退職前後を通して，F社と共謀して派遣スタッフを引き抜き，自らも直後にF社に転職して管理職の地位に就いている。また，引き抜かれた派遣スタッフは，F社転職後もD社時代と同じ派遣先に派遣されている。これら一連の行為の法的性格を整理すると，Eの行為は，①在職中の引抜き行為，②退職後の引抜き行為，③在職中の競業行為（競業他社図利類型）および④退職後の競業行為に整理することができる。なお，Eが派遣スタッフをD社時代と同一の派遣先に派遣したことは，顧客（派遣先）奪取行為に該当し，③類型に該当する。

(2)　在職中の引抜き行為

　この点については，EはD社在職中，F社と共謀して派遣スタッフの引抜きを図り，「D社の経営は悪化しており，間もなく潰れる」などと虚偽の情報を伝え，金銭を供与するなどして30名という大量の派遣スタッフを引き抜いており，著しく背信的な行為と評価できる（前掲フレックスジャパン・アドバンテック事件に近い）。この点，在職中の引抜きは，「単なる転職の勧誘の域を越え，社会的相当性を逸脱し極めて背信的方法で行われた場合」に誠実義務違反と評価される（前掲ラクソン等事件など）ところ，Eの行為はこの場合に当たるものと解される。したがって，D社は，Eに対し，債務不履行または不法行為に基づく損害賠償を請求することができる。また，EがD社の派遣スタッフを引き抜き，D社時代と同一の派遣先に派遣したことは，在職中の競業避止義務違

反（③の競業他社図利類型）にも該当するため，Ｄ社は，この点を主張することもできる。ただし，損害の範囲は，派遣市場の流動性等を考慮して限定的に評価される点に留意する必要がある。

　また，Ｄ社は，Ｅの引抜き行為が在職中の功労を抹消ないし減殺するほどの背信行為に当たると主張して，退職金の不支給・減額を行うこともできる。もっとも，裁判例では，在職中の競業を理由とする退職金の不支給・減額が適法とされるのは，競業他社の設立や直接的な競業他社図利行為といった特に悪性の強い行為に限定されており，単なる引抜きの事案は見られない。退職金は賃金であるため，不支給・減額の適法性は特に厳格に解されるからである。したがって，この点については慎重に対処すべきであろう。

(3)　退職後の引抜き行為・競業行為

　Ｅは，Ｆ社転職後もＤ社の派遣スタッフを引き抜いているところ，こうした退職後の引抜きの違法性は，職業選択の自由の観点から限定的に解されているため，Ｅの不法行為責任を問うことは困難とも思える。しかし，設例の場合は，Ｅの引抜き行為はＤ社在職中と近接した時期に連続して行われているので，それが在職中と同様の態様で行われたのであれば，一連の不法行為としてＥの責任を肯定する余地はあると解される。

　Ｅは，Ｄ社退職直後にＦ社に転職して管理職の地位に就いていることから，退職後の競業避止義務違反も問題となる。この点，退職後の競業避止義務は，職業選択の自由の観点から厳しく解釈されているところ，Ｄ社がＥの退職時に合理的な競業避止特約を締結し（例えば，「退職後１年間はＤ社と競合する企業において派遣管理者として勤務しない」等），退職金を上積み支給して代償の性格を持たせた場合は，有効な競業避止特約と評価される。この場合，Ｄ社は，Ｅに対して競業の差止請求や損害賠償請求等の責任追及を行うことができる。

　これに対し，競業避止特約が漠然不明確条項にとどまるなど合理性を欠く場合は，Ｅの債務不履行責任を問うことはできない。もっとも，この場合も，退職後の競業行為が例外的に不法行為を構成することがあるが，その違法性は限定的に解されるので，多くを期待すべきではない。

（土田道夫）

5-4　　　　　　　　　　　出向の法律関係

設例　①　G社の社員Hは，3年間の期間を定めて関連会社I社に出向中，不正発注により約5000万円を私的流用する不正行為を働いた。この場合，G社・I社はそれぞれいかなる責任追及手段を講ずることができるか。

② 　出向社員が出向先における過重労働に起因してうつ病に罹患し，自殺した場合，出向元・出向先はいかなる法的責任を負うか。

③ 　J社は，報酬と株主配当を連携させることで従業員のインセンティブを高めるため，グループ会社に株式褒賞および裁量業績賞与の制度を導入した。グループ会社K社に3年間出向中，上記制度に基づいて合計7000万円の権利を取得した社員Lは，その間，J社との間で，同権利に関する契約を締結したが，J社の経営が悪化したため，給付を受けることができなかった。Lは，K社に対し，7000万円の支払を求めることができるか。また，こうした紛争が生じないよう，出向元・出向先はいかなる点に留意すべきか。

解　　説

I　出向労働関係の法的性格

　出向とは，労働者が出向元との労働契約（従業員としての地位）を保持したまま，長期にわたって他企業（出向先）の指揮命令に服して労働することをいう。近年には，出向の定着を反映して，出向後の労働条件や法律関係をめぐる紛争が増えており，本項ではこのテーマを取り上げる。

　出向は，労働者・使用者（出向元）間の労働契約が存続する一方，労働者が出向先の指揮命令に服して就労する形態である。そこで，出向においては，労使間の権利義務が出向元・先間で分割され，部分的に出向先に移転する。これを出向労働関係といい，1個の労働契約を構成する権利義務が労働者・出向元と，労働者・出向先に分かれて存在する関係を意味する。この出向労働関係については，労働者・出向先間の労働契約を意味するか否かが問題となるが，肯定説が有力である（菅野696頁，土田442頁等）。もっとも，労働者・出向先の関係は，上記のような部分的契約関係にとどまり，労働者が出向先の従業員として

5-4　出向の法律関係　　**121**

の地位を取得するという意味での包括的契約関係まで成立するわけではない（そのような包括的契約関係は，原則として労働者・出向元間にのみ成立する）。その代わり，出向先も，労働者の地位を失わせる解雇や懲戒解雇を行うことはできない（スカイマーク事件・東京地判平24・11・14労判1066号5頁）。

Ⅱ　労働契約上の権利義務

(1)　労働者の義務

出向は，出向先の指揮命令下での労働を内容とするので，出向先に労務指揮権が移転し，労働者は出向先に対して労働義務を負う。労働時間・休日は，出向先における労務提供条件であることから，出向先基準（労働協約・就業規則）による場合が通常であり，労働者は出向先基準に従って労働する義務を負う。また，出向中の誠実義務・守秘義務・競業避止義務等の付随義務は，出向先に対する労働義務に付随して，信義則上当然に発生するものと解される。

次に，出向元は，出向期間中は出向先の指揮命令に服して労働するよう命じているので，基本的労務指揮権を保有しており，基本的労働義務も存続している（具体的労働義務が休職によって停止しているにすぎない）。この結果，出向先における労働者の労働義務違反や服務規律違反は，同時に出向元に対する義務違反を意味し，出向元（使用者）は，出向先における非違行為を自社の企業秩序違反として，自社の就業規則によって懲戒処分や解雇を行うことができる。

問題は，出向先が自社の就業規則に基づいて独自に懲戒処分を行いうるかである。この点，懲戒権は労働契約上の特別の根拠を要する（土田471頁参照）ので，ここでも，出向先の懲戒規定を出向者に適用する旨の明確な就業規則規定が存在することが必要である。一方，そうした規定が存在すれば，出向先の企業秩序侵害を要件に可能と解される（前記のとおり，懲戒解雇は許されない）。

(2)　使用者の義務──賃金支払義務

賃金支払義務に関しては，労働者・使用者（出向元）間の労働契約が存続しているので，出向元が負うのが原則である。問題は，出向先が出向元と連帯して賃金支払義務を負う場合があるか否かであるが，裁判例は，労働者・出向先間に特段の合意がある場合を除いて否定している（NTT西日本ほか事件・大阪

地判平 22・4・23 労判 1009 号 31 頁）。例えば，英国法人から日本法人に出向した元従業員が，出向先が RSU（英国法人の株式を受領できる権利）の支払義務を負うと主張して，その不履行を理由に RSU 価額相当額の損害賠償を請求した事案につき，出向元・先間の出向契約において，出向者に係る賃金の一切を出向元が支払う旨の合意がある一方，出向先就業規則には賃金支払に関する規定はなく，元従業員が出向先就業規則の適用を受ける旨の確認書に署名していることから，賃金支払義務を負うのは出向元のみであるとして出向先の賃金支払義務を否定し，損害賠償請求を斥けた例がある（JP モルガン証券事件・東京地判平 24・8・17 ジャーナル 9 号 12 頁）。安全配慮義務については，後述する（Ⅳ）。

Ⅲ　出向社員に対する責任追及（設例①）

(1)　出向元（G 社）による責任追及

前記のとおり，出向においては，出向先における労務の不提供や服務規律違反は出向元に対する義務違反・企業秩序違反を意味する。したがって，G 社は，出向先における H の非違行為を自社の企業秩序違反として，出向社員の復帰手続規定に基づいて H を復帰させた上，自社の就業規則上の懲戒規定によって懲戒処分や解雇を行うことができる。その場合，法的リスク管理の観点からは，出向先における非違行為を自社（出向元）における懲戒事由として規定しておくことが必須となる。懲戒処分の量定については，他社（出向先）での非違行為にとどまる以上，慎重に行う必要があるが，設例①では，H の不正流用行為は重大であり，G 社・I 社間の信頼関係を損なって G 社の企業秩序を著しく乱したといえることから，懲戒解雇等の重い処分も可能と解される。

仮に，G 社において出向社員の復帰規定がない場合はどうか。この点，判例は，期間の定めがない出向については，労働者が出向元の指揮命令の下で就労することはもともと予定されていた事項であり，出向は一時的にこれを変更する（出向先の指揮命令下で労働させる）ものにすぎないから，原則として同意は不要と解している（古河電気工業・原子燃料工業事件・最二小判昭 60・4・5 民集 39 巻 3 号 675 頁）。これに対し，設例のように出向期間を設けた場合（設例では 3 年）は，期間中の復帰命令は原則として許されない。したがって，設例のようなケースに対処するためには，就業規則上，「業務上の必要性がある場合，

復帰を命ずることがある」等の復帰手続規定を設けておく必要がある。

(2) 出向先（I社）による責任追及

前記のとおり，出向先は本来，当然に出向労働者に対する懲戒権を有するわけではなく，出向先の懲戒規定を出向者に適用する旨の就業規則規定を必要とする。したがって，I社が就業規則に上記趣旨の規定（「本懲戒規定は，別段の定めがない限り，出向社員に準用する」等の規定）を設ければ，I社はHに対する懲戒権を有し，懲戒処分を行うことができる。

もっとも，労働者の非違行為に対して重ねて懲戒処分を行うことは，二重処分の禁止という懲戒の基本ルールに反して無効と解される（土田506頁参照）。設例でも，仮に出向先であるI社が懲戒処分を行った後，G社がHを復帰させて懲戒解雇を行えば，G社による懲戒解雇は二重処分として無効と解される可能性がある。そのような帰結を避けるためには，L社は懲戒処分の挙に出ることなく，G社に処分を委ねる方が妥当である（L社としては，Hに対して別途，債務不履行ないし不法行為に基づく損害賠償請求を行うことは可能である）。

Ⅳ　労働災害・安全配慮義務（設例②）

安全配慮義務は，使用者が「労働契約に伴い」負う義務である（労契法5条）ため，出向先は，当然にこの義務を負うものと解される。すなわち，労働者・出向先は部分的とはいえ労働契約関係に入ることから，出向先は，この契約関係に伴う義務（「労働契約に伴い」負う義務）として安全配慮義務を負う。また，安全配慮義務は，労働者が使用者の影響する場所や設備を利用し，その指揮命令に従って労働することに付随して生ずる義務（労務指揮権に随伴する義務）という性格を有する（川義事件・最三小判昭59・4・10民集38巻6号557頁）ところ，出向においては，労務指揮権が出向先に移転するため，出向先は，この労務指揮権に付随して安全配慮義務を負うと解することもできる。裁判例も，出向先が「使用者」として安全配慮義務を負い，労働者の状況に応じて業務軽減措置等の適切な措置を講ずる義務を負うことは異論なく肯定している（JFEスチール〔JFEシステムズ〕事件・東京地判平20・12・8労判981号76頁）。

問題は，出向元の安全配慮義務であるが，出向元は，労働者と労働契約を締

結しており，基本的労務指揮権を有していることから，それに付随する一定の範囲で安全配慮義務を負うものと解される。裁判例も同様に解しており，出向先が一次的な安全配慮義務を負う一方，出向元は，人事考課や労働者の申告に基づき，長時間労働等の問題を認識し，または認識しえた場合に適切な措置を講ずる義務を負うと判断した例がある（前掲 JFE スチール〔JFE システムズ〕事件。結論としては，出向元の認識可能性を否定して安全配慮義務違反を否定）。

設例②の場合，出向先については，出向先における過重労働が事実であり，出向先が何ら業務軽減等の適切な措置を講じていないこと，出向社員の過重労働とうつ病自殺との間に相当因果関係が存在すること，出向社員のうつ病罹患が予見可能であったこと等の事情が立証されれば，出向先は安全配慮義務違反の責任を免れず，損害賠償責任（民法 415 条）を負う。一方，出向元は，直ちに安全配慮義務を負うわけではないが，上記のとおり，出向先の人事考課の資料等によって出向社員の長時間労働の事実を認識できた場合は，出向社員のうつ病罹患を防止するため，必要な人員配置や職務分担の見直し等の適切な措置を講ずべき義務があり，それを怠った場合は損害賠償責任を免れない。

V 賃金の取扱い（設例③）

前述した裁判例によれば，出向先が出向労働者に対する賃金支払義務を負うのは，労働者・出向先間に特段の合意がある場合に限られるので，L・K社間にそのような特約が締結されていない限り，Lは，K社に対して，株式褒賞と裁量業績賞与の支払を求めることはできない（前掲JPモルガン証券事件参照）。

では，こうした賃金紛争が生じないよう，出向元・出向先はいかなる点に留意すべきか。この点，前掲JPモルガン証券事件では，出向先である日本法人が，出向社員との間の雇用関係の明確化を求める金融庁の要請を受けて，出向元との間で賃金支払義務者が出向元であることを明記した出向契約を締結するとともに，同旨の出向先就業規則を制定し，出向社員の明示の同意（誓約書による同意）を得たという経緯があり，それら契約・規定を根拠として出向先の賃金支払義務が否定されている。出向において，出向契約・就業規則による労働条件・権利義務の明確化を図ることの重要性を教える事例である。

（土田道夫）

5-5	内部通報制度の設計と運用

設例 食品会社 M 社に勤務する N は，事業部長 O の法令違反（食品衛生法上の規格基準違反の隠蔽行為）を発見し，会社のコンプライアンス室に通報したところ，コンプライアンス室社員は，運用規程の守秘義務に反して，O に通報者が N であることを告げた上で事情聴取を行ったため，O は通報者が N であることを知るに至った。そこで，O は N を閑職に配置転換し，配属先で新入社員向けの研修を受講させるなどのハラスメント行為を行った。内部通報制度の設計と運用に際して，この事例から何を学ぶべきか。

解　説

I　内部通報と内部告発

　内部通報とは，労働者が企業内部の機関（内部通報窓口等）に企業の不正行為等を通報することをいう。これと似て非なるものが内部告発であり，こちらは，企業外の第三者に企業の不正行為等を開示することを指す。「社内で『自浄』か，社外で『炎上』か」という表現がある（「事例で作る法務研修のレシピ第 11 回」NBL1047 号〔2015 年〕78 頁）とおり，この両者は 2 文字違うだけで全く性格の異なるものである。すなわち，内部告発の場合は，企業の不正情報がメディアやネットに流出して大問題となり，企業価値の低下をもたらすのに対し，内部通報によれば，不正行為を企業内部で早期に発見・処理することで組織の自浄作用を促進するとともに，企業価値の低下を防止することができる。

　したがって，内部通報と内部告発は，法的にも異なる評価を受けるべきものである。設例は，内部通報を題材としているが，結論を先取りすれば，N の内部通報は正当な行為であり，O や M 社の行為は，この正当行為に対する背信行為であって，企業法務・人事にとって反面教師となる事例である。

II　内部告発の正当性

　内部告発とは，「企業外の第三者に対して，公益保護を目的に，企業内の不正行為を開示すること」をいう。内部告発は本来，企業秘密の漏洩行為として守秘義務・誠実義務違反に当たり，企業秩序違反行為として懲戒等の対象とな

るが，公益目的であることから，一定の要件を満たせば，正当行為と評価され，懲戒処分や不利益な人事異動から保護される。すなわち，内部告発の正当性は，①目的に公益性があること，②告発内容の根幹的部分に真実性があり，または真実と信ずるについて相当の理由があること（真実相当性），③内部通報を行うなど，企業内部で違法行為や不正行為の是正に努めたこと（内部通報前置），④手段・態様に著しく不当な点がないこと，の各要素を総合して判断され，正当と認められれば法的保護を享受する（土田495頁以下。同旨，学校法人田中千代学園事件・東京地判平23・1・28労判1029号59頁）。

　具体的に見ると，①目的の公益性が認められる典型は，犯罪・法令違反行為に関する告発や，人の生命・健康に関する告発であるが，企業の不正行為の告発や，労働条件の改善を目的とする告発も公益性を肯定される（首都高速道路公団事件・東京高判平11・10・28判時1721号155頁参照）。次に，②告発内容の真実性・真実相当性も重要な要素であるが，労使間には構造的な情報格差があるため，内容の真実性・真実相当性は過度に厳格に求められていない。裁判例では，告発内容に多少の誇張があるとしても，摘示した内容の根幹部分が真実である場合は，内容の真実相当性を肯定した例がある（大阪いずみ市民生協事件・大阪地堺支判平15・6・18労判855号22頁など）。

　さらに，③内部通報前置も内部告発の正当性を左右するポイントとなる。もともと企業不祥事については，企業が自主的に対処し，法令遵守（コンプライアンス）に取り組むことが適切であるし，内部告発の濫用は，企業の存立を脅かし，そこで働く従業員の雇用にも悪影響を及ぼしうるからである。内部告発に関する判例法理とは別に，公益通報者（労働者〔公益通報2条2項〕）の保護を目的として公益通報者保護法が制定されているが，同法においても，行政機関以外の機関（メディア等を含む）への通報については，内部通報前置が基本とされている（詳細は，土田498頁，501頁以下参照）。

　④内部告発の手段・態様の相当性については，労働者が告発に至る過程で企業秘密・情報を不正に取得したことが内部告発の正当性にどのように影響するかが問題となる。この点については，内部告発の手段・態様を過度に厳格に求めると，内部告発自体が困難となる事態が生ずるため，当該秘密・情報の価値や取得行為の相当性を勘案し，内部告発の正当性に関する総合判断の中で慎重

に判断すべきであろう（前掲大阪いずみ市民生協事件参照）。

Ⅲ　内部通報の正当性

　内部通報は，内部告発や公益通報者保護法において内部通報が重視されていることからもわかるとおり，基本的に正当な行為であり，内部通報者は，不当人事や懲戒処分から十全に保護されるべきである。すなわち，内部通報は，組織内に不正を訴える行為であるため，原則として守秘義務・誠実義務違反に該当しない。また，内部通報は，企業利益を害することなく不正行為の早期是正を可能とする点で企業の利益と合致するとともに，不正の是正をもたらす点で，公益（国民の生命・健康，環境，経済秩序）の確保にも適合するものと解される。

　したがって，内部通報については原則として正当行為と評価し，その上で，もっぱら私益を図るなど著しく不当な目的で行われたり，被通報者や関係者の名誉・プライバシーを侵害するなど著しく不当な手段・態様で行われた場合にのみ例外的に正当性を否定し，懲戒事由該当性や人事異動の相当性を肯定すべきである。また，通報内容の真実性・真実相当性についても，過度に重視すべきではない。この点，公益通報者保護法上も，内部通報については，通報対象事実が生じ，または生じようとしていると思料することで足りるとされている点（同法3条1号）に留意する必要がある（以上，土田499頁参照）。

　裁判例では，後述するオリンパス事件（東京高判平23・8・31労判1035号42頁）があるほか，財団の総務部長が常務理事兼事務局長の不適切な行動に関する報告書を理事長に提出したことを理由とする懲戒解雇につき，当該行為自体は総務部長の職責を果たすもので問題はないとして懲戒事由該当性を否定した例（骨髄移植推進財団事件・東京地判平21・6・12労判991号64頁）や，法人経理業務担当の職員が理事の損金処理に関する不当性を指摘する旨の内部通報を代表理事宛に行った後に懲戒解雇された事案につき，同人が被通報者である理事について不透明な立替金処理が行われていたと思料したとしても不合理とはいえないとして懲戒事由該当性を否定した例（日本ボクシングコミッション事件・東京地判平27・1・23労判1117号50頁）がある。

　また，東京証券取引所が公表した「コーポレートガバナンス・コード」（2015年。2018年改訂）は，基本原則2（「株主以外のステークホルダーとの適切な協働」）

128　第5章　人事制度

を補充する原則 2-5「内部通報」において,「上場会社は,その従業員等が,不利益を被る危険を懸念することなく,違法または不適切な行為・情報開示に関する情報や真摯な疑念を伝えることができるよう,また,伝えられた情報や疑念が客観的に検証され適切に活用されるよう,内部通報に係る適切な体制整備を行うべきである。取締役会は,こうした体制整備を実現する責務を負うとともに,その運用状況を監督すべきである」と述べ,内部通報の体制整備の実現と運用状況の監督を取締役会の責務と定めている。このように,内部通報は,コーポレート・ガバナンス(企業統治)においても重要な意義を肯定されており,この結果,企業における内部通報制度の適切な設計・運用が重要な課題となる。

　そこで,内部通報制度の制度設計のポイントを示すと,①通報窓口については,外部窓口(弁護士事務所等)を含めて独立性を確保することが重要とされる。また,②内部通報のルールとして,通報対象行為を確定し(法令違反行為,社内規則違反行為,企業倫理違反行為等),通報者の範囲・通報方法を規定するほか,とりわけ通報者の個人情報保護(通報者氏名・通報内容に係る守秘義務等)を確立する必要がある。さらに,③通報者の保護を図るため,内部通報を理由とする不利益取扱いを禁止するとともに,不利益取扱いを行った者に対する懲戒処分等を規定する必要がある。加えて,④内部通報に対応するための体制(事実関係の調査権限,関係部署の協力義務,調査経過・結果の通知のルール化等)の整備や,⑤法令違反行為等が事実と確認された場合の中止命令,違反行為者に対する懲戒処分,是正措置・再発防止措置等を明記しておく必要がある。

Ⅳ　設例の検討

　設例は,前掲オリンパス事件を素材としたものである。オリンパス事件では,勤続 20 年以上の社員 X が,上司である事業部長(Y₂)が重要な取引先から社員を引き抜いた後,さらなる引抜きを画策していることを知り,取引先とのビジネスに支障が生じること等を懸念して,会社(Y₁)のコンプライアンスヘルプライン運用規定に従ってコンプライアンス室に通報したところ,コンプライアンス室長らが,通報者が X であることを告げた上で Y₂ から事情聴取を行うなどしたため,通報の対象となった Y₂ が先導して報復的な配転を発令し,配転後に社外接触禁止措置や新入社員用テキストの購読命令等のハラスメント行

為を行ったという事案である。裁判所は，本件一連の配転命令は，Y₂において，転職者の受入れができなかったことにつき X の言動が一因となったものと考え，会社の信用の失墜を防ぐために X が行った本件内部通報行為に反感を抱いて，本来の業務上の必要性とは無関係に行ったものであり，その動機において不当なものであって，内部通報による不利益取扱いを禁止した前記運用規定にも反する等と判断し，人事権の濫用として無効と判断するとともに，Y₂の行為の悪質性を認めて不法行為（民法709条）と判断した。Y₁についても，Y₂の不法行為に関する使用者責任（民法715条）を肯定している。

　冒頭で述べたとおり，設例およびオリンパス事件は，企業法務・人事にとって反面教師となる事例であり，企業の法令遵守体制の整備の観点からも反面教師となる事例である。オリンパス事件についていえば，会社（Y₁）における内部通報制度は，それ自体は完成度の高いものであり，運用規定において，前述した制度設計のポイントの中でも重要な通報窓口の守秘義務（通報者氏名に係る守秘義務）や，内部通報を理由とする不利益取扱いの禁止を定めている。問題は，こうしたルールが全く機能していなかったことである。すなわち，コンプライアンス室長らは，守秘義務に反して被通報者である Y₂に X の実名を開示し，Y₂は，不利益取扱いの禁止のルールに反して，X に対し報復的で悪質な配転・ハラスメント行為を行っている。まさに，「仏作って魂入れず」である。内部通報制度の運用がこのようなものであれば，不正を発見した社員は，当然ながら内部告発や公益通報の行動に走るであろう。そしてそれは，直ちに企業価値の大幅な低下をもたらすことになる。「社内で『自浄』」ではなく，「社外で『炎上』」ということである。

　このことは，内部通報制度においては，その設計もさることながら，実際の運用がきわめて重要であることを教えている。この点で，前出の「コーポレートガバナンス・コード」原則 2-5「内部通報」が，取締役会の責務として，内部通報に係る適切な体制整備の実現とともに，その運用状況の監督を掲げたことには意義深いものがある。企業としては，「コーポレートガバナンス・コード」に学びつつ，設例およびオリンパス事件を反面教師として，内部通報制度の設計と運用がともに重要であることを学ぶべきである。

（土田道夫）

5-6

5-6	懲　戒

設例　P社は，社員Qがストーカー行為を行い，ストーカー規制法違反により逮捕・起訴されたため，懲戒処分を行うことを考えている。その際，以下の各場面で留意すべき点は何か。なお，Vは初犯であり，本件に関する報道もされていない。

① 懲戒規定の整備：懲戒事由・懲戒の種類・懲戒手続。
② 懲戒処分の適用対象：社外におけるストーカー行為の懲戒事由該当性。
③ 懲戒処分の相当性：量定の程度——譴責か，出勤停止か，懲戒解雇か。
④ 懲戒手続：賞罰委員会の開催，弁明機会の付与ほか。

解　説

Ⅰ　懲戒の意義・法的根拠

懲戒とは，「労働者の企業秩序違反行為を理由と〔する〕一種の制裁罰」（関西電力事件・最一小判昭58・9・8労判415号29頁）をいい，就業規則上，戒告，譴責，減給，出勤停止，降格，諭旨解雇，懲戒解雇として制度化されている。

懲戒権の法的根拠については，明文の規定はないが，労働契約上の特別の根拠を要すると解されている（契約説）。実際には，就業規則の懲戒規定（懲戒事由・種別・手続規定）が内容の合理性と周知を要件に労働契約の内容となり，懲戒権を発生させることになる（労契法7条）。判例も，使用者が懲戒を行うためには，就業規則に懲戒の「種別」と「事由」を定めておくことを要すると判断しており（フジ興産事件・最二小判平15・10・10労判861号5頁），契約説に近い立場と解される。就業規則上の懲戒事由・手段は限定列挙を意味するため，就業規則等で定めた以外の理由や手段によって懲戒を行うことはできない。

Ⅱ　懲戒の要件・効果

懲戒の要件・効果については，労契法15条が規定しており，「使用者が労働者を懲戒することができる場合において，当該懲戒が，当該懲戒に係る労働者の行為の性質及び態様その他の事情に照らして，客観的に合理的な理由を欠き，社会通念上相当であると認められない場合は，その権利を濫用したものとして，当該懲戒は，無効とする」と定める。具体的要件としては，①労働者の行為が

5-6　懲　戒　131

就業規則の懲戒事由に該当することと，懲戒事由該当性が認められる場合も，②懲戒権の濫用と評価されないことが求められ，②の段階で，懲戒処分の相当性（行為と処分のバランス），懲戒手続の相当性，制裁罰たる性格に基づく規制の審査が行われる。こうして，懲戒は，2段階の要件審査に服する。

労契法15条は，懲戒権濫用の判断要素として，「労働者の行為の性質及び態様その他の事情」を掲げている。「労働者の行為の性質及び態様」は，労働者の行為の内容・動機・態様・悪質性，使用者の業務や信用に及ぼした影響，損害の程度等を意味し，「その他の事情」は，労働者の態度・情状・処分歴，使用者側の対応のほか，懲戒手続の相当性，制裁罰たる性格に基づく規制の遵守等を意味するものと解される。制裁罰たる性格に基づく規制としては，二重処分の禁止，処分不遡及の原則，懲戒事由の追加主張の制限等が挙げられる。

懲戒が上記各要件を充足しない場合は，懲戒権の濫用として無効となる。この場合，労働者は，懲戒処分無効の確認を求める訴え等を提起することができる。また，労働者の名誉・信用を害するなど悪質な懲戒については，不法行為（民法709条）が成立しうる（以上，土田474頁以下参照）。

Ⅲ 懲戒規定の整備：懲戒事由・懲戒の種類・懲戒手続

懲戒規定の整備については，多くのポイントがあるが，3点指摘したい。

第1に，懲戒は，労働契約上の特別の根拠を要する措置であるから，懲戒を行うためには，就業規則において懲戒権の根拠規定（懲戒事由規定）を整備し，使用者に懲戒権を帰属させる必要がある。また，就業規則に懲戒事由規定を設ける場合は，内容の合理性と周知が要件となる（労契法7条）ため，懲戒事由をできるだけ具体的に規定し，漠然不明確条項（合理性を欠く条項）との謗りを受けないよう規定を整備することも重要である（石嵜信憲編著『懲戒権行使の法律実務「〔第2版〕』〔中央経済社，2013年〕161頁，618頁参照）。

第2に，懲戒規定（懲戒事由規定・種別〔手段〕規定）については，多種多様な事案をカバーできるようできるだけ詳細に規定する必要がある。前記のとおり，就業規則上の懲戒事由・手段は限定列挙を意味するため，それ以外の理由や手段によって懲戒を行うことは就業規則違反として無効と評価されるからである。例えば，就業規則に「会社の機密を正当な理由なく社外に開示したと

き」との懲戒事由規定がある（しかない）場合，これを社内の他部署への開示事案に適用することはできないし，経歴詐称を理由とする懲戒処分を減給・出勤停止・懲戒解雇に限定している場合は，懲戒の手段はこれらに限定され，これら以外の処分を課すことは，たとえより軽度の処分であっても就業規則違反として無効となる（立川バス事件・東京高判平2・7・19労判580号29頁）。

第3に，懲戒手続規定の整備（弁明の機会や賞罰委員会の審議）が求められ，就業規則上の懲戒規定の合理性（労契法7条）を左右する重要な要素となる。懲戒は，刑罰に類似する制裁であるため，適正手続の保障が必須となるのである（裁判例として，A社長野販売事件・東京高判平成29・10・18労判1179号47頁）。

Ⅳ　懲戒処分の適用対象：社外におけるストーカー行為の懲戒事由該当性

設例のストーカー行為のような企業外の行為については，そもそも懲戒処分の対象となるか否かが問題となる。しかし，判例は，こうした行為であっても，「企業の円滑な運営に支障を来すおそれがあるなど企業秩序に関係を有する」場合は，企業秩序遵守義務違反として懲戒の対象となると判断している（前掲関西電力事件。同旨，X社事件・東京地判平19・4・27労経速1979号3頁，東京メトロ事件・東京地判平27・12・25労判1133号5頁等）。

もっとも，企業外の行為については，私生活の自由（プライバシー）の重要性に鑑み，懲戒事由該当性を特に慎重に判断する必要がある。裁判例も，設例類似のストーカー行為につき，「社員としてふさわしくない行為があったとき」等の懲戒事由該当性を判断するに際して，詳細な事実認定を踏まえて，懲戒事由該当性を実質的かつ慎重に判断している（前掲X社事件）。すなわち，判旨は，社員が会社の番組の制作過程で知り合った女子学生に対して性的な言動に及んだ上，接触を拒絶する旨告げられたにもかかわらず異常な言動（ストーカー行為）や強要威迫的言辞に及び，本人のみならず家族や第三者にも迷惑行為が知れ渡ったことから，会社の社会的評価の毀損をもたらしたものと述べ，労契法15条が掲げる懲戒権濫用の要素（「労働者の行為の性質及び態様その他の事情」）を踏まえて懲戒事由該当性を慎重に判断した上で肯定している。他の裁判例においても，同様に慎重な判断が行われている（小田急電鉄事件・東京高判平15・12・11労判867号5頁［痴漢行為］，前掲東京メトロ事件［痴漢行為］，T社事件・

東京地判平 27・9・9 労経速 2266 号 3 頁 [第三者のプライバシー侵害])。

　設例においても，P 社は，Q のストーカー行為について，事実認定を入念に行った上，適用すべき懲戒事由規定を慎重に選択するとともに，Q の行為がそれら懲戒事由に値するか否かについても慎重に検討する必要がある。

V　懲戒処分の相当性：量定の程度

　懲戒は，労働者の非違行為の程度に照らして相当なものでなければならない。すなわち，懲戒は，行為と処分とのバランス（比例性）を要求され，それを満たさない処分は懲戒権の濫用として無効となる。いかなる処分を選択するかは使用者の裁量に属するが，使用者が裁量判断を誤り，不当に重い処分を選択すれば，懲戒権の濫用と評価されるのである（ネスレ日本事件・最二小判平 18・10・6 労判 925 号 11 頁）。前記のとおり，懲戒処分の相当性は，「労働者の行為の性質及び態様その他の事情」（労契法 15 条）に即して判断される。

　設例のような企業外のストーカー行為に対する処分（量定）はどうあるべきか。類似の事案に関する裁判例を見ると，①社員のストーカー行為等を理由とする懲戒処分（懲戒休職 6 か月）につき，行為の悪質さを認めて有効と判断した例（前掲 X 社事件），②交際相手の男性との復縁工作を探偵社に依頼し実行させた行為を理由とする懲戒処分（出勤停止 3 日）につき，男性および被害女性のプライバシーを正当な理由なく侵害する行為である等として有効と判断した例（前掲 T 社事件），③鉄道会社社員が勤務時間外に他の鉄道会社の電車内で複数回（3 回）痴漢行為を行い，軽度の処分（戒告）後に再度痴漢行為を行ったことを理由とする懲戒解雇につき，行為の重大性や鉄道会社社員の職責に照らして有効と判断した例（前掲小田急電鉄事件），④同じく鉄道会社社員が通勤時間帯に自社の電車内で痴漢行為を行ったことを理由とする諭旨解雇につき，重きに失するとして無効と判断した例（前掲東京メトロ事件）等がある。

　以上の裁判例を整理すると，①事件では，労働者のストーカー行為は刑事事件に至っておらず，②事件では，労働者は名誉毀損等で逮捕後，釈放され，③事件では，迷惑防止条例違反により起訴後，有罪判決を受け，④事件では，罰金 20 万円の略式命令を受けている。また，いずれの事件でも報道等は行われていない。これらの点を前提に，裁判所が結論を導いた理由を探ると，③事件

134　第 5 章　人事制度

で懲戒解雇が有効とされたのは，痴漢行為を防止すべき立場にある鉄道会社社員が複数回（3回）痴漢行為を行い，軽度の処分後に再度痴漢行為を行ったという行為の悪質性（反復継続性）が重視され，①事件では，刑事起訴や報道には至っていないものの，ストーカー行為・強要威迫行為の悪質性とともに会社の社会的信用が毀損されたという点が重視され，②事件では，行為の悪質性とともに処分が軽微であったことが重視されたものと解される。これに対し，④事件で諭旨解雇が無効とされたのは，比較的軽微な痴漢行為（初犯）を理由とする処分としては，労働者を失職させる諭旨解雇は重きに失するとの評価が働いたものと思われる。いずれにせよ，裁判例は，処分の相当性についても，労働者の私生活の自由を考慮して慎重に判断している点に留意する必要がある。

　設例についても，P社は，Qが初犯であり報道もされていないことを前提に，懲戒権濫用の判断要素（Ⅳ）を踏まえて，ストーカー行為の悪質さ，会社の業務や社会的信用に及ぼした影響，本人の情状等を精査して処分を決定する必要がある。ただし，懲戒解雇や諭旨解雇については，裁判例の傾向に鑑み，慎重に対処すべきであろう。

Ⅵ　懲 戒 手 続

　前記のとおり，就業規則における懲戒規定の整備に際しては，懲戒手続の整備（賞罰委員会の開催，弁明機会の付与等）が必須となる。そして，そうした懲戒手続を経ないで行われた懲戒処分は，労働者の非違行為の重大さにかかわらず，懲戒権の濫用として無効となる（千代田学園事件・東京高判平16・6・16労判886号93頁。前掲東京メトロ事件も参照）。

　また，労働者に対する弁明機会の付与については，規定の有無を問わず必要と解する見解（菅野675頁，土田507頁）と，規定がなければ不要と説く見解（石嵜編著・前掲書184頁）に分かれるが，適正手続を尽くしたという評価を獲得し，法的リスクを最小化するためには，弁明の機会を付与し，かつ，実質的に行う必要があろう。裁判例では，就業規則に弁明機会の付与規定がないにもかかわらず，使用者が実質的に弁明機会を付与したことにつき，懲戒権濫用を否定する方向に働く事情として考慮した例がある（前掲X社事件）。

（土田道夫）

| 5-7 | 職務発明と相当の利益 |

設例 R社は，2015年の特許法35条改正に合わせて職務発明規程を改訂し，特許を受ける権利を従業者帰属規定から使用者帰属規定に改めるとともに，発明に対する報償として，出願時・登録時・実績に応じて補償していた従来の制度を改め，一括払制度（上限800万円）に改編した。R社に勤務する研究職社員Sが，この改訂は労働条件の不利益変更に当たるとして訴えを提起した場合，いかなる論点があるか。

解　説

I　2015年特許法35条改正

　従業者等が使用者等の業務範囲に属する発明を行い，かつ，発明に至った行為が現在または過去の職務に属する場合に，その発明を「職務発明」という（特許法35条1項）。従来，特許法35条は，特許を受ける権利について従業者原始帰属（創作者主義）を採用し，特許を受ける権利を従業者に帰属させつつ，当該権利を使用者に承継させる対価として相当対価請求権を肯定する政策を採用してきた。しかし，特許法35条は2015年に改正され，特許を受ける権利を使用者原始帰属とすることを可能としつつ，従業者が相当の利益を受ける権利（相当利益請求権）を有することを内容とする法制度に改められた（同条3項・4項）。特許を受ける権利に関する選択的使用者原始帰属およびそれを前提とする相当利益請求権の制度への転換である（土田144頁以下参照）。

II　相当の利益

(1)　法的規律

　相当の利益（特許法35条4項）の法的規律については，その前身を成す相当の対価に関する2004年改正特許法（当時は35条3項）以来，手続的規律が重視されている。すなわち，相当の利益については，その内容を決定するための基準の策定に際して行われる使用者等・従業者等間の協議の状況，基準の開示の状況，相当の利益の決定に際して行われる従業者等からの意見聴取の状況等を考慮して，相当の利益を与えることが不合理と認められるものであってはな

136　第5章　人事制度

らない（特許法 35 条 5 項）。また，上記の手続（基準策定時の協議・基準の開示・意見聴取）に関する事項について，経済産業大臣による指針が告示として策定され，公表されている（同条 6 項。平 28・4・22 経産省告示 131 号）。この指針は，相当の利益に関する手続の合理性を担保する上で重要な意義を有しており，その内容は，相当利益の決定をめぐる訴訟においても尊重されるべきものである。

以上の手続的規律のうち，「協議の状況」は，相当利益の決定基準の策定（制度設計）に関する使用者・従業者集団間の協議の状況を意味し，「従業者等からの意見の聴取の状況」は，個々の発明に関する相当の利益の決定に際しての従業者個人の意見の聴取を意味する（異議申立て・再評価制度を含む）。この点，指針（第二・一 1（三）（五））も，集団的性格を有する「協議」と個人的性格を有する「意見の聴取」を明確に区別しており，留意する必要がある。

(2) 金銭以外の相当の利益

2015 年改正特許法は，職務発明に係る従業者の報酬請求権を相当利益請求権として維持したが，その内容として，金銭以外の経済上の利益を認めた点（同法 35 条 4 項）は従来と異なる。上記指針（第三・一 1, 3）は，金銭以外の経済上の利益の要件として，①経済的価値を有するものであること（経済性）と，②職務発明を生み出したことを理由とするものであること（牽連性）の 2 点を掲げている。指針は，ⓐ使用者負担による留学機会の付与，ⓑストック・オプション，ⓒ金銭的処遇の向上を伴う昇進・昇格，ⓓ法定・就業規則所定の基準を超える有給休暇の付与等を例示している。

Ⅲ 職務発明と労働法

(1) 特許法と労働法の関係

特許法 35 条は，「従業者等」「使用者等」という概念を定めるが，これらは，労働法上の「労働者」（労契法 2 条 1 項）・「使用者」（同条 2 項）とは異なる特許法独自の概念である（詳細は，土田 146 頁，土田道夫「職務発明とプロセス審査——労働法の観点から」田村善之 = 山本敬三編『職務発明』〔有斐閣，2005 年〕146 頁以下）。また，職務発明と相当の利益は，労働契約で定められた場合も，労働法上の労働と賃金との対価関係とは異質な面を有する。特許法 35 条は，特許を受ける権利等を使用者に帰属させた上，発明に対する報酬（報償）として従

業者の相当利益請求権を定めている。すなわち，相当の利益は，単なる労働の対価ではなく，特許法上の特別の給付（法定債権）を意味する。したがってまた，相当の利益を賃金に含めて支払うことは，原則として許されないと解される。

問題は，以上の点を理由として，職務発明に対する労働法の適用を否定し，特許法35条の適用のみを認めるべきか，それとも，職務発明が雇用関係（労働契約）において行われる場合については，労働法の適用を併せて肯定すべきかであり，肯定説・否定説が対立している。この点は，設例の検討と深く関わるので，(2)で検討する。

(2) 職務発明規程の改訂

(ア) 労働条件の不利益変更との関係

設例では，研究職社員Ｓは，Ｒ社が職務発明規程の改訂によって導入した使用者帰属規定および「相当の利益」の一括払制度の導入が労働条件の不利益変更に当たると主張している。この点については，前記のとおり，特許法35条とともに労働法の適用を肯定すべきか否かが問題となる。学説では，「労働条件」は広く「労働契約関係における労働者の待遇の一切」を意味するという点を理由に肯定する見解がある（土田道夫「職務発明・職務著作と労働法の規律」日本労働法学会誌132号〔2019年〕66頁）。一方，職務発明と相当利益は使用者・労働者間ではなく使用者・発明者間の関係を規律するものであり，特許法という産業政策上の考慮に基づく制度であることを理由に否定する見解も見られる（深津拓寛＝松田誠司＝杉村光嗣＝谷口はるな『実務解説職務発明──平成27年特許法改正対応』〔商事法務，2016年〕212頁）。この点，指針（第二・一2(四)）は，契約，勤務規則その他の定めによって相当の利益の決定基準を規定する場合につき，上記定めには就業規則・労働協約が含まれるため，相当利益の基準を就業規則等で定めることも可能としつつ，当該基準について労働法上の効力が発生した場合も，相当利益の不合理性が直ちに否定されるわけではなく，不合理性の判断はあくまで特許法35条5項に基づいて行われると述べている。特許法35条と労働法の重畳適用を肯定しつつ，35条の規律が従業者に有利な場合にその優先適用を肯定する立場と解される。

肯定説によれば，特許法35条とともに労働法が重畳的に適用される。したがって，設例のような職務発明規程の改訂は，職務発明規程が就業規則として

制定されている限り，就業規則による労働条件の不利益変更として労契法 10 条の適用を受ける。すなわち，職務発明規定の改訂は，内容の合理性と周知要件を充足することを求められる。一方，否定説によれば，設例の職務発明規程の改訂に対する労契法 10 条の適用は否定され，内容の合理性という実体的要件を課されない結果となる（深津 ＝ 松田 ＝ 杉村 ＝ 谷口・前掲書 212 頁以下）。

（イ）具体的検討──一括払制度の導入

（a）特許法 35 条　まず，特許法 35 条の問題として見ると，相当の利益については，利益決定に至る手続が重視されていることから，従業者集団との「協議の状況」がポイントとなる（Ⅱ(1)）。すなわち，使用者は，労働組合を含む従業者集団との協議において，一括払制度について真摯に説明・情報提供を行い，従業者の理解・納得を得る必要があるものと解される。そして，そうした真摯な協議が尽くされている限り，制度設計に関する手続的側面（「協議の状況」）としては，原則として不合理性が否定されることになる。

もっとも，特許法 35 条の解釈としては，職務発明規程の改訂によって，相当の利益が発明の価値に照らして過少となる結果が生じうる場合は，改訂手続（協議）とは別に例外的な実体的司法審査を行うべきであろう。職務発明は，発明という従業者の高度の知的創造活動の成果であり，それを適切に保護しないことは，発明を奨励しつつ，発明と報償間の給付の均衡を図るという特許法 35 条の基本趣旨（中山信弘『特許法〔第 3 版〕』〔弘文堂，2016 年〕51 頁参照）に反する結果をもたらすからである。この結果，職務発明規程の改訂が相当の利益を発明の価値に照らして著しく過少とする事態をもたらす場合は，協議手続が適切に行われたとしても，職務発明規程改訂という制度設計の段階で「相当の利益」性が例外的に否定されることがありうる。この点，特許法 35 条 5 項は，相当の利益について，協議の状況，開示の状況，意見の聴取の状況「等」を考慮要素として規定するが（Ⅱ(1)），この「等」は，こうした例外的実体的司法審査の根拠となるものと解される。設例についても，Ｒ社が実績補償制度を一括払制度に改めつつ，補償の上限を 800 万円に設定したことの相当性・不合理性を慎重に検討する必要がある。

また，特許法 35 条によれば，相当の利益の不合理性は，最終的には，使用者が個々の従業者に支給する利益額の不合理性によって判断されるのであり

（Ⅱ(1)），手続面では「従業者等からの意見の聴取の状況」がポイントとなる。また，実際の利益額が発明の価値に照らして著しく過少とされた場合は，ここでも例外的実体的司法審査が行われる。その結果，職務発明規程の制度設計の段階で不合理性が否定され，かつ，従業者の意見聴取が適切に行われたとしても，利益額の評価の段階で不合理性が肯定されることがある。

　(b)　労契法10条　次に，職務発明に対する労働法適用肯定説を前提に，労契法10条の問題として考えると，特許法35条が相当利益の決定に関して採用する手続重視の法的規律は，10条の適用上も重要な意義を有すると考えられる。すなわち，職務発明規程の改訂に際して，使用者が労働組合・従業者集団との間で十分な協議手続を行った場合は，特許法の趣旨に鑑み，原則として改訂の合理性を肯定すべきである。10条が定める労働条件変更の合理性の判断要素としては，変更内容の実体的合理性に関する要素ではなく，「労働組合等との交渉の状況」を重視するということである。

　これに対し，相当の利益が発明の価値に照らして過少となるようなケースでは，労契法10条の解釈としても，同条が定める考慮要素に即して変更内容の実体的合理性を綿密に検討する必要がある。労働条件変更の必要性については，一括払制度を導入する必要性がポイントとなり，労働者の不利益の有無・程度については，相当利益の原資の減少の有無・程度，補償の上限を800万円とすることから生ずる不利益の有無・程度がポイントとなる。特に，労契法10条は，労働条件変更の合理性について「変更後の就業規則の内容の相当性」を明示しており，その解釈に際しては，不利益変更を補う代償措置・経過措置の存否が重視される。したがって，設例においてそうした措置が講じられていなければ，変更の合理性が否定されることがありうる。この場合，職務発明規程の改訂が特許法35条の解釈としては不合理性を否定される場合も，労契法10条によって合理性を否定され，拘束力を否定されることになる。

　なお，特許を受ける権利の使用者帰属規定への改訂も，就業規則の変更による場合は労働条件の不利益変更（労契法10条）に該当する。しかし，この改訂は，特許を受ける権利の選択的使用者原始帰属を内容とする特許法改正に則ったものであるから，10条の解釈としても合理性を認められるものと解される。

（土田道夫）

| | 5-8 |

| 5-8 | グローバル人事 |

設例　①　Ｔ社は，能力を見込んで中途採用した米国人社員（証券ディーラー）Ｕの成績が期待レベルを大幅に下回るため，解雇したい。いかなる点に留意すべきか。

②　日本に本社を有するＶ社に勤務する中国籍の社員Ｗは，退職時に，３年間の競業避止義務特約を締結したが，半年後には競業関係にある中国の企業Ｘ社に就職した。その後，Ｗは，Ｖ社在職中に開発に従事した製品をベースに競合製品を開発し，Ｘ社は日本におけるＶ社のシェアを奪うに至った。Ｖ社は，Ｗに対して，いかなる対抗措置を講ずることができるか。なお，Ｗ・Ｖ社間の労働契約においては，日本法を準拠法とする明示の合意が存在する。

解　説

Ⅰ　問題の所在

社会経済の国際化（グローバリゼーション）に伴い，人事管理もグローバルな展開が求められている。グローバル人事にも様々な類型があるが，本項では，外国人労働者が日本国内で雇用されるケースを取り上げる。

外国人雇用について押さえておくべきポイントは３つある。①外国人労働者の在留・就労資格の問題，労働条件・人事管理の問題，②国際的労働契約に適用される法規（準拠法）の問題および③国際裁判管轄の決定の問題である。設例に登場する外国人は，いずれも合法的に就労する高度人材であり，①のうち在留資格に問題はないため，本項では，①のうち労働条件・人事管理の問題および②③の問題を取り上げる（詳細は，土田 839 頁以下参照）。

Ⅱ　労働法の適用関係・準拠法・国際裁判管轄

(1)　労働法の適用関係，準拠法の決定

外国人労働者に対する労働法令の適用関係は，以下のように解される。まず，労基法，最賃法，労安衛法，労災保険法等の労働保護法は，日本国内で就労する外国人労働者に等しく適用される（いわゆる絶対的強行法規）。この点は，入管法上の合法就労か不法就労かを問わない（昭 63・1・26 基発 50 号・職発 31 号）。

5-8　グローバル人事　**141**

労組法についても同様に解される。

　では，絶対的強行法規は別として，日本で就労する外国人労働者の労働契約は，どの国の法によって規律されるべきか。これが労働契約の準拠法の決定という問題である。この点については，2006 年に成立した通則法が労働契約に関する規定を定めている。すなわち，通則法は，法律行為（契約）の準拠法について当事者自治の原則を採用した（同法 7 条）上，準拠法の選択がない場合に備えて，法律行為の成立・効力は当該法律行為に最も密接な関係がある地の法によるとの規律（最密接関係地法ルール＝同法 8 条 1 項）を規定する。そして，労働契約の特例として 12 条 3 項を設け，労務提供地法（労務を提供すべき地の法）を最密接関係地法と推定し，労務提供地法を特定できない場合は雇入事業所所在地法（当該労働者を雇い入れた事業所の所在地の法）を最密接関係地法として推定する旨規定している。

　また，通則法 12 条 1 項は，当事者が最密接関係地法以外の法を準拠法として選択した場合も，労働者の一方的意思表示によって最密接関係地法中の強行規定の適用を認める特例を規定し，同条 2 項は，最密接関係地法として，労務提供地法（労務提供地法を特定できない場合は雇入事業所所在地法）を推定すると規定する。「特定の強行規定」は，当事者の権利義務を規律する私法的強行規定を意味し，労契法中の強行規定（就業規則規定〔同法 7 条・9 条・10 条〕，解雇権濫用規制〔同法 16 条〕等）や，均等法・労働契約承継法中の強行規定が代表例である。また，労組法中の労働協約規定や，判例法理中，強行法的性格を有するものも「特定の強行規定」に該当する。労働契約においては，使用者が日本のような保護法制がない国の法を準拠法選択する可能性があるため，労働者の意思表示による強行規定の保護を行うこととしたものである。

(2) 国際裁判管轄の決定

　国際裁判管轄の決定とは，日本で就労する労働者が労働紛争について民事訴訟を提起する場合の裁判管轄を決定することをいう。この点については，2011 年の民事訴訟法・民事保全法の改正に伴い，労働契約に関する規定が設けられた。

　すなわち，改正民事訴訟法は，労働者が個別労働関係民事紛争について訴えを提起する場合，労働契約上の労務提供地または雇入事業所所在地が日本国内

にあるときは，日本の裁判所に裁判管轄を認める旨を規定する（同法3条の4第2項）。また，専属的管轄合意（契約当事者が合意によって外国の裁判所を専属的管轄裁判所として指定する合意）については，①労働契約終了時の合意であって，契約終了時における労務提供地の裁判所を指定する合意である場合および②労働者が合意された国の裁判所に訴えを提起し，または，その合意を援用した場合に限り有効とすることを規定している（同法3条の7第6項1号・2号）。この結果，日本国内で就労する労働者については，日本人・外国人を問わず，労働者が日本の労働法による保護を求める限り，原則として日本法が適用され，日本の裁判所への提訴（アクセス）が認められる。

Ⅲ　設例の検討

(1)　準拠法，裁判管轄，労契法 16 条の適用（設例①）

　T社は，Uの解雇に係る準拠法，裁判管轄および労契法16条の適用の3点について十分留意すべきである。

　まず，準拠法について。設例①の場合，米国人社員Uの解雇が争点となることから，日本法・米国法のいずれが適用されるかが問題となる。この点，米国法上は，解雇は基本的に自由である（随意雇用の原則＝employment at will）のに対し，日本法によれば，労契法16条によって客観的合理的理由と社会通念上の相当性を要求される。そして，通則法によれば，T社・Uが労働契約で準拠法選択を行っていない場合は，労務提供地法である日本法が最密接関係地法と推定される（同法12条2項・3項）ため，Uは労契法16条の適用を主張することができる。また，T社・Uが米国法を準拠法選択した場合も，労働者は最密接関係地法中の特定の強行規定の適用を主張できる（通則法12条1項）ため，Uは，労務提供地法である日本法の強行規定である労契法16条の適用を主張することができる。つまり，T社としては，日本法（労契法16条）の適用は原則として甘受すべきということになる。このほか，労基法の解雇制限規定（同法19条〜22条）は，絶対的強行法規として当然に適用される。

　次に，裁判管轄について。UがT社に対して解雇訴訟を提起した場合を考えると，両者間の労働契約において裁判管轄の合意がない場合は，労務提供地および雇入事業所所在地が日本にあることから，日本の裁判所が裁判管轄を肯

定される（民訴法3条の4第2項）。一方，U・T社が労働契約上，T社の親会社である米国法人の住所地であるニューヨーク州裁判所を専属的管轄裁判所として指定する合意を行っていた場合を想定しよう。しかし，このような専属的管轄合意は，労働契約終了時に合意された場合にのみ有効とされることから（同法3条の7第6項1号），上記合意は同条に反して効力を否定され，日本の裁判所が裁判管轄を肯定される。つまり，T社としては，日本の裁判所への提訴も原則として甘受すべきということになる。

　では，Uの解雇に労契法16条が適用され，Uが日本の裁判所に提訴したとして，その有効性はどのように解されるのか。この点，設例①は，専門的能力を重視して雇用した外国人社員の能力不足を理由とする解雇の事例であるが，この種の解雇については，日本人労働者を含めて，高度の能力・適格性が要求され，かつ，配転・降格等の解雇回避努力義務が一般労働者ほどには要求されないことから，解雇権濫用の判断は緩和される。しかし，使用者が期待した業績・能力を発揮しないことが解雇事由に直結するわけではなく，教育・指導によって労働者の能力向上に努めることが前提となる（ブルームバーグ・エル・ピー事件・東京高判平25・4・24労判1074号75頁。土田666頁参照）。

　この点は，外国人労働者の場合も同様であり，いかに専門的能力の発揮を期待して雇用した外国人労働者といえども，教育・指導を怠ったり，短期の業績評価によって解雇することは解雇権濫用と評価される。裁判例では，外資系投資機関を顧客とする不動産ビジネスの拡大目的で採用した外国人エグゼクティブ・ダイレクターを，採用後わずか3か月半で成績不良により解雇したことにつき，雇用契約の内容として会社に具体的利益をもたらす業績を上げることが含まれていたとしても，このような短期間に業績を上げられなかったことを理由に解雇することは許されないとして解雇権濫用を肯定した例がある（共同都心住宅販売事件・東京地判平13・2・27労判812号48頁。土田861頁）。

(2)　退職労働者の競業避止義務（設例②）

　設例②では，退職労働者の競業避止義務違反への対抗措置が論点となる。準拠法に絞って解説すると，退職後の競業避止義務についても，当事者が外国の準拠法を選択しない限り，日本の判例法理が適用される（通則法12条3項）。

また，競業避止義務については，著しく合理性を欠く競業避止特約は職業選択の自由（憲法22条1項）が構成する公序（民法90条）違反として無効となるとの判例法理が確立されている（土田711頁以下）ため，労働者は，外国準拠法が明示的に選択された場合も，特定の強行規定としてこの判例法理の適用を主張できるものと解される（通則法12条1項）。なお，退職後の競業避止特約は，厳密な意味での労働契約（同法12条1項）ではないが，労働契約と密接に関連することから，通則法12条の適用ないし類推適用が認められる。

　設例②では，W・V社間の競業避止特約に関する最密接関係地法が日本法か，それとも中国法かが問題となる。設例では，まず，日本法が準拠法として選択されているので，日本法が適用される（通則法7条）。しかし，通則法12条1項によれば，当事者が日本法を準拠法として選択した場合も，労働者は最密接関係地法中の特定の強行規定の適用を主張できるところ，W・V社間の競業避止特約に関する最密接関係地法が競業地法である中国法と推定されれば，Vが退職後の競業避止義務に関する中国労働契約法中の強行規定の適用を主張した場合，当該規定が適用されることになる。この点，中国労働契約法24条は，退職後の競業禁止義務の上限を2年と規定しており，そうした要件を設けない日本法（判例法理）より厳格であるため，V社は，Wの責任追及に際して不利な地位に置かれることになる。

　しかし，このように解すると，労働者が実際にどの国で競業行為を行うかを予測できない使用者にとっては不意打ちとなり，競業避止義務の効力について重大な利害を有する使用者にとって公平を欠く結果となる。そして，退職後の競業避止特約が労働契約と密接に関連することを考えれば，同特約の最密接関係地法については，W・V社間の労働契約における労務提供地法である日本法と解することが適切であろう。この結果，W・V社間の競業避止特約に関する最密接関係地法は日本法と推定され，両者が予定した準拠法選択と同様，日本の判例法理が適用されることになる。すなわち，V社は，日本の競業避止義務法理によってWの責任を追及することができる（損害賠償請求〔民法415条〕，競業行為の差止請求等〔土田717頁参照〕）。ただし，設例の競業避止特約は，3年という長期間の競業避止義務を課すものであるため，日本法の解釈としても，有効と解されるかは微妙となる点に留意されたい。　　　　　　（土田道夫）

労働関係の変動,企業における人格的利益,ハラスメント

6-1	合併・事業譲渡と労働条件変更
	——賃金引下げと退職金清算

設例 　Ａ社は，ブランドとノウハウをもつが経営破綻を来しているＢ社を買収しようと思っている。Ｂ社は，従業員に対し従来から高額の賃金や退職金を支給しており，従業員層の高齢化も相俟って，高い人件費と退職金引当金が経営を圧迫する一要因となっている。Ａ社は，Ｂ社を買収し同社の従業員を受け入れる前提として，賃金制度をＡ社の賃金制度と合わせること（Ｂ社従業員にとっては賃金の引下げとなる），および，Ａ社がＢ社から引き継ぐ退職金引当金がゼロとなるようＢ社従業員の退職金を清算することを条件とすることとした。Ａ社とＢ社の買収交渉の結果，Ｂ社はこの条件を受諾し，Ａ社は，この条件を満たすＢ社従業員のみをＡ社に受け入れることとした。この買収を合併または事業譲渡として行う場合，Ｂ社従業員の賃金引下げおよび退職金清算を行う方法として，どのような方法をとることが考えられるか。それぞれの場合に留意すべき点はあるか。

解　　説

Ⅰ　問題の所在——企業買収と労働条件の整理・調整

　ある会社が他社を買収しようとする場合，退職金の清算など労働条件の整理・調整を買収条件とすることがある。この労働条件の整理・調整は労働法上の諸規制を遵守しながら行われる必要があり，そこで遵守すべき法規制は買収の方法によって異なってくる。本設例では，Ａ社がＢ社を買収する方法として合併と事業譲渡の２つを念頭に置き，それぞれの場合の労働条件の整理・調整（Ｂ社従業員の賃金引下げと退職金の清算）の方法およびその際の留意点が問題となっている。企業買収の際のデューディリジェンス（資産評価）と労働条件の整理・調整をめぐって近年問題となることが多い点である。

Ⅱ　合併の場合

　この企業買収が合併の形態で行われる場合，合併される会社は消滅し，労働契約を含むすべての権利義務は合併会社に当然承継される（会社法 750 条・754 条参照。いわゆる「一般承継（包括承継）」）。そのため，Ａ社の買収条件を実現す

るためには，合併前にB社の従業員の労働条件変更（賃金引下げ，退職金清算）をしておく必要がある。その方法としては，①B社が就業規則を変更すること，②就業規則変更に加えて労働者の個別同意を得ること，③労働組合がある場合には労働協約を締結・改定して労働条件を変更することが考えられる。

　このうち，最高裁の山梨県民信用組合事件判決（最二小判平28・2・19民集70巻2号123頁）では，就業規則変更に対し労働者から個別同意を得ている場合の個別同意による労働条件変更の有効性（②），および，労働協約改定による労働条件変更の有効性（③）が問題となった。

　この事件では，信用組合が吸収合併される前に，退職金を大幅に減額する就業規則（退職給与規程）変更を行うとともに各労働者から変更への同意書（署名押印）を取り付けた事案において，「労働契約の内容である労働条件は，労働者と使用者との個別の合意によって変更することができるものであり，このことは，就業規則に定められている労働条件を労働者の不利益に変更する場合であっても，その合意に際して就業規則の変更が必要とされることを除き，異なるものではない」と述べた上で，「もっとも，使用者が提示した労働条件の変更が賃金や退職金に関するものである場合には……〔労働者の変更受入れ〕行為をもって直ちに労働者の同意があったものとみるのは相当でなく……労働者の同意の有無についての判断は慎重にされるべき」であり，労働者の変更受入れ行為の有無だけでなく，当該行為の経緯・態様，当該行為に先立つ労働者への情報提供・説明の内容等に照らして，「当該行為が労働者の自由な意思に基づいてされたものと認めるに足りる合理的な理由が客観的に存在するか否かという観点からも，判断されるべき」であるとした。そして本件では，自己都合退職の場合には退職金額が0円となる可能性が高くなることなど，具体的な不利益の内容や程度についても情報提供や説明がなされるべきであったとされた。このように，判例は，労働者の個別同意がある場合には就業規則の周知や合理性（労契法10条）を問うことなく，労働条件は変更されうる（同法8条・9条本文）が，労働者の情報収集能力の限界を考慮して，労働者に対し十分な情報提供・説明等がなされた上で労働者が自由な意思に基づいて同意をしたと認めるに足りる客観的に合理的な理由が存在していることを，個別同意の有効性の要件とした。とりわけ，当該変更によって労働者に与えられる不利益が大き

い場合には，使用者が不利益の内容や程度についてより具体的に情報提供や説明をすることが求められている。

　また，この事件では，同じ変更内容の労働協約が締結されていたが，その手続上，組合大会や執行委員会によって協約締結権限が付与されていなかったため，当該協約には規範的効力は認められない（執行委員長に組合業務を統括する権限が組合規約上認められているとしてもこれをもって執行委員長に協約締結権限が付与されているとはいえない）と判断された。この点で適正な手続を踏んで労働協約が締結・改定された場合には，それが労働条件を不利益に変更するものであったとしても，原則として労働組合員の労働契約内容を拘束する規範的効力（労組法16条）が肯定され（朝日火災海上保険（石堂・本訴）事件・最一小判平9・3・27労判713号27頁参照），組合員の労働条件は有効に変更されることになるだろう。

　労働者の個別同意や労働協約の規範的効力が有効に及ばない場合には，就業規則の変更により労働条件を変更するという一般的な方法の有効性の問題となる。ここでは，就業規則の「周知（労働者が知ろうと思えば知りうる状態に置くこと）」と「合理性（不利益の程度，変更の必要性，変更後の内容の相当性，労働組合等との交渉の経緯等）」が要件となり（労契法10条），とりわけ労働者の不利益が大きい場合には，変更の高度の必要性，不利益を緩和する代償措置や経過措置，十分な情報提供・説明など労働者の納得を得る手続等の点が変更の「合理性」を判断する上で重要なポイントとなる。

　以上のように，合併の前に有効に労働条件の変更を行うためには，変更の必要性の大きさを含め，労働者に十分な情報提供と説明を行い，その同意や納得を得るための適切なプロセスを踏むことが鍵になるだろう。

Ⅲ　事業譲渡の場合

　この企業買収を事業譲渡の形態で行う場合，譲渡元（B社）と譲渡先（A社）との個別の合意に基づいて権利義務が移転すること（いわゆる「特定承継（個別承継）」）になる（東京日新学園事件・東京高判平17・7・13労判899号19頁，更生会社フットワーク物流ほか事件・大阪地判平18・9・20労判928号58頁等参照）。したがって，事業譲渡前にB社で労働条件を変更した上で譲渡する方法のほか，

事業譲渡時にＡ社が新たな労働条件を提示しそれを受け入れる労働者と労働契約を締結する方法をとることも考えられる。

前者（事業譲渡前のＢ社での労働条件変更）については，上記の合併の場合と同じ問題となる。

後者（事業譲渡時の労働条件変更）については，まず，労働条件変更を受け入れなかった労働者と労働契約を締結しないことの適法性（承継排除の不利益）が問題となりうる。裁判例では，労働組合員を承継対象から排除する合意は不当労働行為にあたり無効としたもの（中労委（青山会）事件・東京高判平14・2・27労判824号17頁）だけでなく，労働条件変更に同意しない労働者を承継対象から排除する合意は公序良俗に反し無効としたもの（勝英自動車学校（大船自動車興業）事件・東京高判平17・5・31労判898号16頁）がある。本来は就業規則の合理的変更等によって集団的な労働条件変更を行うべきであるところ，そのような方法をとらず，事業譲渡を奇貨として集団的な労働条件変更を行おうとすることは，脱法行為（民法90条違反）にあたると考えられたものと解される。したがって，事業譲渡時に労働条件変更を提示し，これに同意しなかった労働者を承継対象から排除することは違法と解釈される可能性が高い。

このように，承継排除が違法とされる（不法行為として損害賠償請求が認められる）としても，排除された労働者と譲渡先（Ａ社）との間に労働契約が成立したといえる（労働契約上の権利を有する地位確認請求が認められる）ためには，労働者と譲渡先との間の労働契約を基礎付ける合意の存在を立証することが必要になる。裁判例では，承継対象から違法に排除された労働者も含むものとして事業譲渡がなされたと推認して，労働契約の承継を解釈上認めたもの（前掲中労委（青山会）事件判決，前掲勝英自動車学校（大船自動車興業）事件判決，タジマヤ（解雇）事件・大阪地判平11・12・8労判777号25頁），新設校（自動車学校）の取締役が団交の席で原則として全員移ってもらう旨発言していたことから合理的意思解釈として新設校との間の労働契約の成立を認めたもの（ショウ・コーポレーション（魚沼中央自動車学校）事件・東京高判平20・12・25労判975号5頁）などがある。このように，承継排除が違法とされる場合には，事業譲渡時の意思解釈により労働契約の承継を認める裁判例も少なくない。

以上の裁判例等の法的状況からすると，事業譲渡時に労働条件の変更を提案

6-1　合併・事業譲渡と労働条件変更　**151**

しこれに同意しない労働者を承継対象から排除するという方法で労働条件の変更を行おうとすることには，慎重になるべきであろう。なお，2016年に策定された事業譲渡等指針（平28・8・17厚労告318号）は，①事業譲渡の際の労働契約の承継に必要な承継予定労働者の承諾（民法625条1項）を得るために，事前の協議を行うことが適当であること，②譲渡会社等は，労働者の理解と協力を得るために，労働者の過半数組合（それがない場合には過半数代表者）と事前に協議するよう努めることが適当であることなど，会社等が留意すべき事項を定めている。

（水町勇一郎）

6-2	会社解散に伴う解雇と 親会社・代表者・取締役の責任

設例　C社は，その子会社であるD社が合同労組Eのオルグによって組織化され，団体交渉を求められたり，人事制度改革にことごとく反対されたりすることに嫌気がさしていた。C社の社長Fは，このことについて，D社の社長GおよびD社の人事労務担当取締役Hと協議し，D社を解散してその事業を廃止すること，D社の従業員全員を解雇すること，D社解散後はGとHをC社の役員とすることを決めた。D社は，株主総会を開催してD社の解散を決定し，D社の従業員全員を解雇した。解雇されたD社の従業員たちは，C社およびF〜Hに対し，法的責任を追及することができるか。

解　説

I　問題の所在——会社解散・解雇をめぐる法的責任の追及

　会社は，株主総会の決議，合併，破産手続開始の決定，解散を命じる裁判等によって解散される（会社法471条）。もっとも，会社は解散により直ちに消滅するわけではなく，合併による解散，および，破産手続開始の決定による解散で破産手続が終了していない場合を除き，清算手続に入り（同法475条1号），清算が結了するまでは清算の目的の範囲内で法人格が存続する（同法476条）。したがって，会社が解散しても，労働契約関係は当然終了するわけではなく，会社の解散に伴う解雇についても，解雇規制（労基法20条等），解雇権濫用法理（労契法16条），不当労働行為の禁止（労組法7条）等の法規制は適用される（会社解散に伴う解雇について解雇権濫用法理を適用した近時の裁判例として，石川タクシー富士宮ほか事件・東京高判平26・6・12労判1127号43頁〔結論として解雇権濫用を否定〕がある）。もっとも，清算が結了してしまうと，解散した会社の法人格は消滅してしまい，それ以上，当該会社に対して法的責任を追及することはできなくなってしまう。

　また，会社解散がいわゆる「偽装解散」で，実質的に同一の事業が別会社に承継されている場合には，労働契約上の地位は同一の事業を営む別会社に承継されるとして，承継会社への責任追及を行うことも考えられる（新関西通信シ

6-2　会社解散に伴う解雇と親会社・代表者・取締役の責任　　153

ステムズ事件・大阪地決平 6・8・5 労判 668 号 48 頁，日進工機事件・奈良地決平 11・1・11 労判 753 号 15 頁等）。しかし，当該事業を真に廃止する「真実解散」であった場合には，事業承継会社は存在せず，承継会社に責任追及を行うこともできない。

　このようななか，違法な会社解散の責任を追及する主たる対象として考えられるのが，解散した会社を背後で支配していた親会社や会社解散を主謀またはこれに協力した取締役等である。2005 年の会社法制定によって会社設立のための最低資本金制度が廃止されたことにより，実体のない会社を含む会社の設立や解散が容易になったことから，法人格を形式的に操作・悪用した責任回避行動が横行しており，これを実際に企画・実行している実質的な主体（法人または自然人）に対し責任追及を行っていこうとする動きが強まっている。

Ⅱ　法人格否認の法理

　設例の親会社である C 社は，解散した子会社である D 社とは別法人であり，D 社の負う法的責任を負担しなければならないわけではない。しかし，実質的に企業を支配している者が法形式を悪用して契約責任を回避しようとする場合などにおいて，支配されていた子会社等の法人格を否認してこれを支配していた親会社等に対して直接契約責任を追及することを認める法理として，法人格否認の法理がある。これは，①法人格が全くの形骸にすぎない場合（法人格形骸型）と，②法人格が濫用された場合（法人格濫用型）の大きく 2 つの場合に，信義則（民法 1 条 2 項）に基づいて認められている法理（実質的な支配者が法人格が異なることを理由に自らへの責任の帰属を否定することが正義・衡平の原理に反する場合に信義則上その主張を許さないとする法理）である。

　このうち，とりわけ後者（②法人格濫用型）については，法人を背後から「支配」している者がその法人格を違法・不当な「目的」で濫用したという事情（「支配」の要件と「目的」の要件）が必要であると解釈されている（大阪空港事業（関西航業）事件・大阪高判平 15・1・30 労判 845 号 5 頁，大阪証券取引所（仲立証券）事件・大阪高判平 15・6・26 労判 858 号 69 頁等）。典型的には，会社の従業員によって結成された労働組合を壊滅させる目的で親会社が子会社を解散させた場合や解雇規制を潜脱する目的で親会社が子会社を解散させた場合に法

人格の濫用が認められている。設例においても，子会社であるD社を支配していたC社が労働組合の排除という違法・不当な目的でD社の法人格を濫用したものと認められよう。裁判例のなかには，真実解散の場合には解散・解雇を有効として労働契約上の地位確認請求を否定し，親会社に対する未払賃金請求権など個別の債権の請求のみを認めるものもある（布施自動車教習所・長尾商事事件・大阪高判昭59・3・30労判438号53頁等）。しかし，実質的支配者が自らへの責任の帰属を否定することが正義・衡平の原理に反する場合に信義則上その主張を許さないとする法人格否認の法理の構造からすれば，法人格を濫用した主体（親会社等）への責任の帰属（労働契約上の地位の承継を含む）を肯定すべきであろう（真実解散の事案で同様の結論をとるものとして，船井電機・徳島船井電機事件・徳島地判昭50・7・23労判232号24頁，中本商事事件・神戸地判昭54・9・21労判328号47頁参照）。

Ⅲ　共同不法行為としての取締役等への責任追及

　さらに近年では，会社解散によって賃金債権等の債務免脱を図ろうとする行為について，これを実質的に主謀またはこれに協力した者（法人または自然人）に対し，共同不法行為として金銭的救済（損害賠償）を求める動きが広がっている。

　例えば，これまでの裁判例では，不当労働行為など違法な目的で子会社を解散させた親会社に対する損害賠償請求（ワイケーサービス（九州定温輸送）事件・福岡地小倉支判平21・6・11労判989号20頁），解散に関係した会社の各代表者に対する損害賠償請求（池本興業事件・高知地判平3・3・29労判613号77頁），取締役の任務懈怠によって会社が事業を廃止し解散するに至った事案での当該取締役に対する損害賠償請求（JT乳業事件・名古屋高金沢支判平17・5・18労判905号52頁）などが認められている。さらに近年では，偽装解散による賃金債務の免脱を共謀した3名と事業承継会社に対する共同不法行為としての損害賠償請求（日本言語研究所ほか事件・東京高判平23・10・26労判1049号71頁），偽装解散の主謀者と事業承継会社に対する共同不法行為として損害賠償請求（ベストマンほか事件・名古屋地一宮支判平26・4・11労判1101号85頁），偽装連鎖解散による未払賃金等の債務免脱の主謀者1名，関与・協力者3名と実質的な

事業承継会社に対する共同不法行為としての損害賠償請求（メルファインほか事件・京都地判平28・4・15労判1143号52頁）を認めるなど，法人格濫用にあたる会社解散のケースでそれを主謀した者だけでなく，それに関与・協力した者（取締役や司法書士等の自然人および事業を承継した法人等）に対し，連帯して損害の賠償を命じる例が増えている。

　これらの裁判例の傾向からすると，労働組合の排除という違法・不当な目的で法人格を濫用し会社（D社）を解散させた親会社のC社とこれを主謀した同社社長のF，および，これと共謀し違法な会社解散に協力したGとHは，これにより損害を被ったD社の従業員に対し，共同不法行為として連帯して損害賠償責任（連帯債務）を負うものと解されることになろう。

（水町勇一郎）

6-3　従業員のＳＮＳ利用と削除命令・懲戒処分

設例　Ｉ社の従業員Ｊは，個人的に開設している Twitter で，「うちの会社，もう終わってる。上司はバカだし，部下もマヌケ。結局，オレが仕事を全部引き受けて夜中まで働いてる。オレがいなきゃ終わり。」とツイートした。その Twitter の自己紹介欄には「Ｉ社勤務。32 歳男性」と記載されており，Ｉ社は，Ｊの開設する Twitter にこのような記載があることを発見した。Ｉ社はＪに対し，この記載を削除するよう命じることができるか。Ｊが削除命令に従わなかった場合，Ｉ社はＪに懲戒処分を科すことができるか。また，この記載によりＩ社に生じた損害について，Ｉ社はＪに損害の賠償を求めることができるか。

解　説

Ⅰ　労働者のＳＮＳ利用と企業の対策の必要性

　労働者がプライベートでＳＮＳを利用することは，労働者のプライバシーや私的生活の自由（憲法 13 条参照）に属する事柄であり，基本的に自由に行われるべきものである。もっとも，その内容次第では，企業秘密の漏洩や企業の名誉・信用の毀損につながることも考えられ，使用者としては，企業秘密の保護，企業秩序の維持等の観点から対策を講じる必要が生じることもある。例えば，設例のような事態が生じることに備えて，使用者は事前に予防対策を打つことができるのか（事前の対策）。また，このような事態が生じた場合にどのように対処することが考えられるか（事後的対処）。

Ⅱ　事前の対策

　使用者が事前の予防対策としてとることが考えられる措置として，従業員のＳＮＳの利用を禁止したり，使用者の許可制・届出制の下に置くことは可能か。

　労働者の私的生活の自由の尊重という観点からすると，労働者がプライベートでＳＮＳを利用することを就業規則等で全面的に禁止することは，労働者の兼業を全面的に禁止することと同様に，公序良俗（民法 90 条）に反し無効と解されることになろう。これに対し，就業規則上，労働者のＳＮＳの利用を使用

6-3　従業員の SNS 利用と削除命令・懲戒処分　157

者による許可制や届出制とすることが考えられる。しかし，使用者の許可や使用者への届出がないと労働者が自由にSNSを利用することができないとすることは，労働者の私的生活への過度の介入・制約となりうるため，企業秘密や企業の名誉・信用を保護すべき強い必要性がある場合（例えば企業の信用や利益に直結する機密性の高い情報を管理している特定の労働者に対してSNS等により外部に情報発信することを使用者の許可・届出制の下に置くこと）にのみ，例外的に許される（就業規則規定として合理性が認められうる）ものと解されよう。

使用者の予防策としては，SNSの利用自体に制限や規制をかけるのではなく，企業秘密の漏洩や企業の名誉・信用の毀損という具体的な非違行為を服務規律として禁止することによって，SNSを利用した場合を含めてこれらの非違行為を禁止することが，一般的な予防策として考えられるだろう。

Ⅲ　事後的対処

労働者のSNS利用等によって，企業の情報が外部に発信され損害が発生した，または損害が発生するおそれがある場合の対処法としては，①当該労働者に対しSNS上の情報の削除命令等を業務命令として発すること，②当該労働者に対し懲戒処分を科すこと，③当該労働者に対し損害賠償を請求することが考えられる。

まず，使用者が発する業務命令（①）は，労働者の勤務時間中の職務遂行に関してのみ発することができるわけではなく，職場外の職務遂行以外の行為についても，企業秩序の維持・定立に必要不可欠な場合には発することができるものと解される（関西電力事件・最一小判昭58・9・8労判415号29頁等参照）。ただし，それが有効に発せられるためには，使用者が業務命令を発しうること（労働者は上司等が発する業務命令に従うべき義務があること）について，就業規則等に根拠規定があり，かつ，その規定に基づいて発せられた命令が，嫌がらせ・報復など不当な動機・目的をもってなされたものでなく，その内容面でも社会通念上相当として是認できるものであるなど，権利濫用にあたらないものでなければならない。とりわけ，業務命令としての情報削除命令の社会的相当性（権利濫用性判断の一部）については，当該労働者（設例ではJ）の行為がどの程度会社（設例ではI社）の名誉・信用を損なうものであったか，その内容

は真実または真実と信用するに足りる相当なものであったか，SNSで情報が拡散することのリスクの大きさ等を踏まえると削除を命じることが相当な方法といえるか，といった点を考慮し，社会的に相当なもの（権利濫用にあたらないもの）か否かを総合的に判定することになろう。

　また，実際に企業秩序の侵害が生じている場合には，労働者に対し懲戒処分を科すこと（②）も考えられる。この場合は，一般の懲戒処分の場合と同様に，懲戒の事由と種別を定めた就業規則規定が存在すること（フジ興産事件・最二小判平15・10・10労判861号5頁），企業秩序維持という懲戒処分の趣旨に照らし労働者の行為により実質的に企業秩序が侵害された（または侵害するおそれのあった）こと（目黒電報電話局事件・最三小判昭和52・12・13民集31巻7号974頁），懲戒処分の動機・目的が不当なものでなく，労働者の非違行為の重大さに対して処分が重すぎないなど，懲戒権の行使が権利濫用にあたらないこと（労契法15条）が，処分の有効要件とされる。設例の事案での懲戒事由としては，SNS上の言動による企業の名誉・信用の毀損，または，有効な削除命令に従わなかった場合には業務命令違反といった事由が考えられる。懲戒処分を有効に行うためには，就業規則上の懲戒規定を確認しつつ，適切な手続を踏んで，労働者の非違行為の軽重（企業秩序が毀損された程度）に応じて重すぎない処分を選択して，慎重にこれを行うべきである。なお，労働者の情報発信の内容が真実であるかまたは真実と信ずべき相当な理由があり（事実の真実性），その目的が公益性を有し（目的の公益性），発信の手段・態様が相当なものである（手段・態様の相当性）という事情がある場合には，当該情報発信（内部告発）は正当なものと認められ，かりに企業の名誉・信用が毀損されたとしても懲戒処分を行うことはできないと解されている（いわゆる「内部告発保護法理」）ことには注意が必要である（大阪いずみ市民生協（内部告発）事件・大阪地堺支判平15・6・18労判855号22頁等）。

　さらに，使用者が会社に損害を与えた労働者に対して損害賠償請求を行うこと（③）も考えられる。ここでは，一方で，労働者の情報発信の内容が会社の名誉・信用を毀損させるものであったかが問題となるが，他方で，労働者の行為が社会通念上許容される範囲を超えたものとして違法と評価されるものか否かが問題となりうる。この点について，関連する裁判例として，労働組合がそ

の組合員を雇用している会社（保険会社）について，組合のホームページ上で「従業員をポイ捨て」，「約束を守らない保険会社」，「従業員が安心して働けないような保険会社に，『大きな安心をお届けしたい』などという資格があるのでしょうか？」等と記載したことにつき，その内容は，会社の「対外的な社会的評価の低下を生じさせ，〔その〕名誉，信用を毀損する内容というべき」であるが，その事実の真実性（または真実と信ずるに足りる相当な理由），表現自体の相当性，表現活動の目的・態様・影響等に照らすと，「正当な組合活動として社会通念上許容される範囲内のものであり，損害賠償を命じなければならない程の違法性はなかった」と判示し，会社からの損害賠償請求を棄却したものがある（銀行産業労働組合（エイアイジー・スター生命）事件・東京地判平17・3・28労判894号54頁）。この事件は，労働組合による情報宣伝活動が組合活動として正当か（民事免責を受けられるか）が問題となった事例であるが，労働者個人の非違行為についても社会的に相当な行為として違法性のない行為といえるかが問題となりうる。設例の事例でいえば，I社が被った具体的な損害の有無・程度とともに，Jの表現内容の真実性，表現の目的・態様の相当性等を考慮して，不法行為として損害賠償請求が認められるかが判断されることになろう。例えば，Jの表現ぶりには穏当さ（相当性）を欠く点があるが，これによってI社の社会的信用が現実に低下しI社に具体的な損害が発生しているのか，Jの表現内容は真実に基づく（または真実と信ずるに足りる相当な理由がある）のかといった点が，判断の鍵となるだろう。

（水町勇一郎）

6-4　GPSによる労働者の監視・管理の適法性

設例　甲社では，従業員に会社所有の携帯電話を業務用として携行させていた。甲社は，携帯電話のGPS機能の精度が高まるなか，従業員の居場所管理を行うことにより業務の効率性向上を図ることとし，従業員に対し，業務用携帯電話のGPS機能により居場所管理を始めることを通知し，業務用携帯電話の電源を切らないようにすることを命じた。この命令は有効か。また，居場所管理によってプライバシーが侵害されることを危惧している従業員乙は，これに対し何らかの法的手段をとることができるか。GPS機能付きの携帯電話が配布されたのが労働組合員である場合，特に注意することはないか。

解　説

Ⅰ　GPSによる居場所管理と労働者のプライバシー

　情報機器の飛躍的な発展は，一方で業務の効率化を可能としているが，同時に，労働者のプライバシーを侵害する事態も生んでいる。その一例が，設例にあるGPSによる労働者の監視・管理である。GPSによる居場所管理により，特に事業場外で働く労働者について業務の効率性を向上させることが可能となるとともに，労働時間管理などより客観的な人事労務管理を行うこともできるようになるが，労働者の過度の監視・管理はそのプライバシーや私的生活の自由を侵害することにもつながりかねない。ここでは，使用者は労働者に対しGPSによる監視・管理に従うことを命じる業務命令を発することができるのか，これに対し労働者は何らかの対応をとることができるのか，労働者が労働組合員である場合に法的に注意すべき点はないかについて検討する。

Ⅱ　GPSによる監視・管理に従うことを命じる業務命令の可否

　労働者は，労働契約上，使用者の指揮命令を受けながら労務を提供する義務を負っている。使用者が労働者に対してもつ指揮命令権は，より広く業務命令権と呼ばれることもあり，本来的な業務のほかに，出張，研修や健康診断，自宅待機などにも及びうるものである。この指揮命令権・業務命令権の根拠は，

6-4　GPSによる労働者の監視・管理の適法性　161

労働協約や就業規則の合理的規定を含む労働契約に求められる（電電公社帯広局事件・最一小判昭61・3・13労判470号6頁〔就業規則の合理的規定を根拠に使用者の精密検査受診命令権を肯定〕参照）。したがって，GPSによる居場所管理に従うことを業務命令として命じるためには，まず，業務命令の根拠となる規定（例えば，労働者は上司等が発する業務上の指示，命令に従わなければならない旨の規定）が就業規則等に定められており，その規定に基づいて命令が発せられる必要がある。さらに，契約上の根拠に基づく業務命令権の行使であっても，不当な動機・目的をもってなされたものであり，また，労働者に通常甘受すべき程度を超える著しい不利益を与えるものであるなど，権利濫用にあたるものであってはならない。したがって，GPSによる監視・管理は，業務の効率化や適正な労働時間管理など業務上の必要性に基づいて行われるべきものであり，労働者のプライバシー・私生活を監視するという不当な目的でなされるものであってはならず，また，勤務時間外についても労働者の位置情報を取得するなど労働者に著しい不利益（プライバシー侵害）を与えるものであってはならない（したがって，勤務時間外はGPS機能を解除可能とするなど労働者のプライバシーへの配慮をすることが求められる）。

　なお，労働者の居場所（位置情報）は，特定の個人を識別できる情報として個人情報保護法上の「個人情報」等に該当する可能性があり，個人情報データベース等を事業の用に供している「個人情報取扱事業者」にあたる使用者は，個人情報保護法に定められた「個人情報」の利用目的の特定，利用目的による制限，適正な取得，利用目的の通知等（同法15条以下），「個人データ」の適切な管理・監督，第三者提供の制限等（同法19条以下），「保有個人データ」の開示・訂正・利用停止等（同法27条以下）の義務を遵守した上で，GPS等による居場所（位置情報）管理を行わなければならない（竹地潔「スマート化する職場と労働者のプライバシー」労研663号〔2015年〕47頁以下参照）。

Ⅲ　労働者側の対応

　使用者が，業務用携帯電話のGPS機能で居場所管理を行う旨の業務命令をしてきた場合，労働者はこれに従うしかないのか。勤務時間の内外を問わずGPS機能を解除しないよう命じられた場合はどうか。

前述のように，業務命令は当然有効なものとして労働者を拘束するわけではなく，就業規則規定など契約上の根拠がない場合や，不当な動機・目的または労働者に著しい不利益を与えるなど権利濫用にあたる事情がある場合には，業務命令は法的に無効となり，労働者はそれに従う義務を負わない。このような場合，法的には，GPS による居場所管理に従うべき義務の不存在を確認する訴訟を使用者を相手方として提起することが考えられ，また，業務命令違反としてなされる懲戒処分の無効確認訴訟を提起することも可能である。労働者にとって現実的な対応としては，このような法的取扱いがなされうることを念頭に置きながら，労働組合等と相談したり，使用者と話合いによる解決を模索することが考えられよう。

　また，使用者の過度な私生活への介入に対しては，不法行為等として損害賠償を請求することも考えられる。裁判例としては，外回りの従業員に貸与する業務用携帯電話を接続したナビシステムを利用して，労務提供がない時間帯・期間に従業員の居場所確認をしたことを不法行為として慰謝料 10 万円の支払を使用者に命じたもの（東起業事件・東京地判平 24・5・31 労判 1056 号 19 頁），使用者が無断で個人情報（従業員の携帯電話番号等）を第三者に伝えた行為を不法行為として慰謝料 30 万円の支払を使用者に命じたもの（新日本交通ほか事件・大阪地判平 21・10・16 労判 1001 号 66 頁〔クレーム電話による嫌がらせを繰り返し受けた精神的苦痛に対する慰謝料〕）などがある。このように，使用者が業務上必要な範囲を超えて勤務時間外の労働者の私的領域についても恒常的に監視・管理の対象とすることは，プライバシー侵害として不法行為損害賠償請求の対象となると解釈されている。したがって，このような観点からも，使用者は労働者の勤務時間外については，GPS による監視・管理を解除することを労働者に認めるべきであろう。

Ⅳ　労働組合員である場合の注意点

　労働組合員である労働者を GPS による監視・管理の対象とする場合には，上記のような点に加えて，組合員に対する監視が組合活動に対する支配介入（労組法 7 条 3 号）として不当労働行為にあたらないかが問題となりうる。

　例えば，会社が事務室に監視カメラや音声モニター装置を設置したことにつ

いて，組合活動を監視されているという不安感を与え組合活動を萎縮させるものであり，支配介入にあたるとした裁判例がある（奥道後温泉観光バス（配車差別等）事件・松山地判平 21・3・25 労判 983 号 5 頁）。同様に，組合員である労働者の GPS による監視・管理についても，組合活動を監視する目的で使用したり，また，その経緯から組合活動を監視されているという不安感を組合員に与え組合活動を萎縮する効果をもつ場合には，労働組合の結成・運営に対する支配・介入にあたるとして不当労働行為が成立しうる。労使関係が紛糾しているなかで労働組合員を対象に GPS による監視を始めるような場合には，特に注意が必要である。

（水町勇一郎）

6-5 兼業・副業と懲戒処分・割増賃金等

設例　A社は，社員の兼業・副業を解禁することにした。内向きになりがちだった社員の意識を外にも向け，新たな発想や視点を身に付けてもらうことによって，社員ひとりひとりの生産性を上げ，社業の発展を促す起爆剤にしようと考えたのである。ただし，社員の兼業・副業によって本業への支障が出ることも考えられるため，就業規則に次のような規定を設けた。

A社就業規則 第16条【兼業・副業】

1　社員は，勤務時間外において，他の会社の業務に従事することができる。

2　社員は，前項の業務に従事するにあたり，会社に事前に兼業届（兼業先での勤務時間等を記載したもの）を提出しなければならない。

3　第1項の業務が，会社における業務遂行に支障を生じさせる場合，または，職務上知りえた秘密を他に漏らすなど会社に対する背信行為にあたると認められる場合には，会社はこれを禁止または制限することができる。

A社に勤めるBは，兼業・副業が解禁されたのを受けて，学生のころアルバイトをしていた近所のバーで，バーテンダーの仕事をすることとした。A社でのBの所定労働日・労働時間は，月曜日から金曜日，9時から18時（12時から13時まで休憩）だった。Bは，バーを経営するC社と相談して，そこでの勤務時間を週3日（火曜日・木曜日・土曜日），19時から25時とすることとし，そのことを記載した兼業届をA社に提出した。Bは実際に，バーテンダーの仕事をはじめた。

A社では，繁忙期には，就業規則の時間外労働規定と36協定に基づいて，社員に残業をさせていた。しかしBは，火曜日と木曜日は，「19時から他に仕事がありますし，会社にちゃんと届けを出してますから」と言って，残業の指示を断るようになった。A社では，Bが残業を断ることで同僚の不満がたまり，業務が滞るようになったことから，Bに，業務に支障を生じさせている兼業を辞めるように命じた。しかし，Bはそれに従わなかった。

A社は，Bに懲戒処分または解雇をすることができるか。Bから時間外労働の割増賃金の支払を求められた場合，A社は支払わなければならないか。

解　説

I　問題の所在——従業員の兼業・副業と法的問題

　従来，日本の企業では，従業員の兼業・副業を禁止または許可制とするなど，実務上大きな制限をかけてきた。これに対し，近時，兼業・副業を推進して創業・新事業創出等を促そうとする政府の働きかけ（例えば「働き方改革実行計画」〔2017 年 3 月〕17 頁参照）に呼応して，従業員の兼業・副業を認めようとする動きも広がっている。そのなかで，企業の現場では設例のような事態が生じることも予想され，これらの問題への法的対応を考えておく必要がある。

II　兼業・副業の制限と懲戒処分等の可否

　従業員の兼業・副業を認めていない会社も少なくないが，法的には，会社が従業員の兼業・副業を制限することが無条件に許されるわけではない。労働者が勤務時間外に職場外でどのようなことをするかについては，労働者の私生活の尊重の要請（憲法 13 条参照）がはたらき，労働者の職業選択の自由（同法 22 条 1 項参照）も及びうるからである。

　裁判例では，①従業員の兼業・副業を禁止する就業規則規定は合理性（労契法 7 条）を欠くが，これを許可制とする規定には合理性が認められると解釈され（小川建設事件・東京地決昭 57・11・19 労判 397 号 30 頁，マンナ運輸事件・京都地判平 24・7・13 労判 1058 号 21 頁等），また，②兼業許可制が就業規則上合理的に定められている（「無許可兼業」等を懲戒事由として定めている）場合であっても，ⓐ深夜に及ぶ長時間の兼業等で労務提供に具体的に支障が生じる場合（前掲小川建設事件決定，前掲マンナ運輸事件判決等），および，ⓑ競業会社に就職しまたは競業事業を自ら経営して所属企業の利益を不当に侵害するなど背信行為があると認められる場合（橋元運輸事件・名古屋地判昭 47・4・28 判時 680 号 88 頁，ナショナルシューズ事件・東京地判平 2・3・23 労判 559 号 15 頁等）に限定して，懲戒事由にあたる（ⓐ，ⓑ以外の場合には許可なく兼業しても懲戒事由にはあたらない）と解釈されている。無許可兼業を理由とした懲戒解雇について，兼業により会社の業務に具体的に支障を来していないとして，同処分を権利濫

用とした裁判例（十和田運輸事件・東京地判平13・6・5労経速1779号3頁）等もある。

設例では，A社は，従業員の兼業・副業を原則として認めた上で，それを届出制とし，会社業務に支障を生じさせたり会社への背信行為にあたる場合には，会社は兼業・副業を禁止・制限することができるとしている。このような規定の仕方は，労働者の権利・自由と会社の営業利益とを調整する形で展開された上述の裁判例の立場に沿ったものといえる。問題は，兼業・副業のため会社からの残業命令を拒否し，会社の業務に支障を生じさせ，会社の兼業禁止命令も拒否したBに対し，会社は懲戒処分または解雇をすることができるかである。

この懲戒処分または解雇を法的に有効に行うためには，まず，会社の残業命令および兼業禁止命令が適法であることが必要である。残業命令を適法に発するためには，有効な36協定が締結され，その枠内でかつ就業規則等の根拠規定に基づいて，残業命令が発せられる必要がある（日立製作所武蔵工場事件・最一小判平3・11・28民集45巻8号1270頁参照）。この（適法な）残業命令に違反し，会社の業務に支障を生じさせた場合には，本件就業規則16条3項に基づき，会社は兼業禁止命令を発することが考えられる。もっとも，この就業規則規定は，労働者の職業選択の自由（労働の自由）等と会社の営業利益との調整を図る趣旨のものと解されるため，会社が有効に兼業禁止命令を発するためには，労働者の労働の自由を制限することもやむを得ないと認められる程度に大きな業務上の支障（営業利益の損失）が実質的に発生していることが必要であると解される（就業規則規定の限定解釈または当該命令の権利濫用性の判断）。したがって，設例でA社に生じている業務上の支障が実質的にみて大きなものでなければ，有効に兼業禁止命令を発することはできない（会社は労働者の職業選択〔労働〕の自由を考慮して一定程度の支障は許容しなければならない）と考えられる。

さらに，兼業禁止命令が有効に発せられたとしても，同命令違反に対して懲戒処分や解雇を有効に行うためには，それぞれに相当する重大な業務上の支障の存在とBの悪質な態様等が必要になる。懲戒処分を有効に発するためには，その根拠となる就業規則規定の存在，適正な手続の履践，および，事態の深刻さ・悪質さ等に応じた処分の相当性等が求められ（労契法15条参照），Bを有

効に解雇するためには，これらに加えて，Ｂに繰り返し説明・注意をし反省を促しても改善の余地がないといった事情が必要（同法16条参照）と解される。

就業規則に兼業・副業に関する規定を整備し，その上で行われた従業員の兼業・副業で会社に支障が生じたとしても，直ちに従業員を懲戒処分や解雇することができるわけではないことには注意が必要である。

Ⅲ　兼業・副業と労働時間・割増賃金をめぐる問題

従業員の兼業・副業をめぐるもう1つの重要な問題は，労働時間の算定と割増賃金の支払である。

労基法は，事業場を異にする場合でも労働時間を通算して計算すると規定している（38条1項）。この通算制について，学説上は，同一使用者の場合のみに適用される（使用者が異なる場合には適用されない）との見解（菅野464頁など）もあるが，解釈例規は，同一の使用者の下で事業場を異にする場合だけでなく，別の使用者で事業場を異にする場合も含まれると解釈している（昭23・5・14基発769号，昭61・6・6基発333号）。この行政解釈によると，兼業労働者の場合，複数の会社での労働時間を通算して労基法上の労働時間制が適用されることになるため，会社としては，兼業先での労働時間を労働者に報告させてその実態を把握し，違法な時間外労働を行わせることにならないよう注意する必要がある。設例の届出制（本件就業規則16条2項）は，このような法的対応のために必要な制度である。

兼業において実務上注目されるのは，通算した労働時間のうちどの部分が法定時間外労働となり，割増賃金を発生させる（使用者としては割増賃金支払義務を負う）かである。この点については，当事者意思との整合性および実務上の便宜から，もともとの所定労働時間に付け加えられた時間で法定労働時間を超える部分が時間外労働となるとする「所定労働時間基準説」が有力に主張されている（菅野483頁以下等）。この見解によれば，Ａ社での所定労働時間内の勤務（1日8時間・週5日）は時間外労働とはならず，Ａ社での所定労働時間外の勤務（1日8時間・週40時間を超える部分）とＣ社での勤務（すべて）が法定時間外労働となることになる。これに対し，労基法の強行法規性（当事者の意思や取決めによらず客観的に解釈されるべき）からすれば，実労働時間によって客

観的に決定される（初めからカウントして1日8時間・週40時間を超える部分が時間外労働となる）とする「実労働時間基準説」が，理論的に適切な解釈であるとも考えられる（労働時間の客観的解釈については，三菱重工業長崎造船所事件・最一小判平12・3・9民集54巻3号801頁参照）。この解釈によれば，Bの1日（0時から24時までの暦日）のうち，C社での0時から1時（24時から25時）の勤務からカウントがはじまり，A社での17時以降の勤務およびそれ以降（24時まで）のC社での勤務（暦日カウントで1日8時間を超える部分）が，月曜日から金曜日までの法定時間外労働として割増賃金支払義務を発生させることになる。この見解によると，設例の事案ではA社での所定労働時間内の勤務でも割増賃金が発生することになる。

兼業の際の法定時間外労働・割増賃金発生の範囲の画定について，労働基準監督署や裁判所がいずれの見解に立つかは，必ずしもはっきりとしていない。会社としては，いずれの見解であったとしても対応できるように，兼業先を含めた労働時間の適切な把握と割増賃金の支払の準備をすることが必要となるだろう。

このような法的に不安定な状態を解消するために，法制面での問題の整理を行うことが緊要である。

（水町勇一郎）

| 6-6 | ハラスメントと人格権 |

設例 わが社は，最近業績がふるわず，社員の数もなかなか増やせない。また，新人募集をかけても，これといった応募者もいない状況になってしまった。人員が足りないので，忙しすぎて殺気だった言葉が飛び交い，精神疾患を病む社員も出てきてしまった。このままでは，ハラスメントを訴える社員が出かねない状況だ。一度職場環境がギスギスし出すと，元に戻す方策がなかなか思いつかない。どのようにすればよいだろうか。

| 解　　説 |

I　ハラスメントと人格権侵害

　ハラスメントは，一般的に「他人を悩ませたりいらだたせたりして妨害するあらゆる形態の行為で，それ自体では深刻かつ継続的な身体の傷害や脅迫には当たらないような手段でなされるもの」と定義できる。日本において，はじめてハラスメントが意識され，法的に位置付けられたのは，セクハラからであった。しかし，セクハラが意識される以前から職場秩序紊乱行為として様々な問題点が指摘され，特に観光バス業界において若年バスガイドと運転手の関係については問題が頻発し，事業主としても様々な対策を工夫してきたようである。

　初期の裁判例である石見交通事件（松江地益田支判昭44・11・18労民20巻6号1527頁）では，次のような判断がなされている。高卒のバスガイドを運転手が姦淫して妊娠させたが，事業主はバスガイドのみに退職を強要したとして，損害賠償が請求されたというものである。判決は，18歳の入社2ヵ月のバスガイドを運転手が「暴力を用いて強いて姦淫し」と強姦を認定した上で，退職強要のプロセスにおいて，「被告会社が同原告に示した態度は，企業内の秩序維持のため当事者たる同原告の意思を全面的に無視し，その結果甚だしくその人格を傷つけていることは明らかであり，この面からも社会的に強く非難されなければならず，その違法性はきわめて高い」として，明白に人格権侵害を認めており，今でいうパワハラにつながる判断をしている。

　一方では，車掌（A）を妊娠させ退職させるに至った加害運転手（X）を解雇

170　第6章　労働関係の変動，企業における人格的利益，ハラスメント

したことが争われた長野電鉄（本訴）事件（長野地判昭45・3・24判時600号111頁）では，判旨は，「XとAとの情交は，Aの自由な合意によるのではなく，年輩の運転士から新参の車掌という弱い立場につけこまれた強いられた関係というべきであり，またAの妊娠はXとの情交関係によって生じたものと認めるのが相当である」，「XはAのほか，被告会社の車掌3名を含む数人の女性とも情交関係があるとの風評が同営業区にひろまっており，本件が問題になる前にその助役などもこれを聞知していたことが認められる」として，解雇の有効性を認めている。

はじめて実質的にセクハラを認めた裁判例として著名な福岡（キュー企画）事件（福岡地判平4・4・16労判607号6頁）は，プロダクション男性編集長による女性編集者への執拗な社内外における性的噂のまき散らし（社外男性との交友関係を性的なものとして決めつける，社内上司に讒言する，本人に直接非難する等）および退職強要に及んだことを不法行為と認めたものである。この事件は，実質的にセクハラを認めた最初の裁判例としてマスコミ等で大々的に取り上げられたが，判旨自体は「被告会社の社内の関係者に原告の私生活ことに異性関係に言及してそれが乱脈であるかのようにその性向を非難する発言をして働く女性としての評価を低下させた行為」，「原告の異性関係者の個人名を具体的に挙げて（特に，それらの者はすべて被告会社の関係者であった。），被告会社の内外の関係者に噂するなどし，原告に対する評価を低下させた行為……であって，直接原告に対してその私生活の在り方をやゆする行為……と併せて，いずれも異性関係等の原告の個人的性生活をめぐるもので，働く女性としての原告の評価を低下させる行為であり，……これらが，原告の意思に反し，その名誉感情その他の人格権を害するものであることは言うまでもない。」として，人格権の侵害を明らかに認めている（原告の手記として，晴野まゆみ『さらば，原告A子』（2001年・海鳥社）参照）。

特に，人格権侵害を正面から認めた航空自衛隊自衛官（セクハラ）事件（東京高判平29・4・12労判1162号9頁）は，注目に値する。自衛隊に非常勤隊員として採用されたX（女性）に対し，本来は人事に影響力がないにもかかわらず，人事権を有するかのように装った上で，上司（Y）が肉体関係を強要し続けたという事案である。判旨は，「Xは，Yの性的奴隷のように扱われていると感

6-6　ハラスメントと人格権　171

じていたが，セクハラホットラインへの通報その他の職場の内外の援助窓口の存在を知らないなど被害回避の手段についての知識がなかったため，Ｙの指示に奴隷のように従い，Ｙの機嫌を損ねないように振る舞っていた。このようなことが続くにつれて，Ｙの傍若無人な言動とこれに従わなければならないストレスが原因で，Ｘは徐々に精神的な衰弱，気力の低下がみられるようになり，睡眠薬や精神安定剤の力を借りることも増えていった」と事実認定しており，PTSD 発症の原因を招来したとして，800 万円の慰謝料を認めている。

Ⅱ　ハラスメントへの法的対応

このように，様々に表現されるハラスメントの本質は，セクハラ・パワハラ・マタハラ等の名称を問わず，人格権侵害と認識されてきた。さらに職場において異常な長時間労働を強いるなどは，労働者の人格権を侵害し，そのストレスによって精神疾患を発症させ自死に追い込む，職場にいたたまれなくして退職に追い込む，過労死を招来して職場環境を極端に悪化させるなど，良好な労働環境を破壊する行為と定義付けることができる。

2019 年 6 月 25 日，ILO 総会において暴力・ハラスメント防止条約（190 号，正式名称は，"CONVENTION CONCERNING THE ELIMINATION OF VIOLENCE AND HARASSMENT IN THE WORLD OF WORK"）が採択され，世界的に吃緊の課題として意識されるようになっている。日本政府の批准方針はまだ明らかではないが，早急な方針の確定が要請されている。

すでに日本においても，紆余曲折を経ながらも，ハラスメントに関して立法作業が行われてきた。簡単に整理しておくと，セクハラ，マタハラ，パワハラについて，それぞれ事業主の雇用管理措置の義務づけとして，制定されてきた経緯がある。しかし，ハラスメントの種類によって事業主の責任程度等が異なるにもかかわらず，同様の規定を流用している点については，些か問題点を孕んでいる。

まず，セクハラについて，均等法 11 条に「職場における性的な言動に起因する問題に関する雇用管理上の措置」が規定され，それに基づく「事業主が職場における性的な言動に起因する問題に関して雇用管理上講ずべき措置についての指針」（「セクハラ防止措置指針」平 18・10・11 厚労告 615 号，最終改正平

28・8・2厚労告314号）、が策定されて，企業におけるセクハラ防止について法的な措置がとられることとなった。この指針においては，セクハラを基本的には対価型と環境型に分類する手法をとっていたが，その後の裁判例の集積などを受けて，妊娠・出産・育児休業等に関連するハラスメントとの複合的な性格も勘案して，一元的な相談窓口を設置するよう事業主に求めている。さらに，マタハラに関する最高裁判決（広島中央保健生活協同組合事件・最一小判平26・10・23民集68巻8号1270頁）を受けて均等法11条の2（現11条の3）を新設するとともに，いわゆるマタハラ指針（平28・8・2厚労告312号）と守備範囲を拡げてきている。さらに，パワハラについても，事業主に対する防止措置義務が，労働施策総合推進法に「第8章　職場における優越的な関係を背景とした言動に起因する問題に関しての事業主の講ずべき措置等」（30条の2から30条の8）が規定されるに至った。しかし具体的な内容は指針に委ねられており，実効性の有無の判断については今少し時間を要するであろう。なお，この法改正に伴って，それぞれのハラスメントに対する国，事業主，労働者の責務（セクハラにつき均等法11条の2，マタハラにつき同11条の4，パワハラにつき労働施策総合推進法30条の3）を規定している。

　一方で，労働者の安全確保と健康保持を目的とする労安衛法では，すでに古くから快適な職場環境の確保が規定されていたところである。労安衛法71条の3に基づく「事業者が講ずべき快適な職場環境の形成のための措置に関する指針」（平4・7・1労告59号），において，労働により生ずる心身の疲労を回復することが書き込まれており（ここでは，まだ臥床設備や休憩室などの物理的設備の言及に止まっている），「事業場における労働者の健康保持増進のための指針」（昭63・9・1公示1号，最終改正平27・11・30公示5号）でメンタルヘルスケアのためのストレスチェック等が取り入れられた。その後，2014年になって労安衛法に「心理的な負担の程度を把握するための検査等」（66条の10，労安衛則52条の9以下）が長時間労働者に対する面接指導等とともに追加され，2015年には「労働者の心の健康の保持増進のための指針」（平18・3・31公示3号，最終改正平27・11・30公示6号）において，本格的なストレスチェックの検査方法等が規定されるに至っている。

（大橋　將）

6-7	**セクシュアル・ハラスメント**

設例 わが社は女性に活躍の場を与えるために，人員構成を大体男女均等にしている。しかし，時には，社内恋愛がもつれてトラブルが発生することがある。一方，上司が権力を利用して部下の女性に関係を迫るという訴えも皆無ではない。セクハラとしてどのような態様が問題視されるのか。わが社として，セクハラ防止のために，どのような方法をとればいいだろうか。

解　説

I　セクハラの内容と法的規制の流れ

　職場における人格権侵害としてのハラスメントは，複合的なものであるが，ことセクハラに関しては，社内恋愛との境界線こそ難しいところがあっても，少なくとも業務遂行上の行為と混同されることはない。古くは，『女工哀史』（岩波文庫版 332 頁）にもセクハラの記述が見られるように，問題は昔から認識されてきた。男尊女卑の風土が企業社会においてもなかなか払拭しきれない日本では，女性を対等な業務上のパートナーとして見ず，人格権を無視する職場風土が今でも残っていると言わざるを得ない。

　労働事件としての裁判例についてみても，女性労働者に対する性的関係を強要する事例は頻発している。裁判所は，被害者側からの訴えには「人格権の侵害」という概念を加害者責任のキーワードとして使用し，加害者の懲戒（解雇）無効の訴えに対しては「風紀紊乱」というキーワードが使用されてきた。しかし，1990 年代になって，日本にもアメリカで提唱された「セクシュアル・ハラスメント」という概念が導入されてからは，セクハラと言えば誰でも理解できる用語として定着してきた。

　セクハラの実際の行為類型は，犯罪型も数多い（強制性交・強制わいせつ等の刑法犯に相当する行為や公然わいせつ・のぞき・つきまとい等の軽犯罪法違反等）。そして，2017 年の刑法改正によって，従来の強姦罪が強制性交罪と名称変更され親告罪でなくなった等，性犯罪が厳罰化された影響が徐々に効果を上げてくると思われる。

174　第 6 章　労働関係の変動，企業における人格的利益，ハラスメント

Ⅱ 初期の裁判例

初期の裁判例は，観光バス業界の運転手とバスガイドの事件が多かった。被害者であるバスガイドのみが解雇された石見交通事件（松江地益田支判昭44・11・18労民20巻6号1527頁）を除けば，ほとんどが，解雇（処分）された運転手からの訴訟であり，基本的には，風紀紊乱という概念を使って加害者の責任を認めているものが多い。

また，事柄の性質上密室での行為が問題となることが多く，裁判官も事実認定にかなり苦慮している様子がうかがえる。ニューフジヤホテル事件（静岡地沼津支判平2・12・20労判580号17頁）は，原告が嫌がるにもかかわらず身体的接触およびキスを強要したセクハラであるとの原告の主張に対して，判決は「生理的不快感，被告の要求に返答のしようがなく黙っていたのにこれを承諾したものととられたくやしさ及び人格を無視された屈辱感を覚えさせられたこと，原告は，これにより精神的衝撃を受け，当日から食欲不振，不眠，口の中の不快感などの身体的変調をきたし，口の中の不快感は現在まで続いていること，本件以後も毎日生理的嫌悪を感じる被告を上司とする職場で働かなくてはならず，他の従業員にも事件を知られ，中には興味本位な言動をとる者もあり，原告にとって辛い職場環境となってしまったこと」，「原告は当時の勤務先を退職せざるをえなくなったこと，被告には自己の非を認めて謝罪する態度がまったく見られず，これについても原告は憤りを覚えていること」等を認定して損害賠償を認めている。

判旨の中で「セクシャルハラスメント」の用語を明確に使用した金沢セクハラ事件（金沢地輪島支判平6・5・26労判650号8頁）は，会社社長が自宅の家事をさせるために従業員名目で雇用した女性に対し，自宅内でセクハラを行ったというかなり悪質な事例であり，「原告の仕事が家政婦的仕事であり，被告の自宅で被告と一対一の仕事であることを考えると，被告の右行為は，その労働環境を悪化させるものでもあり，セクシャルハラスメントとして違法というべきである」と明確に判示し，原告の解雇は「原告の対応を一因として，原告に不利益を課しており，前記性的行為と一体として，セクシャルハラスメントと認めることができ，違法というべきである。」として，行為者とともに企業責

任も肯定した。

　レイプトラウマシンドロームをはじめて認めたのが，横浜セクハラ（テクネット）事件（東京高判平 9・11・20 労判 728 号 12 頁）である。判旨は，「米国における強姦被害者の対処行動に関する研究によれば，強姦の脅迫を受け，又は強姦される時点において，逃げたり，声を上げることによって強姦を防ごうとする直接的な行動（身体的抵抗）をとる者は被害者のうちの一部であり，身体的又は心理的麻痺状態に陥る者，どうすれば安全に逃げられるか又は加害者をどうやって落ち着かせようかという選択可能な対応方法について考えを巡らす（認識的判断）にとどまる者，その状況から逃れるために加害者と会話を続けようとしたり，加害者の気持ちを変えるための説得をしよう（言語的戦略）とする者があると言われ，逃げたり声を上げたりすることが一般的な対応であるとは限らないと言われていること，したがって，強姦のような重大な性的自由の侵害の被害者であっても，すべての者が逃げ出そうとしたり悲鳴を上げるという態様の身体的抵抗をするとは限らないこと，強制わいせつ行為の被害者についても程度の差はあれ同様に考えることができること，特に，職場における性的自由の侵害行為の場合には，職場での上下関係（上司と部下の関係）による抑圧や，同僚との友好的関係を保つための抑圧が働き，これが，被害者が必ずしも身体的抵抗という手段を採らない要因として働くことが認められる。したがって，……事務所外へ逃げたり，悲鳴を上げて助けを求めなかったからといって，直ちに本件控訴人供述の内容が不自然であると断定することはできない」と判断した。以後，女性が行為時に抵抗しなかったからという理由で，セクハラが否定された例は少なくなっている。その他，この法理を認めたものとして，バドミントン協会会長が傘下の選手を食事に誘った後ホテルで強姦し，妻と離婚する等甘言を弄して関係継続を強要したが，約 1 年後に選手がだまされていたことが判明し関係を断った，熊本バドミントン協会事件（熊本地判平 9・6・25 判時 1638 号 135 頁）は，前掲横浜セクハラ事件東京高判と同一の認識に立っており，レイプトラウマシンドロームが日本の裁判例において定着した（厚労省「心理的負荷による精神障害の認定基準について」〔平 23・12・26 基発 1226 第 1 号〕においても，①セクハラ被害者がやむを得ず迎合的な行動をとることがあること，②被害を受けてからすぐに相談行動をとらないこと，③医療機関でも初診時

176　第 6 章　労働関係の変動，企業における人格的利益，ハラスメント

にセクハラを申し立てていないこと，等を挙げて，被害者の態度によって心理的負荷が弱いと単純に判断すべきでないことを留意事項として記載している）。

このように，密室で当事者の主張のみが争点となる事件においても，客観的状況などから裁判所はセクハラの認定を行うケースが多くなっており，強制性交・強制わいせつ等の刑法犯に相当する行為や軽犯罪法違反にかかる行為に対する民事的損害賠償については，事実が確認できる限りセクハラとして損害賠償が認められている。

Ⅲ　使用者責任

使用者責任については，福岡（キュー企画）事件（福岡地判平4・4・16労判607号6頁）で，「職場環境を調整するよう配慮する義務を怠り，また，憲法や関係法令上雇用関係において男女を平等に取り扱うべきであるにもかかわらず，主として女性である原告の譲歩，犠牲において職場関係を調整しようとした点において不法行為性が認められる」として使用者責任を認めている。この事例は，いわゆる対価型セクハラではなく，環境型セクハラとパワハラの両面を明確に認めた点で画期的なものであった。その後のいくつかの裁判例も受けて，法制度的には，**6-6**で述べたように，均等法の中に，セクハラに関する事業主の措置義務が規定された（11条）。さらに，2019年には，被害者等の不利益取扱いを禁止する条項も追加されている（11条の2）。

厚労省のセクハラ防止指針（平18・10・11厚労告615号，最終改正28・8・2厚労告314号）では，措置義務の内容について，概略次の措置を要求している。⑴事業主の方針等の明確化およびその周知・啓発，懲戒規定等整備として，①就業規則等に明記すること，②社内報等によりセクハラの態様を周知すること，③研修，講習等を実施すること，を求め，⑵相談体制の整備として，相談窓口の設置や対処方法の明確化，マタハラ対策と一体化した相談窓口の設置，⑶事後の適切な対応として，①事実関係の迅速・正確な把握，②事実関係確認の後速やかに被害者に対する配慮措置の実行，③行為者に対する適正な措置（懲戒その他行為者の配置転換など），④セクハラ再発防止措置，⑷相談者・行為者等のプライバシー保護，相談者等に対する不利益措置の禁止，等である（なお，いわゆるマタハラについても最高裁判決を受けて均等法11条の2（現11条の3）の

新設および厚労省告示が発出されているが，詳しくは **4-3** を参照）。

Ⅳ　加害者への懲戒処分

　加害者に対する懲戒解雇が認められたものとしては，派遣社員が派遣先の女性に強制わいせつ行為を繰り返し，派遣を拒否され，会社の信用を傷つけたとして懲戒解雇が有効とされたコンピューター・メンテナンス・サービス事件（東京地判平 10・12・7 労判 751 号 18 頁）があるが，慰安旅行の宴会の際や日常における取締役支店長のセクハラは，行為の悪質性を認めるものの，懲戒解雇は重きに失するとして無効とした Y 社（セクハラ・懲戒解雇）事件（東京地判平 21・4・24 労判 987 号 48 頁）のほか，懲戒処分の内容が重きに過ぎるとする裁判例も存在する。また，派遣の女性に対してセクハラ発言を繰り返したことによりなされた，出勤停止および降格処分を有効とした海遊館事件（最一小判平 27・2・26 労判 1109 号 5 頁）もあるが，総じて解雇処分までには至っていない。最近注目すべき最高裁判決として，市役所の廃棄物収集車の運転士であった原告が，勤務中に制服姿でコンビニにおいて行ったセクハラ行為を理由としてされた停職 6 ヵ月の処分が重きに失するとして提訴した事案で，行為が比較的悪質であり，新聞報道等もされたことを勘案して処分は市長の裁量権を逸脱したものではないとして，懲戒処分が重すぎるとした高裁の判断を覆したものがある（加古川市事件・最三小判平 30・11・6 判タ 1495 号 25 頁）。

Ⅴ　相 談 体 制

　相談体制について，企業はセクハラ防止指針に基づき相談・調査体制を整備すべきは言うまでもない。留意すべきは，加害者と相談担当者が顔見知りであるケースである。新入女性職員に対して行われたセクハラを訴えられた相談窓口の職員課長が，加害者が比較的親しい関係にあったこと等から適切な行動をとらなかったことが，国賠法上の違法行為にあたるとされた厚木市役所事件（横浜地判平 16・7・8 労判 880 号 123 頁）があり，第三者による委員会を設けるなど，相談体制の中立性を確保することが重要な課題である。

（大橋　將）

6-8	**パワー・ハラスメント**

設例 わが社は一部上場企業だが，従来，新人教育や部下の指導等についてスパルタ教育を売り物にしてきた。しかし，その評判が拡がるにつれ，最近では新入社員募集の応募者が極端に減少してしまった。どうも，パワハラ会社として，ブラック企業にノミネートされているようだ。思い切って社内風土を一新したいが，どのような点に気をつけるべきだろうか。また，今までの風土に慣れた社員の意識を変えるにはどうすればいいだろうか。

解　説

I　パワハラの背景

「普通の台持ち女工の見習いについて教え込む小工場では，実に新人工を可哀想な程古参が辛め倒すのである。……『鈍くさいなあ！』と尖り声で怒鳴りつけては，新人女工が何でも上達せねばならぬと一生懸命勉強している背ろから，その練習仕事をひったくってしまうのだ。これは銘々自分たちがそうした邪見な目に遭って仕込まれたが故に，一種の復讐的観念からと，一方上役に口答えすれば正しい理があっても取りあげられず，男工からはまた非常にがみがみ言われ通しで立つ瀬のない，彼女たちの鬱憤の晴らし場所，すなわちセーフチ・ヴァルブのようなものであろうか？」（『女工哀史』岩波文庫版330頁）。

過去の裁判例を概観してみると，セクハラにしろ過労自殺にしろ，職場環境における権力構造や過剰なノルマ，人員不足による労働強化など，様々な状況が相俟って，パワハラを伴うケースが多いことが分かる。福岡（キュー企画）事件（福岡地判平4・4・16労判607号6頁）においても，一般的にはセクハラ事案とされているが，性的誹謗中傷とパワハラが混在していた。職場におけるハラスメントは，被害者の精神に異常な圧迫を与え，精神疾患を招来することは明らかであり，パワハラが原因と思われるうつ病発症（自殺）につき労災認定（不認定取消）が多くなされ，使用者責任を追及する民訴事例が急増している。

新人医師に対して先輩医師が，「田舎の病院だと思ってなめとるのか」，「給料分に見合っていない」，「両親に連絡しようか」等の発言および患者の面前で

6-8　パワー・ハラスメント　**179**

「お前」と呼んだり注意を続けた結果，新人医師が自殺した公立八鹿病院組合事件（広島高松江支判平 27・3・18 労判 1118 号 25 頁）の例が典型的であり，過重労働とパワハラが重層的，相乗的に作用した。既に労災認定はされていたが，両親にパワハラに基づく約 1 億円の国家賠償が認められている。

　一方，労働組合活動を理由とするパワハラは，企業が同僚労働者を巻き込んでいわゆる村八分を会社ぐるみで行った中央観光バス（共同絶交）事件（大阪地判昭 55・3・26 労判 339 号 27 頁）があり，不当労働行為の認定とともに，民法 715 条に基づく不法行為による損害賠償も認められた。

Ⅱ　パワハラと企業責任

　労働組合に対する不当労働行為は論外としても，パワハラの被害者は企業の安全配慮義務違反責任を追及できるであろうか。営業所長であった A が業績虚偽報告のための「不正経理」を行い，それを是正させるために様々な叱責を受けたことが原因で自殺に至った前田道路事件（松山地判平 20・7・1 労判 968 号 37 頁，高松高判平 21・4・23 労判 990 号 134 頁）においては，労災認定は行われていたが，原因が A の不正経理に発していることから，業務改善指導は「社会通念上許容される業務上の指導の範囲を超えた過剰なノルマ達成の強要や執拗な叱責に該当するとは認められない」とした上で，自殺に至る予見可能性がなかったとして，高裁は安全配慮義務違反を否定し，遺族による損害賠償請求は認めなかった。労災認定においては「業務に起因」することは明らかであるが，企業の安全配慮義務に関しては不法行為の認定が難しい典型的な事例といえよう。

　さらに，人員不足にあえぐ現場において，新入社員が長時間労働および営業所長による過度の叱責等のパワハラにより，精神疾患を発症し自殺した岡山県貨物運送事件（仙台地判平 25・6・25 労判 1079 号 49 頁，仙台高判平 26・6・27 労判 1100 号 26 頁）において，高裁判決は，人員不足を認定し，所長による具体的な叱責，暴行等の事実を認定した上で，新入社員の精神疾患発症を認識しなかったことも含め，会社との連帯責任を認めた。まさに，パワハラが企業体質から発生している証左となる事件といえよう。

　パワハラと精神疾患との因果関係についての注目すべき裁判例として，ザ・

ウインザー・ホテルズインターナショナル事件（東京高判平25・2・27労判1072号5頁）がある。この事件は，出張先での飲酒の強要（アルハラ），体調不良であるにもかかわらず運転を強要した，原告に対し脅迫的なメールを送りつけた等の行為をパワハラと認定しながらも，原告が精神障害を発症したこととパワハラの因果関係については否定し，休職処分および退職の効果については違法性を認めなかったものである。

このように，民事損害賠償訴訟においては，結果の予見可能性を使用者に求めるのはなかなか難しい状況にあることが見て取れるが，使用者がこのような事態を招来しないように予防策を策定することは，パワハラ防止の重要な要素となる。

Ⅲ　加害者への懲戒処分

セクハラが風紀紊乱と把握されていた時代には，訴訟は行為者に対する懲戒処分の成否がほとんどであり，セクハラ事案も観光バス業界を除いては，行為者が厳しい懲戒を受けることは少なかった。しかし，ハラスメント行為について企業としての意識が高まってくるにつれて，行為者に対する懲戒処分が行われるようになった。厚労省「職場のパワーハラスメント防止対策についての検討会報告書」（2018年3月）および**6-6**で紹介した労働施策総合推進法に「職場における優越的な関係を背景とした」パワハラ防止措置（同法30条の2以下）を規定したことによって，事態は動き出した。法改正において行為者の刑事責任は見送られたが，使用者に対しては，セクハラ指針やマタハラ指針と同様な指針を作成した上で，社内での広報活動等を行うことが要求されている。また，被害者がパワハラの被害を申し出た場合の不利益取扱いの禁止も規定された。事後的な対応のための相談窓口の設置，事実関係の迅速・正確な把握と行為者・被害者に対する対応等が，盛り込まれている。

規定の中身が「職場における優越的な関係」を要件としている点については，労災認定事例ではあるが，上位等級女性従業員が下位等級の年上女性ほか同僚女性達から集団的にいじめ等を受けて発症した精神障害の業務上認定にあたって，厚生労働省の判断指針が「ストレス－脆弱性理論」に立脚していることについて，「大量の事件処理をしなければならない行政内部の判断の合理性，整

合性，統一性を確保するために定められたものであって，……判断指針の設定趣旨及び内容を踏まえると，裁判所の……相当因果関係……に関する判断を拘束するものではないといわなければならない」とした上で，同僚女性達によるいじめが精神障害発症の原因であるとして療養補償給付の支給を認めた国・京都下労基署長（富士通）事件（大阪地判平22・6・23労判1019号75頁）に鑑みれば，パワハラが必ずしも職場の上下関係だけに立脚するものではないことを示しており，企業風土そのものに踏み込んだ対策を今後真剣に検討すべきである。

Ⅳ　パワハラ防止の方策

　セクハラ・マタハラと異なり，パワハラは「いじめ・嫌がらせ」を内包するものであり，行為そのものが顕在化しないことも多く，有効な防止策を構築することは必ずしも容易な課題ではない。しかし，法改正によって策定される指針が依拠するであろう前掲厚労省検討会報告書においては，パワハラの行為類型を①暴行，傷害等身体的攻撃，②脅迫，名誉毀損，侮辱，暴言等精神的攻撃，③隔離，仲間外し，無視等人間関係からの切り離し，④業務上の過大な要求，⑤合理性なく程度の低い仕事を命じる等の業務上の過小な要求，⑥私的なことに過度に立ち入る個の侵害，の6種類に分類している。

　しかし，違法行為の基準が明らかでないことから，パワハラ防止に藉口したパワハラの危険性にも注意すべきである。過去に行ったパワハラを口実にして，パワハラを理由として医師の懲戒解雇を行った富士吉田市事件（甲府地判平31・1・22LEX/DB25562395）のように，諸刃の剣になりかねないことに意を払うべきであろう。パワハラが，「労働者を使い捨て」風土を払拭しきれない企業秩序の中で，実質的な抑止力となるか否かについては，改めて組織全体で真剣に考えてみる必要がある。

　セクハラ・マタハラは均等法，パワハラは労働施策総合推進法と別法律ではあり，事業主の措置義務に止まるとはいえ，セクハラ・マタハラと同様の企業内部での防止措置が策定されると，結果的に企業風土に変化をもたらす効果も大きいと思われる。

（大橋　將）

労働時間

7-1	労働基準法上の労働時間概念

設例 当社は，海外の取引先から，夜中や休日にメール等での問い合わせが入ることがあり，中には緊急の対応を必要とするものもあるため，当番制で従業員1名に自宅に業務用のタブレット端末を持ち帰らせて対応させている。連絡が全く入らないことはなく，夜間では概ね10〜20件程度，休日にはそれ以上のメール着信があり，着信から1時間以内の返信等の対応を義務付けている。必要とあれば，スカイプ等によって直接現地との連絡をとることもある。メール等への対応のために自宅等で待機させている時間については，労基法上の労働時間として扱わなければならないか。労基法第38条の2の事業場外労働として扱う余地はないか。

解　説

I　労基法上の労働時間の概念

　労基法上の労働時間とは，使用者の指揮命令下に置かれている時間のことをいい，使用者の明示または黙示の指示により労働者が業務に従事する時間は労働時間に当たる。労働時間に該当するか否かは，労働契約，就業規則，労働協約等の定めのいかんによらず，労働者の行為が使用者の指揮命令下に置かれたものと評価することができるか否かにより客観的に定まる（三菱重工業長崎造船所事件・最一小判平12・3・9民集54巻3号801頁）。客観的に見て使用者の指揮命令下に置かれていると評価されるかどうかは，労働者の行為が使用者から義務付けられ，またはこれを余儀なくされていた等の状況の有無等から，個別具体的に判断される。

　厚労省の「労働時間の適正な把握のために使用者が講ずべき措置に関するガイドライン」（平29・1・20策定）では，労働者が使用者の指示があった場合には即時に業務に従事することを求められており，労働から離れることが保障されていない状態で待機等している時間（いわゆる「手待時間」）は労働時間とされている。

　設例の場合に，深夜あるいは休日において，タブレットで対応することがこれに該当するか否かが問題となる。同ガイドラインによれば，使用者の指揮命令下に置かれていると評価される時間については労働時間として取り扱わなけ

184　第7章　労働時間

ればならない。労働者が業務に従事しているといえるか，業務従事のための待機中といえるか，それらの業務従事またはその待機が使用者からの義務付けや指示によるもの等を考慮して，労基法上の労働時間性を判断すべきといえる（菅野478頁）。設例では，当番制としていること，着信の件数がそれなりにあること，メール着信から1時間以内に対応することを義務付けており，労働時間性を否定することは難しい。

Ⅱ 自宅での情報機器を用いた業務対応と事業場外労働のみなし労働時間制

設例では，使用者は労働者に自宅でタブレット型の情報機器を用いて海外からの連絡等に対応させているという。このような場合において，自宅でのメール待機の労働時間等の取扱いについては，厚労省の「情報通信技術を利用した事業場外勤務の適切な導入及び実施のためのガイドライン」（平30・2・22）が参考となる。

労働者が情報通信技術を利用して行う事業場外勤務（テレワーク）には，業務を行う場所に応じて，労働者の自宅で業務を行う在宅勤務や，ノートパソコンや携帯電話等を活用して臨機応変に選択した場所で業務を行うモバイル勤務なども含まれる。

テレワークにより，労働者が労働時間の全部または一部について事業場外で業務に従事した場合において，使用者の具体的な指揮監督が及ばず，労働時間を算定することが困難なときは，労基法38条の2で規定する事業場外労働のみなし労働時間制を適用することができる。

同ガイドラインによれば，事業場外労働のみなし労働時間制の対象とするには，①情報通信機器が使用者の指示により常時通信可能な状態となっておらず，②随時使用者の具体的な指示に基づいて業務を行っていないこと，といった条件を満たしている必要があるとされている。

設例の場合には，当番の労働者については，タブレットを自宅等において使用者の指示で常時通信可能な状態としていること，1時間以内の対応を義務付けられていることから，使用者からの具体的な指示に備えて待機しつつ実作業を行っている状態または手待ち状態で待機している状態になっていると解する

7-1 労働基準法上の労働時間概念　**185**

ことができ，事業場外労働のみなし労働時間制の対象とはならない。このような場合には，使用者としては，労基法上の労働時間として取り扱い，法定労働時間の上限を遵守し，法定休日付与義務を果たす必要がある。時間外労働，休日労働に該当する場合にはそれぞれの割増賃金を，深夜の時間帯（午後10時から午前5時）の場合には深夜労働の割増賃金の支払が必要となる。

　当番時のメール対応への待機およびメール作成，送信については労働の負荷が少ないことから，これについて通常の労働に対する賃金を支給するか，当番時の賃金について別途定めて支払うかについては，労働協約や就業規則または労働契約の約定に従うこととなるが，その場合には少なくとも最低賃金の遵守は必要である（菅野482頁）。

Ⅲ　テレワーク導入にあたっての留意点

　テレワークを導入するにあたって，労働者の自宅等においてテレワークを行わせることとする場合には，就業の場所として自宅等を明示しなければならない。必ずしも自宅に限らず，場所を柔軟に運用する場合は，就業の場所についての許可基準を就業規則等で示した上で，「使用者が許可する場所」といった形で明示することも可能である（前掲ガイドライン）。

　また，テレワークの実施とあわせて，始業および終業の時刻の変更等を行うことを可能とする場合は，就業規則に記載するとともに，その旨を明示しなければならない（労基則5条1項2号）。テレワーク従事者にフレックスタイム制や専門業務型裁量労働制，企画業務型裁量労働制，高度プロフェッショナル制度を適用する場合には，それぞれその要件を満たす必要がある。また，これらの制度を適用する場合であっても，労働者の健康確保の観点から，使用者は，勤務状況を把握し，適正な労働時間管理を行う責務があり，必要に応じ，業務量が過大もしくは期限の設定が不適切で労働者から時間配分の決定に関する裁量が事実上失われていないか労使で確認し，結果に応じて，業務量等を見直すことが適当である。

Ⅳ　私生活上の自由時間と業務の境界

　設例は，当番制で深夜や休日に自宅等でタブレット端末で随時メール対応が

義務付けられている例であるが，こういった事例に限らず，情報機器の発達により，業務と私生活との境界が不明瞭になる例は見受けられる。テレワークを行う労働者が，所定労働時間外の携帯電話での連絡への対応や，休日でもメールへの対応を求められるケースなどである。これらの時間についても，使用者の明示または黙示の指揮命令下で行われるものについては労働時間に該当する。

業務の性質上，所定労働時間外や休日において，緊急対応を求められることがある場合に，それに備えて待機している時間をどのように扱うかについて，奈良県（医師時間外手当）事件（大阪高判平22・11・16労判1026号144頁）では，医療従事者のオンコール待機（宅直）につき，産婦人科の医師らが休日等において自発的に宅直当番を定めて自宅や直ちに病院に駆けつけることができる場所等で待機していても，病院長が医師らに対し，明示または黙示の業務命令に基づき宅直勤務を命じていたものとは認められないとして，当該待機時間についての労働時間制が否定された。しかし，同判決は，宅直制度が，医師は緊急の措置を要請された場合にはこれに応ずべきであるとする，プロフェッションとしての医師の職業意識に支えられた自主的な取組みであり，使用者として複数の産婦人科宿日直担当医を置くことを考慮するか，自宅等で待機することを産婦人科医の業務と認め，その労働に対して適正な手当を支払うことを考慮すべきともしている。なお，医師の労働時間の取扱いについては，働き方改革関連法の成立に伴い，厚労省に設置された「医師の働き方に関する検討委員会」において応召義務との関係等が議論され，2019年3月28日に報告書が公表されている。

また，寮に寄宿している労働者らがガス漏出事故が起こった場合の修理業務への対応を求められることがある場合に，所定労働時間外に寮において自由に過ごしている時間（不活動時間）が労基法上の労働時間に該当するかが争われた大道工業事件（東京地判平20・3・27労判964号25頁）では，実稼働時間と対比しての不活動時間の長さや不活動時間中の従業員の広汎な自由をも勘案し，不活動時間は労基法上の労働時間には当たらないとされている。

設例の場合は，これらの裁判例に比べ，対応の義務付けや頻度に相違があり，少なくとも手待ち時間として相応の取扱いをすべきである。

（山本圭子）

7-2　残業の事前承認制および手当の定額化

設例 働き方改革による労基法改正前には特別条項付き 36 協定を締結して相当の時間外労働が発生していた当社では，時間外労働等の上限規制への対応のため，企業トップが不要不急の時間外労働は認めない旨を宣言し，時間外労働は事前承認制とされた。時間外労働手当の減少に係る激変緩和のために，1 か月 30 時間分の時間外労働手当相当の定額の手当支給と，これを超える時間外労働，休日労働が発生した場合にはその分を月毎に清算することとした。しかし，休憩時間中の業務従事や，事前承認を受けずに行う隠れ残業が後を絶たないことがパソコンの使用状況から発覚した。どのような対応が可能か。

解　　説

I　働き方改革による時間外労働等の上限規制

働き方改革関連法により，労基法 36 条 3 項および 4 項は，時間外労働の限度時間を 1 か月について 45 時間，1 年について 360 時間とする。従来の「労働基準法第 36 条第 1 項の協定で定める労働時間の延長の限度等に関する基準」（平 10 労告 154 号。以下「限度基準告示」）の特別条項に係る規定は，労基法 36 条 5 項に移された。同項は，当該事業場における通常予見することのできない業務量の大幅な増加等に伴い臨時的に限度時間を超えて必要がある場合において，1 か月について労働時間を延長して労働させ，および休日において労働させることができる時間を 100 時間未満，並びに 1 年について労働時間を延長して労働させることができる時間については 720 時間以下とする上限を設けている。また，時間外労働と休日労働の合計が 1 か月 100 時間未満でなければならず（同条 6 項 2 号），対象期間の初日から 1 か月毎に区分した期間に当該各期間の直前の 1 か月～5 か月の期間において，時間外労働と休日労働の合計が平均 80 時間を超えないこと（同項 3 号）とし，これらに違反した場合には罰則（6 か月以下の懲役または 30 万円以下の罰金〔労基法 119 条〕）の対象となる。なお，上限時間については，自動車運転業務，建設事業，医師等について，5

188　第 7 章　労働時間

年の猶予期間を設けた上で規制を適用する等の例外を設け，新技術，新商品等の研究開発の業務は従前通り適用除外が維持される。

36協定を締結する労使当事者は，労基法36条7項の規定に基づき策定された「労働基準法第36条第1項の協定で定める労働時間の延長及び休日の労働について留意すべき事項等に関する指針」（平30・9・7厚労告323号）に留意しなければならない。

Ⅱ　時間外労働の事前承認制

過重労働による健康障害や過労死の発生が社会問題化するなかで，働き方改革に対応して時間外労働を削減するために，設例のような時間外労働の事前承認制，許可制等を設ける例や，強制消灯，パソコンの自動シャットダウンなどを実施する例もでてきた。しかし，終業時刻後に事業場に残れない代わりに早朝に出社する早出残業，休憩時刻を業務に充てる例，終業時刻にタイムカードを打刻してから残業するいわゆるサービス残業，事業場近くのファミリーレストランやカフェで業務を続けるファミレス残業，カフェ残業等も問題となっている。

設例のように時間外労働を事前承認とする場合には，その手続や事由を労働協約や就業規則に明確に定めておくべきであろう。事前承認を得ていない場合には時間外労働を禁止する旨を定めていた場合，承認なしで行った時間外労働に割増賃金を支給しないことは適法か否かについては議論がある。神代学園ミューズ音楽院事件（東京高判平17・3・30労判905号72頁）では，使用者の明示の残業禁止の業務命令に反して，労働者が時間外または深夜にわたり業務を行ったとしても，これを賃金算定の対象となる労働時間と解することはできないと判断している。他方，丙川商会事件（東京地判平26・1・8労判1095号81頁）では，被告会社は，所定労働時間外の労務提供を原則的に禁止する方針を有し，従業員にも周知していたものの，従業員には所定始業時刻より30分早く出社して業務に従事することを求めていた事案について，割増賃金の請求を一部認容している。

設例の場合にも，休憩時間中の業務従事や，事前承認を得ない残業，早出出勤の実態が，パソコンの使用状況から使用者が知りうる状況にあったというの

であるから，これをもって労働時間を把握した上で対策を講じる必要がある。

Ⅲ 時間外労働手当の定額制の留意点

　設例では，従前は相当の時間外労働があったところ，その削減をトップダウンで進める際に，激変緩和措置の1つとして，月30時間分の時間外労働相当の定額残業代を設けている。これは時間外労働時間数の削減による手取り収入の減少が従業員の生活に与える影響を考慮してのことという。そして，これを超える場合には，月毎に割増賃金を清算するとの制度設計としていることから時間外労働手当の定額制を採っても違法ではない。日本ケミカル事件（最一小判平30・7・19労判1186号5頁）では，基本給46万1,500円，業務手当10万1000円等の条件で採用された調剤薬局薬剤師について，雇用契約書に月額562,500円（残業手当含む）と記載され，採用条件確認書に，「月額給与　461,500」，「業務手当101,000　みなし時間外手当」，「時間外手当は，みなし残業時間を超えた場合はこの限りではない」との記載があり，当該事業場では業務手当は月30時間分のみなし時間外手当とされていた事案である。この判決のなかで最高裁は，静岡県教職員事件（最一小判昭47・4・6民集26巻3号397頁）と医療法人社団康心会事件（最二小判平29・7・7労判1168号49頁）とを引用して，労基法37条が時間外労働等について割増賃金を支払うべきことを使用者に義務付けているのは，使用者に割増賃金を支払わせることによって，時間外労働等を抑制し，もって労働時間に関する同法の規定を遵守させるとともに，労働者への補償を行おうとする趣旨によるものであると解されるとした上で，労働者に支払われる基本給や諸手当にあらかじめ含めることにより割増賃金を支払うという方法自体が直ちに37条に反するものではなく，使用者は，労働者に対し，雇用契約に基づき，時間外労働等に対する対価として定額の手当を支払うことにより，同条の割増賃金の全部または一部を支払うことができるとした。

　他方，定額残業手当を支給する場合に，えてして定額残業手当相当の時間までは時間外労働をしなければならないとか，それを超える時間の残業をしても残業手当は支払われないといった意識を従業員に抱かせる可能性がある。

　この点について，厚労省の賃金不払残業総合対策要綱（平15・5・23基発0523003号）は，時間外労働時間の削減のための社内通達や時間外労働手当の

定額払等労働時間に係る事業場の措置が，労働者の労働時間の適正な申告を阻害する要因となっていないかについて確認するとともに，阻害要因となっている場合においては，改善のための措置を講ずることとする。

さらに，この要綱では，労基法の定める法定労働時間や36協定により延長することができる時間数を遵守することは当然であるが，実際には延長することができる時間数を超えて労働しているにもかかわらず，記録上これを守っているようにすることが，実際に労働時間を管理する者や労働者等において，慣習的に行われていないかについても確認することとしている。

固定残業代をめぐる主要裁判例の1つであるテックジャパン事件（最一小判平24・3・8労判1060号5頁）では，月間の稼働時間が140時間から180時間であれば月額41万円の基本給に時間外労働手当も含まれていると扱っていた事案で，最高裁は，通常の労働時間の賃金に当たる部分と労基法37条1項の規定する時間外の割増賃金に当たる部分とを判別することができない場合には，時間外労働について労基法37条1項の規定する割増賃金が支払われたとすることはできないとしている。定額残業代を採る場合では，通常の労働に当たる部分と，割増賃金とを判別できるようにしておかなければならない。

Ⅳ　休憩時間の適切な付与

労基法34条は休憩時間の付与義務，付与すべき休憩時間の長さ，途中付与，自由利用の原則を定める。設例の場合には，残業を避けるため，従業員が休憩時間中も業務に従事している実態が明らかになった。これについても，使用者の指揮命令下の労働であると評価される可能性が高い。

前掲日本ケミカル事件でも，休憩時間の顧客対応の労働時間該当性が争点の1つとなっていた。薬剤師が1人配置であったため，混雑等により近隣の医療機関の診療時刻が延びれば，それに対応して休憩時刻の開始が遅くならざるを得ない状況であった。そして，始業終業はタイムカードで管理していたが，休憩時間中の労働の有無について使用者は全く管理・調査を行っていなかったものの，休憩時刻の一部について労基法上の労働時間に当たると判断されている。

（山本圭子）

| 7-3 | フレックスタイム制 |

設例 当社はかねてより，企業内労組からワークライフバランス実現に向けたフレックスタイム制導入の要望を受けていたところ，2019年のゴールデンウイークに10連休を設定することを機に，清算期間を3か月とするフレックスタイム制を導入した。ところが6月に入ると，連休のしわ寄せから1日の労働時間を長くせざるを得ず，週平均の実労働時間が50時間を超える者が続出して，割増賃金が膨らみ会社側も苦慮している。対象労働者の中には，かえって長い連休があると清算期間の所定労働時間の帳尻を合わせにくいという者もいる。会社としてどのような対策が考えられるか。

解　説

I　フレックスタイム制とは

　フレックスタイム制とは，一定の期間（清算期間）の総労働時間を定めておき，労働者がその範囲内で各日の始業および終業の時刻を選択して働くことにより，仕事と生活の調和を図りながら効率的に働くことを可能とし，労働時間を短縮しようとする制度である。子育てや介護，自己啓発など様々な生活上のニーズと仕事との調和を図りつつ，効率的な働き方が可能となると考えられている。

　労基法改正前のフレックスタイム制では，清算期間が1か月以内とされていたことから，業務の繁閑の状況によっては清算期間内の実労働時間の過不足が生じ，使い勝手が悪いと指摘される面もあった。そこで2019年4月1日施行の労基法32条の3では，フレックスタイム制における清算期間の上限をこれまでの1か月以内から3か月以内に延長することとした。これにより，設例のように4月から6月までの3か月間を清算期間とし，ゴールデンウイークを連続で休んで，その分の労働時間を清算期間の他の時期に振り分けることも可能となった。また，7月から9月の3か月を清算期間として，労働者が夏休み中に子どもと過ごす時間を多くとれるといったことも労働者の判断でできるようになると考えられる。

192　第7章　労働時間

Ⅱ　フレックスタイム制の導入手続

　フレックスタイム制を導入するにあたっては，使用者は，就業規則その他これに準ずるものにより，その労働者に係る始業および終業の時刻をその労働者の決定にゆだねる旨を定める。さらに当該事業場の労働者の過半数で組織する労働組合がある場合においてはその労働組合，労働者の過半数で組織する労働組合がない場合においては労働者の過半数を代表する者との書面による協定を締結する必要がある（労基法32条の3第1項）。労使協定には，①対象労働者の範囲，②清算期間（3か月以内の期間に限る。），③清算期間における総労働時間，④標準となる1日の労働時間，⑤コアタイムおよびフレキシブルタイムを定める場合はその時間帯の開始・終了時刻，⑥清算期間の起算日，⑦1か月を超える清算期間を設ける場合の労使協定の有効期間の定め（労働協約による場合を除く）を定めなければならない。

　このフレックスタイム制に関する労使協定は，労基法106条により労働者に対し周知しなければならない。また，清算期間を1か月以内とする場合は，所轄労基署への労使協定の届出をする必要はないが，1か月を超える清算期間のフレックスタイム制の場合は，所定の様式により所轄労基署への労使協定の届出が義務付けられている。

Ⅲ　フレックスタイム制の効果

　フレックスタイム制においては，労働者が各所定労働日の始業と終業時刻を自律的に決定して働くことができ，清算期間内の法定労働時間の総数（総枠）の範囲内であれば，フレックスタイム制適用労働者の実労働時間数が，1日または1週間の法定労働時間を超えていても，労基法32条違反とはされないし，この場合においては36協定の締結や割増賃金の支払を要しない。しかし，清算期間内の法定労働時間の総枠を超える場合には時間外労働となることから，36協定を締結し，割増賃金を支払わなければならない。ただし，フレックスタイム制適用対象業務に関する36協定については，1日について延長することができる時間を協定する必要はなく，清算期間を通算して時間外労働をすることができる時間を協定すれば足りる。

設例のように清算期間が 1 か月を超え 3 か月以内である場合には，清算期間全体では週平均 40 時間に収まること，加えて清算期間を 1 か月ごとに区分した各期間（最後に 1 か月未満の期間が生じたときには，当該期間）ごとに当該各期間を平均し 1 週当たりの労働時間が 50 時間を超えないこととされている。もし週平均の実労働時間が 50 時間を超えた場合には，後述の通り，月毎に 50 時間を超えた部分に割増賃金を支払わなければならない（労基法 32 条の 3 第 2 項）。設例の場合には，フレックスタイム制をとりつつも，清算期間内の所定労働時間の帳尻を合わせるために，6 月について週平均 50 時間を超える事態となり，全体として時間外労働手当が膨らむこととなる上に，労働者の負担感も重くなることとなってしまった。

Ⅳ　清算期間が 1 か月を超えるフレックスタイム制の管理

設例の場合は，ゴールデンウイークの 10 連休により，4 月後半から 5 月前半は休めるものの，10 連休までの実労働時間の状況によっては，連休明け以降に，1 週当たりの実労働時間を増やさなければ，清算期間内の実労働時間に不足が生ずることとなる。

フレックスタイム制の場合にも，使用者には各日の労働時間の把握を行う責務があるが，清算期間が 1 か月を超える場合には，対象労働者が自らの各月の時間外労働時間数を把握しにくくなることが懸念されるため，使用者は，対象労働者の各月の労働時間数の実績を対象労働者に通知等することが望ましいとされている（平 30・9・7 基発 0907 第 1 号）。そこで，設例の場合も，清算期間内の労働時間の過不足や偏りがでないよう，清算期間の途中で，随時，対象労働者に対して，その時点での労働時間数の実績と，清算期間内の所定労働時間の残り部分についてアラートを出すことが考えられる。その方法としては，賃金明細等に記載する方法のほか，メールで注意喚起する，パソコンやタブレット等にポップアップを上げる方法等がよいだろう。

そして，10 連休を設定するのであれば，その前後で週平均 40 時間の範囲内で処理できる程度の業務量に調整するとか，業務の合理化を図り会議等の削減などにより時間の効率的活用等の方策を講ずることが望ましい。特に，育児や家族介護，自身の健康状態などの個別事情がある労働者については，所定労働

日の稼働時間を長くとれない事情も考えられ，そのような場合には所定労働日の減少がかえってデメリットになる。業務内容によっては，情報通信機器を利用したテレワーク，在宅ワークとフレックスタイム制を組み合わせる方法も検討してはどうか。

Ⅴ　清算期間が1か月を超えるフレックスタイム制の時間外労働の割増賃金

　フレックスタイム制の場合には，清算期間中の所定労働時間を超えた部分がいわゆる残業（オーバータイム部分）となる。各清算期間中の総枠労働時間を法定労働時間を基準に定めている場合においては，これを超えた部分は時間外労働となる。もし，労使協定において，総枠労働時間を法定労働時間より短く定めている場合には，これを超えた部分につき，清算期間内の法定労働時間の総枠に達するまではいわゆる法内残業にあたり，清算期間内の法定労働時間の総枠を超えた部分が労基法上の時間外労働に該当する。この時間外労働が生じたか否かについては，各日においてではなく，清算期間を終了した時点ではじめて判明する。

　清算期間が1か月を超え3か月以内の場合は，①清算期間を1か月ごとに区分した各期間における実労働時間のうち，各期間を平均し1週間当たり50時間を超えて労働させた時間，および②清算期間における総労働時間のうち，当該清算期間の法定労働時間の総枠を超えて労働させた時間（①で算定された時間外労働時間を除く）が割増賃金の支払対象となる。

　設例の場合は，6月について週平均50時間を超える者がいることから，清算期間の全体の実労働時間が3か月の法定労働時間の総枠を超えない場合であっても，6月の週平均50時間を超える部分については，割増賃金の支払が必要となる。

（山本圭子）

7-4	高度プロフェッショナル制度と 専門業務型裁量労働制との選択

設例 当社では，研究開発業務に専門業務型裁量労働制を適用してきたが，2019年4月1日より高度プロフェッショナル制度も適用できることとなり，今後，どちらの制度を研究開発業務従事者に適用していくのか，併用も含めて労使で協議を進めている。両制度の特徴と異同を知りたい。

解　説

I　高度プロフェッショナル制度

　2019年4月施行の改正労基法により新設された特定高度専門業務・成果型労働制（高度プロフェッショナル制度）とは，高度の専門的知識等を必要とし，その性質上従事した時間と従事して得た成果との関連性が通常高くないと認められる業務に従事する労働者を労働時間の規制の対象から外す新たな仕組みとして設けられた。専門性が高く，賃金も高額で，勤務時間についても労働者の自由度が高い実態がありつつも労働時間規制の対象となる場合の割増賃金の請求が争われたモルガン・スタンレー・ジャパン事件（東京地判平17・10・19労判905号5頁）等もあり，高度プロフェッショナル業務に従事する労働者に適した労働時間制度の必要性がかねてより認識されていたところである。

　高度プロフェッショナル制度の対象業務は労基則で定められ，①金融工学の知識を用いて行う金融商品の開発業務，②金融商品のディーリング業務（資産運用会社等におけるファンドマネージャー，トレーダーの業務，証券会社等におけるディーラーの業務），③アナリストの業務（企業・市場等の高度な分析業務），④コンサルタントの業務（顧客の事業の運営に関する重要な事項についての調査または分析およびこれに基づく当該事項に関する考案または助言の業務），⑤研究開発業務（新たな技術，商品または役務の研究開発に係る業務）である（労基則34条の2第3項）。

　さらに，使用者との合意に基づき職務が明確に定められる必要がある。すなわち①業務の内容，②責任の程度（職位等），③求められる水準（成果）について書面を作成し，労働者が同意をした上で署名することが必要である（職務明

196　第7章　労働時間

確性。1号〜3号）。さらに，制度が適用される旨，支払われる賃金の額（使用者から確実に支払われると見込まれる年収額が 1075 万円以上でなければならない），同意の対象となる期間について労働者の同意を書面で得なければならない（同条2項）。

Ⅱ　専門業務型裁量労働制のみなし労働時間制

　設例で既に実施されている専門業務型の裁量労働制はみなし労働時間制の1つであり，対象業務は労基則と厚生労働大臣告示（平9・2・14労告7号，平15・10・22厚労告354号）によって限定列挙された19の業務である。設例にある研究開発業務（新商品もしくは新技術の研究開発または人文科学もしくは自然科学に関する研究の業務）も含まれる。このほか，専門業務型裁量労働制と高度プロフェッショナル制度の適用の重複がみられる業務としては，証券アナリスト，金融工学等を用いて行う金融商品開発がある。

　専門業務型裁量労働制の適用に当たっては，高度プロフェッショナル制度とは異なり，本人の同意は不要とされており，年収要件もない。また，高度プロフェッショナル制度では，休日労働や深夜労働の割増賃金は発生しないが，専門業務型裁量労働制の場合には，法定休日に労働させた場合，午後 10 時から午前5時までの深夜の時間帯に労働させた場合には，割増賃金が発生する。

Ⅲ　どちらの制度を選択するか

(1)　専門業務型裁量労働制を適用する場合

　設例の場合，適用にあたり本人同意が不要で，年収要件がない専門業務型裁量労働制を引き続き適用することも考えられる。

　なお，研究開発業務に従事する労働者には，これまでも時間外労働の限度基準の規制は及ばないとされ，これは 2019 年4月1日以降も同様である。研究開発業務は，成果を出すためにある期間に集中的に作業を行う必要性があるため，上限規制の適用対象外とされているからである。

　研究開発業務に従事する労働者については，1週間当たり 40 時間を超える労働（休日労働を含む）が1か月当たり 100 時間を超える場合には，使用者は，対象労働者からの申出がなくても，医師による面接指導を実施しなければなら

ない（労安衛法 66 条の 8 の 2 第 1 項，労安衛則 52 条の 7 の 2 第 1 項）。

　上記の医師の面接指導の実施に当たっては，労働者の労働時間の状況の把握をしなければならない。2019 年 4 月施行の労安衛法の改正により，それまで労働時間の状況の把握の対象外とされていた裁量労働制についても，タイムカードによる記録，パーソナルコンピュータ等の電子計算機器の使用時間の記録等の客観的な方法，その他の適切な方法により，労働時間の状況を把握し，記録する義務が生じることとなった。

　設例の場合，専門業務型の裁量労働制の適用を継続する場合であっても上記の改正点を踏まえて労働時間の状況の把握を適切に行わなければならない。

(2)　高度プロフェッショナル制度を適用する場合

　設例では専門業務型裁量労働制を適用していた研究開発業務従事者のうち，要件を満たした者に高度プロフェッショナル制度を適用することも考えられる。その際には，対象労働者の同意を書面で得る必要がある。なお，この同意については労働者が撤回することも可能とされ（労基法 41 条の 2 第 1 項 7 号），申出窓口を定め，同意を撤回した場合における処遇等を定めておくこととされている（「労働基準法第 41 条の 2 第 1 項の規定により同項 1 号の業務に従事する労働者の適正な労働条件の確保を図るための指針」〔平 31・3・25 厚労告 88 号〕）。同意を撤回をした者に対する不利益取扱いは禁止されている。

　高度プロフェッショナル制度は，裁量労働制と異なり年収要件（1075 万円以上）があるが，その年収は，あらかじめ具体的な額をもって支払われることが約束され，支払われることが確実に見込まれる賃金であることが必要であって，支給額があらかじめ確定されていない賃金は含まれない。ただし，賞与や業績給であっても，最低保障額が定められている場合には，その最低保障額は，支払われることが見込まれる年収に含めてよい（同指針）。

　さらに高度プロフェッショナル制度独自の「健康確保措置」を講じる必要がある。まず，使用者は対象労働者の健康管理を行うために，当該対象労働者が事業場内にいた時間（休憩その他労働者が労働していない時間を除く）と事業場外において労働した時間との合計の時間（健康管理時間）を把握する措置を講じなければならない。健康管理時間の把握方法は，上記裁量労働制の労働時間

の把握と同様であるが，事業場外において労働した場合であって，やむを得ない事情がある場合には，自己申告によることができる。健康管理時間は，労働者の求めに応じて開示することが適当である（同指針）。

　さらに，健康確保措置として，年間 104 日以上，4 週 4 日以上の休日の確保が義務付けられ（41 条の 2 第 4 項），選択的健康確保措置として，①勤務間インターバルの確保と深夜労働の回数制限，②健康管理時間の上限措置（週 40 時間を超える健康管理時間数は 1 か月当たり 100 時間および 3 か月当たり 240 時間），③ 1 年間に 1 回以上の 2 週間連続ないし 1 週間連続 × 2 回の休日，④健康管理時間について，週 40 時間を超える部分が 1 か月当たり 80 時間を超え，労働者の申出がある場合の臨時の健康診断の実施，のいずれかの措置を講じなければならない（同 5 項）。このほか，健康管理時間の状況に応じた健康確保措置として，代償休日または特別な休暇の付与，心と体の相談窓口の設置，配置転換，産業医の助言指導に基づく保健指導，医師による面接指導のいずれかの措置を決議において定めなければならない。

　設例の場合，年間 104 日の休日の確保が困難であるとか，年収要件を満たさない，1 か月当たりの総労働時間が相当長いなど，高度プロフェッショナル制度の要件の充足が難しい場合には，高度プロフェッショナル制度ではなく，専門業務型裁量労働制の適用を継続することも考えられる。

(3)　併用する場合

　設例の場合，研究開発業務従事者については専門業務型裁量労働制を適用し，そのなかから年収要件を充足し，本人が同意をする場合に高度プロフェッショナル制度を適用するといった方策も考えられる。あるいは高度プロフェッショナル制度を裁量労働対象労働者のプレミアとして上位に位置付けて運用することも想定できるが，年収要件から外れるとか，異動や労働者の同意の撤回によって高度プロフェッショナル制度の適用対象外となったときの処遇等の取扱いなどはあらかじめ定めておくべきである。

（山本圭子）

| 7-5 | 勤務間インターバルの導入と運用 |

設例 勤務間インターバル制度の導入を労使で協議したところ，①どのような手順で導入すべきか，②通勤時間の長い社員にとっては疲労軽減の効果は薄いのではないか，③繁忙期にインターバルを確保することは現実的かといった，疑問や課題が提示された。勤務間インターバル制度にはどのような効果があるか，またどのような制度設計および運用を行えばよいか。

解　　説

I　勤務間インターバル制度の意義と働き方改革

「勤務間インターバル制度」とは，労働者の終業時刻から，次の始業時刻の間に一定時間の休息を設定する制度である。先駆的な取組みをしてきたEUでは，EU指令において「加盟国は，すべての労働者に，24時間ごとに，最低でも連続11時間の休息期間を確保するために必要な措置をとるものとする。」としてきた。

日本においても，労働者の生活時間や睡眠時間を確保し，健康な生活を送るために有意義であるとして，政府も「ニッポン一億総活躍プラン」（平28・6・2閣議決定），「働き方改革実行計画」（平29・3・28働き方改革実現会議決定）で推進をしてきた。

平成30年7月に閣議決定された「過労死等の防止のための対策に関する大綱」では過労死等の防止手段の1つとして，勤務間インターバル制度の普及に向けた制度周知とともに，令和2（2020）年までに，勤務間インターバル制度（終業時刻から次の始業時刻までの間に一定時間以上の休息時間を設けることについて就業規則または労使協定等で定めているものに限る）を導入している企業割合を10％以上とする数値目標が掲げられた。

これに前後する平成30年6月の働き方改革関連法の成立によって，労働時間設定改善法2条1項に，事業主の努力義務として，「健康および福祉を確保するために必要な終業から始業までの時間の設定」が設けられ（施行日平成31年4月1日），これを受けた「労働時間設定等改善指針」の改正（平30・10・30

公布）に際し，「事業主が講ずべき一般的な措置」として深夜業の回数の制限，勤務間インターバルの導入および朝型の働き方の導入が新たに規定された。

　働き方改革関連法による労基法の改正および「労働基準法第36条第1項の協定で定める労働時間の延長及び休日の労働について留意すべき事項等に関する指針」（平30・9・7厚労告323号）により，使用者は，時間外労働の限度時間を超えて労働させる労働者の健康・福祉を確保するための措置を講ずることとされ，望ましい措置の1つとして，「終業から始業までに一定時間以上の継続した休息時間を確保すること」が掲げられている。

　これらに伴い，厚生労働省は「勤務間インターバル制度普及促進のための有識者検討会」を設置し，平成30年12月21日に報告書を取りまとめている。設例のような勤務間インターバル制度を導入するに際しての制度設計と運用上の留意点については同報告書別添の「勤務間インターバル制度導入に向けたポイント」が示すところが参考になる。

Ⅱ　勤務間インターバル制度の制度設計と導入手順

(1)　制度導入に当たっての手順

　まず，実態を踏まえた休息時間確保の制度設計の検討として，導入前の勤務実態を労使で把握し，長時間労働の是正，労働者の健康確保，人材の確保・定着など，制度導入の目的を明確にすることから始める。その際，人事部門などの労務管理を行っている部門と，労働組合や労働者代表と情報と目的を共有しながら協議を行うが，実際の導入に当たって，仕事の進め方，仕事の配分方法なども重要となることから，トップのコミットメントを明確にした上で，導入の検討を進める。

　企業内の労働時間の実態を労働者や労働組合から確認し，制度導入前の休息時間の状況，時間外労働時間の状況，交替制勤務の場合の勤務形態（シフト等），労働者の通勤時間，労働者のニーズ，取引先等による制約要因等の把握を行うことにより現状を把握し，見直しが必要な問題点，課題を洗い出す。

　なお，労働時間設定改善法6条では，労働時間等設定改善委員会を設置する等労働時間等の設定の改善を効果的に実施するために必要な体制の整備の努力義務を定めている。

⑵　制度設計の検討

①対象者

実態把握の結果を踏まえて，休息時間確保の方法（制度のあり方）を検討するが，全社的に導入し，対象者を全社員とするのか，管理職を除く全社員とするのか，交替制勤務を行っている社員のみを対象とするのか，高度プロフェッショナル制度や裁量労働制の導入部門から入れるか等が考えられる。

②インターバル時間数（休息時間数）

インターバル時間数の設定に当たっては，11時間，12時間，および13時間など一律に時間数を設定する方法や，職種によってインターバル時間数を設定する方法，義務とする時間数と健康管理のための努力義務とする時間数を分けて設定する場合などがある。

時間数の設定は，所定労働時間を前提に単純に定めるのではなく，36協定で定める1日あたりの所定労働時間を超える労働（残業）の上限を視野に入れた上で，労働者の睡眠時間，通勤時間および生活時間に考慮して定める必要がある。一般的に通勤時間はインターバル時間数に含まれると考えられている。対象労働者の通勤時間を考慮して，通勤時間を除いた実質の休息時間，睡眠時間が一定程度確保できるように配慮する必要があろう。

③休息時間が次の勤務時間に及ぶ場合の勤務時間の取扱い

終業時刻が遅くなり，休息時間と翌日の所定労働時間とが重複する場合に，重複する部分を働いたものとみなして賃金を支払う方法と，次の始業時刻を繰り下げて休息時間を確保する方法とがある。後者の始業時刻を繰り下げる方法では，当日の終業時刻も繰り下げる方法と，終業時刻はそのままとし，勤務時間が短くなった場合でも給与支払対象とする方法，フレックスタイム制が適用されている労働者においては各自で労働時間を調整する方法などが考えられる。いずれにしても，事業場における労使の話合いにより明確に取扱いを定める必要がある。なお，勤務間インターバル制度の先行企業においては，勤務間インターバルを設けるために，休息時間と翌日の所定労働時間とが重複する場合に，勤務時間が短くなっても賃金控除を行う企業はないという。

④適用除外

年末年始や業務の緊急性など特別な事情が生じた場合などを，勤務間インタ

ーバル制度の適用除外として運用することも考えられる。例えば，重大なクレーム（品質問題・納入不良等）に対する業務・納期の逼迫，取引先の事情による納期前倒しに対応する業務・突発的な設備のトラブルに対応する業務・予算，決算，資金調達等の業務・海外事案の現地時間に対応するための電話会議，テレビ会議・労基法 33 条の規定に基づく災害その他避けることのできない事由によって臨時の必要がある場合などについて，一時的に勤務間インターバル制度の適用除外事由として定める方法である。

　この休息時間が確保できない場合の適用除外事由を定めたとしても，勤務間インターバル制度の一時解除が常態化しないように，一定の回数制限を設けるとか，適切な代替措置を与える方法などを定めておくと良い。

　⑤労働時間管理の方法（出退勤時刻を含めた適正な把握方法）

　「労働時間の適正な把握のために使用者が講ずべき措置に関するガイドライン」（平成 29 年 1 月 20 日策定）において，使用者が始業・終業時刻を確認し，記録する原則的な方法として，(i)使用者が自ら現認することにより確認し，適正に記録すること，(ii)タイムカード，IC カード，パソコンの使用時間の記録等の客観的な記録を基礎として確認し，適正に記録すること，のいずれかの方法によることとされている。労安衛法 66 条の 8 の 3 では，事業者は，医師による面接指導を実施するため，労働者の労働時間の状況を把握しなければならないこととする。勤務間インターバル制度の実施に際しても，労働者各人の始業・終業時刻を上記のいずれかの方法により把握，記録する必要がある。

(3)　勤務間インターバル制度の試行期間

　試行期間を設けるかどうかは企業の判断に委ねられるが，制度設計に無理がないか，制度導入に当たって仕事の割り振りや時間配分の工夫の必要の有無等を判断するためには，試行期間を設けることが推奨される。

　試行期間を設けた場合は，勤務間インターバル制度の効果を判定するためにも，対象者やインターバル時間数などの項目を設定し実態調査を実施し，試行期間が終了する時点で，対象者等からアンケートやヒアリングにより意見を求め，効果の検証を行い改善に繋げる。この試行の評価を経て，勤務間インターバル制度を導入する目的，効果が十分期待できるような仕組み・制度となるよ

う調整作業などを行った上で，本格的導入を図る。

(4) 本格的導入（制度化）

本格的導入にあたって適切に運用するために，労働者が就業上遵守すべき規律および労働条件に関する具体的細目について定めた就業規則や，労働協約などの締結により根拠規定を整備する。本格的導入後も，一定期間ごとに実態調査を行うなどにより，制度検証を行い，必要があれば見直しを行う。

Ⅲ　勤務間インターバル制度の運営上の留意点

(1) 取引環境の改善に向けた取組み

平成30（2018）年労働時間等設定改善法の改正において，事業主等の責務として，短納期発注や発注の内容の頻繁な変更を行わないよう配慮するよう努めることが規定されている（同法2条4項）。勤務間インターバル制度の実効性を失わせないように，取引環境の改善等を合わせて行うことが重要である。

(2) 勤務間インターバル制度の管理上の留意点

勤務間インターバル制度を設けると休息時刻を確保でき，労働者のワークライフバランスに資する。ただし，終業時刻が延びた場合でも，一定の休息時刻を取れることが，かえって管理職の時間管理意識に悪影響を与え，翌日の始業を遅らせるかわりに長時間の時間外労働を命じては本末転倒である。労働者本人が始業終業時刻を厳格に守るという意識を減退させたりといったことのないよう運用すべきである。勤務間インターバル制度の趣旨は，長時間労働の改善，労働者の健康確保といった目的にあることから，これに沿った管理を行う必要があり，苦情処理制度を設けたり，労使協議や労働時間等設定改善委員会などで，随時，総労働時間の状況を把握した上で，修正を図る必要がある。

（山本圭子）

7-6

7-6	年次有給休暇取得促進への取組みと使用者による時季指定

設例 当社では部署や地位によって年休の取得率に隔たりがあり，従業員間で不公平感が根強い。管理職は全くといっていいほど年休を取らないが，育児期の従業員は完全に消化する。配属人数が多い部署では取得しているが，少数配置の部署は取っていない。非正規従業員の年休取得はあまりない。かつて，労使協定により計画年休を導入したことがあったが，他の時期に取りにくくなったとの苦情や，年休は自由に取得したいという要望もあり，3年ほどで取りやめた。働き方改革により，使用者による時季指定制度ができるというが，夏期休暇（5日）を所定労働日に変更してこの期間を計画年休の5日を消化させることを検討中である。何か問題があるか。

解　説

I　年次有給休暇の取得促進の新たな取組み

　日本においては，長年，年次有給休暇の取得率が5割前後と低迷しており，いわゆる正社員の約16％が年次有給休暇を1日も取得していないという統計もある。年次有給休暇をほとんど取得していない労働者ほど，長時間労働者の比率が高い実態にあり，長時間労働による心身の健康状態への影響が懸念されてきた。政府も，これまで労使協定による計画年休制度の導入（1988年4月），時間単位の年休取得制度（2010年4月）等の策を講じてきたが，いずれも年休取得率の劇的な向上にはつながらなかった。

　年休の取得は企業の活力や競争力の源泉である人材が，その能力を十分に発揮するための大きな要素であり，生産性の向上にも資するものである。そこで，少なくとも年5日以上の年次有給休暇の取得が確実に促進される仕組みを導入することとして，2018年の労基法改正により使用者による時季指定制度を一定の要件の下で導入した（労基法39条7項・8項，労基則24条の5）。しかも，この労基法39条7項に違反した使用者に対しては，罰則（30万円以下の罰金）の適用がある（労基法120条1号）。

　この使用者による時季指定による年休の確実な取得の推進により，管理職も含めて，10日以上の年休を持っている労働者に少なくとも年間5日の年休消

7-6　年次有給休暇取得促進への取組みと使用者による時季指定　**205**

化が見込まれ，設例のような地位や部署，雇用形態等によって取得率が偏ることは多少なりとも改善される可能性がある。

Ⅱ　使用者による時季指定制度の概要

　年次有給休暇の日数が10労働日以上である労働者に係る年次有給休暇の日数のうち，5日については，使用者は，基準日（継続勤務した期間を労基法39条第2項に規定する6か月経過日）から1年ごとに区分した各期間から1年以内の期間に，労働者ごとにその時季を定めることにより与えなければならない（労基法39条7項）。

　ただし，労働者が自ら時季指定をして取得した年次有給休暇の日数が5日以上の場合，または労基法39条6項の労使協定による計画年休によって5日以上の年休を与えた場合においては，使用者による時季指定の対象にはならない（同条8項）。

　労働者が自ら取得した年休の日数が5日に達しない場合，労働者が自ら取得した年休と計画年休により取得した日数の合計が5日に達しない場合には，足りない分について，使用者は時季指定をしなければならない。

　なお，週または1年間の所定労働日数が少なく，年次有給休暇の発生が1年間に10日未満のパートタイム労働者等については，この使用者による時季指定の対象とすることはできない（同条7項）。

Ⅲ　時季についての労働者の意見の聴取と時季指定方法

　使用者は，労基法39条7項の規定により，労働者に年次有給休暇時季を指定するに当たっては，あらかじめ，使用者の指定によって年次有給休暇を与えることを当該労働者に明らかにした上で，その時季について当該労働者の意見を聴かなければならない（労基則24条の6第1項）。また，使用者は，年次有給休暇の時季を定めるに当たっては，できる限り労働者の希望に沿った時季指定となるよう，聴取した意見を尊重するよう努めなければならない（同条2項）。

Ⅳ　年次有給休暇管理簿の活用

　使用者は，労働者に年次有給休暇を与えたときは，時季，日数および基準日

を労働者ごとに明らかにした書類（年次有給休暇管理簿）を作成し，当該年次有給休暇を与えた期間中および当該期間の満了後 3 年間保存しなければならない（労基則 24 条の 7）。この年次有給休暇管理簿については，労働者名簿または賃金台帳とあわせて調製することができる（労基則 55 条の 2）。

2018 年の労基法改正と併せて労働時間等設定改善法に基づく「労働時間等見直しガイドライン（労働時間等設定改善指針）」（平 30・10・30 厚労告 375 号）が改訂されている。同ガイドラインでは，年次有給休暇の取得促進を図るに当たっては，労働者のみならず，当該労働者の業務の遂行を指揮命令する職務上の地位にある者も当該労働者の年次有給休暇の取得状況を把握することが重要とされている。使用者は年次有給休暇管理簿を作成するのみならず，年次有給休暇管理簿の確認を行い，年次有給休暇の取得状況を労働者および当該労働者の業務の遂行を指揮命令する職務上の地位にある者に周知することとされている。また，労働者の業務の遂行を指揮命令する職務上の地位にある者が，年次有給休暇の取得が進んでいない労働者に対して，業務の負担軽減を図る等労務管理上の工夫を行い，その取得につなげるなど，年次有給休暇の取得促進に年次有給休暇管理簿を活用することが期待されている。

V　使用者による時季指定の留意点

使用者による時季指定の義務化に対応するために，設例にあるように会社休日として扱われた期間を，所定労働日に変更して，これを計画年休で埋めることは可能であろうか。従前の会社休日を所定労働日に変更することは，労働条件の不利益変更に該当するといえよう。計画年休の労使協定を締結して有給休暇でその期間を休めるのであれば，従前とかわらないとみる向きもあるかもしれないが，労働者が自由に使える年次有給休暇の日数は減ずることとなる。また，所定労働日が増加するということは，所定労働時間数がその分増えることから，割増賃金の時間単価にも影響を及ぼすことになる。労働条件の不利益変更であるとすれば，労契法 10 条の就業規則の不利益変更法理の適用の問題となる。変更後の就業規則を労働者に周知させ，かつ，就業規則の変更が，労働者の受ける不利益の程度，労働条件の変更の必要性，変更後の就業規則の内容の相当性，労働組合等との交渉の状況その他の就業規則の変更に係る事情に照

らして合理的なものでなければ，このような所定休日の増加は無効と解される
であろう。

VI　年休の早期付与および基準日の統一等と使用者の時季指定

　前掲の労働時間等見直しガイドラインでは，仕事と生活の調和や，労働者が
転職により不利にならないようにする観点から，雇入れ後はじめて年次有給休
暇を付与するまでの継続勤務期間を短縮することを推奨している。年休の前倒
し付与などと呼ばれるものである。また，従業員の入職日毎に年休の基準日が
異なるのは年休の管理が煩雑になることから，起算日を合わせるために2年目
以降に付与日を変えて，斉一的な取扱いをする例が見られる。このような場合
の基準日および時季指定については労基則24条の5に定めが置かれている。
例えば，法定の基準日（雇入れの日から半年後）より前に10日以上の年次有給
休暇を付与する場合には，使用者は付与した日から1年以内に5日の年休を取
得させなければならない。また，入社した年と翌年とで年次有給休暇の付与日
が異なるため，5日の指定義務がかかる1年間の期間に重複が生じる場合（全
社的に起算日を合わせるために入社2年目以降の社員への付与日を統一する場合な
ど）は，重複が生じるそれぞれの期間を通じた期間（前の期間の始期から後の期
間の終期までの期間）の長さに応じた日数（比例按分した日数）を，当該期間に
取得させることも可能である。

VII　計画年休の効果的な活用

　労基法39条7項に基づく使用者による時季指定の5日の年休付与には，計
画年休の推進が効果的である。計画年休にあたっては，労使間で1年間の仕事
の繁閑や段取りおよび当面達成すべき目標としての取得率の目安を話し合うこ
とが必要であり，それを欠くと設例にあるように上手く運用できない。使用者
は，業務量を正確に把握した上で，労働者ごとの基準日や年度当初等に聴取し
た希望を踏まえた個人別年次有給休暇取得計画表の作成，年次有給休暇の完全
取得に向けた取得率の目標設定の検討および業務体制の整備を行うことが肝要
である。

(山本圭子)

労働者の傷病,
労働災害・メンタルヘルス

8-1 私傷病休職命令をめぐる法的課題について

設例　近年，当社では以下①～④のようなケースで，私傷病休職命令を行使すべきか否かで判断に悩んでいる。

①　メンタル不調が疑われる社員が自ら診断書を提出せず，無断欠勤し続けているが，会社として休職命令をなすことが可能なのか。

②　メンタル不調を理由に休職・復職を繰り返していた社員が，復職後に断続的欠勤等している場合，私傷病休職制度の通算規定を適用することの可否。

③　再三休職・復職を繰り返している社員が，復職後，断続的に無断欠勤している場合の休職命令・懲戒解雇の可否。

④　平成27年12月から改正労安衛法に基づくストレスチェック制度が施行されているが，メンタル不調が疑われる社員について，この結果を待って，休職命令をなすべきか否か。

解　　説

Ⅰ　メンタル不調が疑われる社員に対する休職命令の可否と対応（設例①）

　多くの企業では就業規則等に私傷病休職制度を定め，在籍年数等に応じ，概ね1年～3年などの休職制度を設けている。私傷病休職制度は労務提供不能の社員に対し，一定期間，解雇猶予をなすものであるが，近年，企業内におけるメンタルヘルス問題が深刻化するにつれ，同制度に伴う法的課題が生じている。

　まず，社員のメンタル不調が疑われるも，本人が不調を認めず，診断書未提出のまま無断欠勤を続けるなど職場秩序を乱す例が見られる。SE職の社員Xが職場外の集団から，自宅・職場双方で嫌がらせ・監視を受けているため，職場に出社できない旨申立てを行い，無断欠勤を続けていたところ，会社側が当該嫌がらせ等の事実が認められないことを理由に無断欠勤と取り扱い，諭旨退職の懲戒処分としたことが争われた，日本ヒューレット・パッカード（第1）事件（最二小判平24・4・27労判1055号5頁）がある。最高裁は以下の通り判示し，諭旨退職の懲戒処分を無効とした。

　「精神的な不調のために欠勤を続けていると認められる労働者に対しては，精神的な不調が解消されない限り引き続き出勤しないことが予想されるところ

210　第8章　労働者の傷病、労働災害・メンタルヘルス

であるから，使用者である上告人としては，その欠勤の原因や経緯が上記のとおりである以上，精神科医による健康診断を実施するなどした上で（記録によれば，上告人の就業規則には，必要と認めるときに従業員に対し臨時に健康診断を行うことができる旨の定めがあることがうかがわれる。），その診断結果等に応じて，必要な場合は治療を勧めた上で休職等の処分を検討し，その後の経過を見るなどの対応を採るべきであり，このような対応を採ることなく……諭旨退職の懲戒処分の措置を執ることは，精神的な不調を抱える労働者に対する使用者の対応としては適切なものとはいい難い。」

以上のとおり，精神的不調が疑われる社員が会社の許可なく欠勤を繰り返している場合であっても，まずは会社側として健診・治療の勧奨や休職処分の検討等をなすなどの対応が求められることを明らかにした。

なお第1事件確定後，会社側はXに対する諭旨退職の懲戒処分を撤回の上，「就業に影響がある傷病の疑いのある社員に対し，指定する医師による診断を受けることを命ずることができる」旨の規定などを基に各種調査の上，休職命令を行い，休職期間満了を理由に退職処分を行なった。同処分の有効性が別訴において争われたが（同第2事件・東京高判平28・2・25労判1162号52頁），判決では労働者側の精神的不調の状況を精査し，妄想性障害の合理的な疑いがあり，その意味において精神的な不調が存在したとの事実認定を行った上，休職命令および退職処分の有効性が認められた。

Ⅱ　通算規定の有効性とその適用可否（設例②）

まず休職・復職を繰り返している労働者が，復職後，断続的に会社を無断欠勤する場合，断続的な欠勤期間等を通算すると所要の休職期間に到達することがあるが，この場合，就業規則に定める以下のような「通算規定」の適用が問題となる。「復職後3か月以内に同一傷病（類似の傷病を含む）により休職したときは，復職前の休職期間と通算する」。

本設例②では，断続的な「欠勤」に留まる場合であり，前記規定例では休職期間の通算に含まれない。本人の労務提供状況や心身の健康状態を鑑みながら，必要に応じ別途休職命令を行い，その上で当該通算規定に基づく休職管理を行うべきであろう。なお同通算規定が設けられていない場合，これを新たに設け

ることが就業規則の不利益変更に該当し，無効となるか否かが争われた野村総
合研究所事件（東京地判平20・12・19労経速2032号3頁）があるが，判決では
当該変更の合理性を認め，不利益変更が有効との判断を示している。

Ⅲ　断続的な欠勤に対する懲戒解雇処分の可否（設例③）

他方で休職・復職を繰り返す社員が，復職後，断続的に無断欠勤している場
合，休職期間の残存日数があれば，必ず休職命令をなさなければならないので
あろうか。同問題が争われた札幌市・市教委（市立中学校教諭）事件（札幌高判
平28・9・29労判1148号17頁）では，無断欠勤は同人が復職後，断続的に生じ，
のべ21日間に及んだものであるが，同無断欠勤中，労働者は「宅配ピザの注
文や，配達物の受取り，洗濯物の取り込み，自動車の雪かき等をしたことが認
められ，日常生活における通常の行動をしていた」。同認定を基に高裁判決は
「本件対象期間中，抑鬱状態等の精神疾患に罹患してはいたものの，その症状が，
学校に欠勤の連絡をすることがおよそ不可能なほどのものであったとは考え難
い」とした上で，市教委の以下の対応を認定している。すなわち，(1)無断欠勤
をするようになるまでの間，複数回にわたって病気休職や病気休暇の付与を行
い，さらに本件無断欠勤の対象期間中も病気休暇の付与を行い，(2)病気休職の
際には，職場復帰訓練を受けさせ，職場復帰可能との医師の診断がされたこと
を確認し，医師と面談してアドバイスを求めるなどした，(3)労働者が欠勤する
たびに，上長等を通じて，労働者への電話連絡や自宅訪問，面談を行い，さら
に4日間の無断欠勤時には両親も交えて面談を実施している。

以上の事情から，「本件処分に至るまでの間，病気休職や病気休暇の取得，
無断欠勤を繰り返す控訴人に対し，長期間にわたって継続的に，復職や継続的
な職務遂行ができるように可能な限りの配慮や指導等の対応をしてきたものと
いえる」ので，懲戒免職処分を行った時点では「控訴人について，なお休職等
の処分をし，その後の様子をみるなどの対応をすべき状況にはなかったといえ
る」等とし，懲戒免職処分が有効と判示している（上告棄却）。このように休
職・復職を繰り返す私傷病休職社員が，復職後に無断欠勤を繰り返し，かつ使
用者の配慮指導等がなされている場合には，休職命令を発するまでもなく，当
該無断欠勤を理由とした懲戒解雇処分等が認められる場合もありうる。

Ⅳ　ストレスチェック制度と休職命令の関係（設例④）

　平成 27 年 12 月 1 日から改正労安衛法に基づき，労働者 50 名以上の事業場においてストレスチェック制度の実施が義務付けられている。同制度と休職命令はいかなる関係に立つのであろうか。ストレスチェックを受診し，高ストレスとされた労働者に対し，会社は医師面接の機会を与えなければならないが，面接の結果，医師が事業主に示す意見に際し，「休職」の判断を示す場合がありうる。事業主は当該意見聴取の上，事後措置を講じることが義務付けられており，今後は同プロセスを経て，休職するメンタル不調者が生じうる。

　その一方，これまで通り，ストレスチェックを経ずとも，労働者本人が主治医診断書を提出し，休職申請をなしたり，メンタル不調の疑いがある社員に対し，会社側が休職命令を発令しうることは変わりがない。ストレスチェックは年 1 回の頻度でなされるのが通例であり，メンタル不調が疑われる社員に同ストレスチェックまで待って休職の要否を検討する運用では，対応があまりに遅れ，会社側の安全配慮義務違反が認められる可能性すらある。

　厚生労働省が策定した「労働者の心の健康の保持増進のための指針」（平 18・3・31 公示 3 号）では「セルフケア」，「ラインによるケア」，「事業場内産業保健スタッフ等によるケア」そして「事業場外資源によるケア」の 4 つのケアを推奨しているが，ストレスチェック制度はこのうちセルフケア，スタッフケア，事業場外資源によるケアに資するものである。他方でこの中での「ラインケア」つまりは「上司等による『いつもと違う』部下の把握と対応」の重要性はこれまで以上に増しており，ラインケアと産業保健スタッフ（特に産業医）の協力の下での迅速なケア（休職命令も含む）が求められている。

　ストレスチェック制度自体は人事・産業保健スタッフと対象労働者間に行われるものであり，職場の上司が一見すると，蚊帳の外に置かれている感があるが，ラインケアの重要性はストレスチェック制度施行によって高まることはあれ，弱まることはない。今後，企業としてはストレスチェック制度を円滑に軌道に乗せるとともに，引き続き従前のメンタルヘルス対策，とりわけ上司によるラインケアを契機とした休職命令等に取り組んでいくことが求められている。

（北岡大介）

8-2	私傷病休職者の休職期間満了による 解雇・退職

設例 社員がメンタル疾患を理由に私傷病休職していたところ，来月末日をもって休職期間満了を迎えることとなった。休職期間中，何ら連絡がなく，会社担当者も復職困難と考えていたが，今月末，同人から主治医の診断書添付の上で，復職したい旨の連絡を受けた。産業医は直接診断してみないと結論は出せないと言っており，対応に苦慮している。会社はこの復職可否判断をいかに行うべきか。また本人・主治医は復職後の配置先を指定してきたが，これに応じなければならないか。さらに本人のメンタル不調が完治しておらず，障害が認められた場合，障害者雇用促進法に基づく合理的配慮が必要であると聞いているが，いかなる対応が考えられるか。

解　説

I　はじめに

　私傷病休職制度を適用された労働者が，休職期間中または満了時に復職を求めてきた場合，どのような基準をもって復職可否を判断すべきか。原則としては，休職事由の消滅，つまり「休職原因となった疾病等が治り，休職前と同様の労務提供が可能となったか否か」が判断基準となる。裁判例でも，例えば病気休職者で，従前の職への復帰可能性がない者について，会社に残存機能を生かした職種の業務を見つけなければならない法律上の義務はないとして，休職期間満了による自然退職扱いを認めたもの（昭和電工事件・千葉地判昭60・5・31労判461号65頁）がある。骨折などの怪我等については，症状固定の判断は医学上明らかであり，休職期間満了時の所見が産業医・主治医間で争われた場合もレントゲン診断等で客観的な判断が容易である。これに対し，きわめて難しいのがメンタル疾患など症状に波があり，病状の判断が容易でない場合である。この場合，主治医と産業医の所見が大きく相違することも珍しくなく，実務上も混乱が見られる。

214　第8章　労働者の傷病、労働災害・メンタルヘルス

Ⅱ　復職申請時点に原職復帰が困難な場合

　復職申請時点において，メンタル疾患が完全に治癒していないが，通院・投薬等によって病状に安定が見られる場合（いわゆる寛解），一定期間内での復職可能性が生じうる。この場合，復職可否判断がいかになされるべきか，賃金請求に係るものではあるが，著名な最高裁判決（片山組事件・最一小判平10・4・9労判736号15頁）では，私傷病休職者が原職復帰（建設現場における現場監督）は困難としても，事務作業は行えるとして復職請求を行い（会社側拒絶），同請求以後の賃金請求がなされた。同最判は「労働者が職種や業務内容を特定せずに労働契約を締結した場合においては，現に就業が命じられた特定の業務について労務の提供が十全にはできないとしても，その能力，経験，地位，当該企業の規模，業種，当該企業における労働者の配置・異動の実情及び難易等に照らして当該労働者が配置される現実的可能性があると認められる他の業務について労務の提供をすることができ，かつ，その提供を申し出ているならば，なお債務の本旨に従った履行の提供があると解するのが相当である」とし，復職請求以降の賃金請求権を認容した。

　片山組事件最高裁判決以降，休職期間中の賃金請求のみならず，休職期間満了による退職扱いの可否をめぐり，使用者側に一定の配慮を求めるケースが目立つ。例えば北産機工事件（札幌地判平11・9・21労判769号20頁）では，6か月間の休職期間満了の時点において，労働者の左手にわずかな震えがあり，右足にしびれが残る等，月に1，2回の通院が必要な状態にあり100％の回復とはいえない状態であった。しかし日常生活に問題なく，事務能力等の回復が顕著であり，休職期間満了後少なくとも2，3か月程度の期間をみることで完全に復職が可能であったことから同判決では，同休職者に対する休職期間満了を理由とする退職扱いを無効とした（類似事案として，全日本空輸事件・大阪地判平11・10・18労判772号9頁）。これらの判決から，休職期間満了時に休職者が直ちに従前通りの職務に従事できない場合であっても，その後それほど長くない期間に従前通りの職務につくことができる状態にまで回復する見込みがある場合には，使用者は「休業又は休職に至る事情，使用者の規模，業種，労働者の配置等の実情から見て，短期間の復帰準備時間を提供したり，教育的措置

をとるなどが信義則上求められる」（前掲全日本空輸事件）ことになる。

Ⅲ　復職可否判断の対応上の課題

　以上のとおり，労働契約上，休職期間満了ないし同時期から短い期間内に従前通りの職務につくことができる場合には，法的にも復職可能と判断されるが，同判断の際には，少なくとも以下の情報を集約の上，復職可否判断をなすことが必要となる。まず①休職社員の疾病が治癒ないし寛解に至っているか否か，そして②労働者本人が復職に際し従事すべき職務内容と復職可能性である。さらに①，②については，前記のとおり，復職時点で従前業務への復帰困難としても，他職務への配置が現実的に可能であり，かつそれほど長くない期間内に従前職務に復帰可能となる程度に寛解状態に至っているかの判断が含まれる。①，②の判断は医学的判断と密接不可分であるため，紛争となった場合には，主治医，産業医等による医学的判断が争点の中心となる。ここで医師の見解が相違している場合，裁判所は如何に判断しているか。

　大建工業事件（大阪地決平 15・4・16 労判 849 号 35 頁）では，主治医・産業医を交えた三者面談等の機会がなく，H 医科大学病院医師 F による「証明書」（「現在のところ，診察上，自律神経失調症を窺わせる不眠，不安，動悸，冷汗，食欲低下，全身倦怠感は認められず，就労は可と判断する」）のみをもって，労働者側が復職可否判断を求め，会社側が退職扱いとしたことが争われた。同判決では，当該証明書を「就労が可能である旨の記載はあるが，F 医師は債権者の診察を継続して行ってきていたわけではなく，また，F 医師が債権者の職務をどのように理解していたか不明である」とし，その他事実関係を基に普通解雇相当と判断している。

　他方で，産業医診断が斥けられ，主治医診断を重視し，復職可否判断がなされた場合もある。例えばアメックス事件（東京地判平 26・11・26 労判 1112 号 47 頁）は主治医からの復職可能診断に対し，会社側が産業医等による主治医照会を行わず，形式的に産業医が復職可能性を否定しており，産業医診断が斥けられている。また第一興商（本訴）事件（東京地判平 24・12・25 労判 1068 号 5 頁）も視覚障害となった社員からの復職申請を否定した事案であるが，会社側が主治医診断書等に対し，労働者に産業医の診察を受けさせたり，復職の可否につ

いて産業医の意見を求めた形跡が存せず，裁判所も休職期間満了を理由とした
退職扱いを無効と判断している。復職可否判断における会社側の適正手続（主
治医診断書が示された場合，産業医から医学的見解を取った上で判断する等）が重
視されたものである。以上のとおり裁判例は復職可否判断における医学的評価
について，主治医・産業医各々の見解を見極め，説得性ある医師の証明を採用
しようとしている。

Ⅳ　いわゆる正社員職の現実的配置可能性について

　ところで復職可否判断は前記①，②のとおり，労働者本人の寛解状態（医学
的評価）のみならず，労務提供の可能性を検討する必要がある。その際，問題
となるのは，前記のとおり労働契約内容と職場における現実的な配置可能性と
の関係である。正社員のように職種・地域等の限定が付されていない者につい
ては，如何なる範囲での配置可能性を想定するかによって復職可能性判断は大
きく異なってくる。

　同問題が争われた日本電気事件（東京地判平27・7・29労判1124号5頁）では，
復職可否判断基準として「総合職の3級として債務の本旨に従った労務の提供
といえることが必要であり，従前の職務である予算管理業務が通常の程度に行
える健康状態となっていること，又は当初軽易作業に就かせればほどなく上記
業務を通常の程度に行える健康状態になっていること」等とした。その上で同
人がアスペルガー症候群であり，リハビリ出社中の状況等から見て，病識を欠
き，上司等とのコミュニケーションが成立しない精神状態であったと認定した
上で，従前職務（予算管理業務）への復職は，上司とのコミュニケーションが
成立しない精神状態で，かつ，不穏な行動により周囲に不安を与えている状態
では就労可能とは認め難いとの判断に至っている。さらにその他の業務への現
実的配置可能性として，本人から申出のあったソフトウェア開発業務への異動
も検討したが，同社内における同業務はプログラミング作業だけを行う部署で
はなく，その作業を統合してソフトウェアの出来栄えや納期を調整する部署で
あるため，対人交渉の能力が必要であり，対人交渉が困難な同人に対し，同業
務への現実的な配置可能性を否定し，「休職の事由が消滅」していたとはいえ
ないと結論付けた。確かに大企業であれば，出向等を含めると無数に配置転換

先がありうるが，裁判所は「総合職」等，労働契約の範囲内での配慮が求められることを改めて明らかにしたものといえる。

V　リハビリ出社と障害者雇用促進法における合理的配慮

復職可否判断に際し，きわめて有用であるのがリハビリ出社である。リハビリ出社制度は実施するか否かは労使自治に委ねられており，使用者が法的に同制度の実施を義務付けられるものではないが，厚労省は「社内制度として，正式な職場復帰の決定の前に……より早い段階で職場復帰の試みを開始することができ，早期の復帰に結びつけることが期待できる。また，長期に休業している労働者にとっては，就業に関する不安の緩和に寄与するとともに，労働者自身が実際の職場において自分自身及び職場の状況を確認しながら復帰の準備を行うことができるため，より高い職場復帰率をもたらすことが期待される。」とし，制度導入を各社に促している。まずリハビリ出社制度は復職準備としての機能を果たしうるが，さらに前記日本電気事件に見られるとおり従前業務ないし現実に配置可能な業務に復職可能であるか否かの事前判断を行う際，重要な役割を果たしうる。

また平成 28 年 4 月に改正障害者雇用促進法が施行されており，障害者に対する合理的配慮の提供が義務付けられている（5-2 も参照）。同合理的配慮は中途障害者にも適用されるものであり，今後は障害を有する休職社員からの復職可否判断にあたり，合理的配慮の提供可否も問題となりうる。この合理的配慮が適正になされたか否かの判断は容易ではないが，労使が対立する場合，調停等の際にリハビリ出社を活用する方法が考えられる。例えば関西電力事件（調停）（大阪地決平 12・5・16 判タ 1077 号 200 頁）では視神経障害による私傷病休職者に対する休職期間満了による解雇事件の審理中，自庁調停に付された。同調停時，原告（労働者）の執務能力の検証を，被告社屋において試用として行うこと，その他試用方法・期間等をあらかじめ定めたものであるが，その際，併せて拡大読書器などの障害者雇用に際する補助機材や原告が協力を求める社会福祉関係の専門家による社屋立入等も約された。その上で，調停期間中 3 か月にわたり原告が職場に試験的に復帰する試用が行われ，復職への途を裁判所，使用者，労働者三者が調停期日において探り，和解解決した例がある。

復職可能性の判断がいよいよ困難となる中，関西電力事件において取られた紛争解決手法は，まさにリハビリ出社制度を活用し，調停の場で，労使双方の話し合いによる障害者雇用の合理的配慮を探ったものといえる。このような紛争解決のありかたは裁判所（労働審判含む）のみならず，労働局，労働委員会等の個別紛争処理機関が担いうるものであり，当面の現実的な解決策として有効と思われる。現に2013（平成25）年の改正障害者雇用促進法では，労使による話し合いが不調となり，労使紛争に至った場合，厚生労働大臣（都道府県労働局長）による助言指導（同法36条の6），さらには紛争調整委員会による調停（同法74条の8）が新たに設けられている。同制度においてもリハビリ出社制度等を活用し，労使双方が納得できる紛争解決処理をなすことが期待される。

（北岡大介）

8-3　業務上傷害と解雇の制限

　私傷病休職期間が満了し退職扱いとなった社員から，退職後に労災申請が認められたので退職扱いを撤回するよう請求があった。会社は当該請求に応じなければならないか。

　また頸肩腕症候群を理由に長期休職している社員がいる。同疾患につき労災認定がなされ，3年を超えて労災療養・休業補償給付が支給され続けているが，一向に治癒の見込みが立たない。会社は同人をいかなる場合であっても解雇することはできないか。

解　説

I　はじめに

　一般に業務上傷病により療養を要し休業せざるを得ない被災労働者を解雇することは許されず，当該行為は労基法19条1項において，「労働者が業務上負傷し，又は疾病にかかり療養のために休業する期間及びその後30日間……は，解雇してはならない。ただし，使用者が，第81条の規定によつて打切補償を支払う場合又は天災事変その他やむを得ない事由のために事業の継続が不可能となつた場合においては，この限りでない。」とされ，罰則をもって禁じられている。

　問題は設例のように，当初は私傷病休職扱いとされ，休職期間中は傷病手当金の支給なども行われていたところ，私傷病休職期間満了直前になって，労災申請等がなされるケースである。私傷病休職満了時点では，当該疾患が労災に該当するか否か不明であり，会社としても対応に苦慮することとなる。まず会社の私傷病休職期間満了を理由とした対応が「解雇」であるのか，「退職扱い」であるのかによって，法的取扱いが異なりうる。以下では「解雇」，「退職扱い」の場合に分けて検討を行う。また3年を超えて長期間，労災療養・休業補償給付が支給され続ける場合，打切補償との関係で，近年重要な最高裁判決が出されており，後述する。

II　休職期間満了を理由とした解雇と労基法19条について

　まず私傷病休職期間満了を理由に会社側が解雇した後，当該疾患が労災認定

された場合，本件解雇が労基法19条に違反し，無効となるか。リーディングケースである東芝事件（東京地判平20・4・22労判965号5頁）は，「本件解雇は，原告が業務上の疾病にかかり療養のために休業していた期間にされたものであって，労働基準法19条1項本文（及び就業規則27条）に反し，無効であるといわざるを得ない。」と判示した。以上のとおり，解雇時点における使用者の認識を問うことなく，解雇後に労災認定がなされた場合も同様に労基法19条の規制が及ぶものとされている。

Ⅲ　休職期間満了を理由とした退職扱いと労基法19条について

それでは休職期間満了を理由とする退職扱いとした後，労災認定がなされた場合，当該退職扱いは法的に違法となるか。退職扱いの際，労働者本人が自ら退職の申出を行った場合は，錯誤などの主張が認められない限り，退職が有効と解される。その一方，労働者本人からの退職の意思表示はなく，会社側が就業規則に基づき退職扱いとした場合が問題となる。これについて労基法19条の類推適用によって無効になると判示したものとして，ライフ事件（大阪地判平23・5・25労判1045号53頁）がある。

その一方，労基法19条を類推適用せず，就業規則の規定解釈を通じて，「当該うつ病は『業務上』の疾病と認められる」ことから「原告のうつ病が私傷病であることを前提とした自然退職は認められない」とする裁判例がある（医療法人健進会事件・大阪地判平24・4・13労判1053号24頁）。そもそも裁判例は私傷病休職期間満了による退職扱いの可否を「休職事由の消滅」など就業規則の適用をもって判断しており，医療法人健進会事件の判断方法が適切と思われる。いずれにしても，解雇と同様に私傷病休職期間満了を理由に退職扱いした後，労災認定がなされた場合も，当該退職扱いは無効となりうる。

Ⅳ　打切補償と解雇制限規定について

前述のとおり，労基法19条は労災休業中の解雇を禁止しているが，同条1項ただし書では，解雇規制が解除される事由として次の2つを挙げている。平均賃金1200日分の打切補償を支払う場合および天災事変その他やむをえない事由のために事業の継続が不可能となった場合である。

ところで労基法 19 条 1 項における打切補償については，同法の「第 75 条
の規定によって補償を受ける労働者」が療養開始後 3 年を経過しても負傷また
は疾病が治らない場合において，打切補償を支払うことができる旨を定めてお
り，労災保険法に基づく療養補償給付および休業補償給付を受けている労働者
について何ら触れていない。労基法制定と同時期に労災保険法が制定施行され
ており，業務上認定された事案に係る補償の大半は，労災保険制度から療養補
償給付などの各種給付をもって行われていることから，打切補償による解雇制
限の適用除外が労災療養補償給付等を受給中の被災労働者にまで及ぶか否かが
問題となる。

V　労基法 19 条の打切補償と専修大学事件判決

これについて打切補償の支払をもって，労災療養・休業補償給付中の社員を
普通解雇したことが労基法 19 条 1 項違反に該当し，解雇無効となるか争われ
たものとして専修大学事件がある。同事件の二審判決（東京高判平 25・7・10
労判 1076 号 93 頁）では同争点につき以下の判断を示した。「労基法の文言上，
労災保険法に基づく療養補償給付及び休業補償給付を受けている労働者が労基
法 81 条所定の『第 75 条の規定によって補償を受けている労働者』に該当す
るものと解することは困難というほかはない」とし，会社側が打切補償を支払
った場合にも解雇制限の適用除外に当たらないとする。これに対し，最高裁
（最二小判平 27・6・8 民集 69 巻 4 号 1047 頁）は，原審判断には判決に影響を及
ぼすことが明らかな法令の違反があるとし，以下のとおり判示し，原判決を破
棄し高裁に差し戻した。

最高裁判決ではまず労災保険法の制定の目的並びに業務災害に対する補償に
係る労基法および労災保険法の規定の内容に鑑みて，労災保険法に基づく保険
給付の実質は，使用者の労基法上の災害補償義務を政府が保険給付の形式で行
うものと解するのが相当とする。また療養補償給付などの労災保険給付は，こ
れらに対応する労基法上の災害補償に代わるものであり，このことから労災保
険給付による保険給付が行われている場合には使用者の災害補償が実質的に行
われているものと捉え，打切補償に係る規定の適用についても，取扱いを異に
すべきものとは言いがたいとした。さらに打切補償によって解雇規制が外れた

としても，傷害または疾病が治るまでの間は労災保険法に基づき必要な療養補償給付がされることなども勘案すれば，これらの場合につき労基法19条1項ただし書きの適用の有無につき異なる取扱いがされなければ労働者の利益につきその保護を欠くこととは言いがたいとし，労災療養補償給付中の被災労働者に対しても，労基法19条1項の適用除外（打切補償）の規定が適用されることを明らかにしたものである。

なお同事件差戻審（東京高判平28・9・12労判1147号50頁）では，本件解雇が労働契約法16条に定める解雇権濫用法理に反するか否かが争われた。同判決では傷病やその治癒後の障害のための労働能力喪失は，解雇の客観的に合理的な理由にあたるとした。また解雇までの間に業務上の傷病の回復のための配慮を全く欠いていたというような特段の事情も認められないとし，結論として解雇有効と判断したものである。

Ⅵ　使用者の対応はどうすべきか

まず私傷病休職満了時点で労働者本人が労災申請を行うと主張し，当該申請に対する労災認定判断がなされるか定かでない場合，会社側として如何なる対応が考えられるか。労災認定がなされるまで相応の期間を要することとなるが，まずは同疾病発症に至る経緯と会社における業務負荷等を適宜，調査・確認をしておくことが必要である。その上で労災認定の可能性が高いとすれば，私傷病休職期間満了による解雇・退職扱いをいったんは保留し，雇用契約関係を継続しながら，定期的に，労働者の疾病・治癒状況につき報告を求める対応が考えられる。

また労災認定後，3年を超えて労災療養補償給付が継続支給され続けるも，一向に治癒見込みが立たない場合，前記のとおり，「業務上の傷病の回復のための配慮」を十分に行い，かつ打切補償を支払った上で普通解雇をなす対応も考えられる。しかしながら，打切補償自体は平均賃金1200日分ときわめて多額の一時金となり，かつ普通解雇自体が解雇権濫用法理に照らし有効となるか否か定かではなく，相応のリスクを負うこととなる。

そもそも労基法19条の規制は，労基署の労災療養補償給付処分が適用の前提となり，労基署がしかるべき調査をなし治癒認定すべきところ，漫然と療養

8-3　業務上傷害と解雇の制限　**223**

補償給付が支給され続けている場合もある（一例として都タクシー事件・京都地判昭 52・10・28 労判 290 号 60 頁）。この場合，会社の対応の一つとして，労災則 23 条の 2 に基づく意見書提出が考えられる。同制度は，会社が所轄労基署長に対し，書面で当該事業主の事業の労働者に係る労災保険給付の請求につき意見を申し出ることができるものである。同意見書が提出された場合も，行政が主体的に各保険給付の決定処分を行うことに変わりはないが，決定処分後に会社側が照会を行った場合，労基署長は当該決定の結果について説明を行うこととされており，一定の効果を期待しうる（昭 62・3・30 労徴 23 号，基発 174 号参照）。

（北岡大介）

| | 8-4 |

8-4　精神障害と安全配慮義務違反

設例　使用者（医療法人）の病院に勤務する医師が業務に密接に関連した自己研鑽を長時間継続して行っていたところ，当該医師がうつ病を発症して自殺し，使用者が自己研鑽を長時間行っていたことを認識していたという事情が認められる場合，遺族が，自殺が使用者の安全配慮義務違反によるものとして損害賠償を請求するとき，いかなる事実を主張・立証しなければならないか。

解　説

Ⅰ　精神障害による自殺と損害賠償責任

　入社2年目の若者が恒常的な長時間労働により精神障害を発症し自殺した事例において，最高裁（電通事件・最二小判平12・3・24民集54巻3号1155頁）は，「使用者は，その雇用する労働者に従事させる業務を定めてこれを管理するに際し，業務の遂行に伴う疲労や心理的負荷等が過度に蓄積して労働者の心身の健康を損なうことがないよう注意する義務を負う」とした。

　かつては，自殺は本人の意思によるもので原則として使用者の責任がないとされていたが，この最高裁判決を契機として，業務の遂行による疲労や心理的負荷によって精神障害を発症したと認められる者が自殺を図った場合には，精神障害によって正常の認識，行為選択能力が著しく阻害され，または自殺行為を思いとどまる精神的な抑制力が著しく阻害されている状態で自殺が行われたものであり，本人の自由意思によるものではないという医学的知見が広く受け入れられることになる。

　しかしながら，個人の性格，考え方，精神的な脆弱性および当該個人を取り巻く環境（作業環境を含む）は多様であり，心理的負荷の程度は客観的に測りにくく，そのうちの何が精神障害を発症させたか，どのような場合に精神障害またはこれによる自殺を使用者の責任に帰させることができるか明らかにすることは容易ではない。

Ⅱ　安全配慮義務違反の一般的判断枠組み

　労働災害を原因とする損害賠償請求事件（以下では，労災民訴という）は，通

8-4　精神障害と安全配慮義務違反　　**225**

常は，使用者の加害行為による損害発生ではなく，使用者以外の原因力（危険状況，同僚労働者などの第三者，被害者自身の行為など）により惹起された危険に対して，使用者がこれを予見し適切な措置を講ずることにより損害発生を抑止すべきであるのにこれを怠ったといえるかどうかを争う事案である。

したがって，損害賠償責任は，使用者が労働契約または特別な社会的接触関係を理由に，相手方の生命・身体・健康を危険から保護するよう配慮するという安全配慮義務（労契法5条）または不法行為法上の注意義務（作為義務）を負い，これに違反した場合に，問われることになる（民法415条・709条・715条）。

では，具体的に，安全配慮義務違反または注意義務違反（過失）の判断枠組みはどのようなものであるか，検討してみたい。

安全配慮義務に関するリーディングケースの1つとされる事案（宿直中の従業員が元従業員の盗賊により殺害されたことが使用者の安全配慮義務違反にあたるとしてなされた損害賠償請求事件）を例に取ると，最高裁（川義事件・最三小判昭59・4・10民集38巻6号557頁）は，①当該具体的な状況における，損害危険の発生の使用者における予見可能性，②予見しうる（予見しなければならない）状況における，損害回避義務の不履行，③この損害回避義務の不履行と損害との因果関係の存在を認めて，使用者の損害賠償責任を認めた。

すなわち，一般に，使用者が労働者の生命・身体等への危険を予見しえたにもかかわらず，損害を回避するための措置を講じなかったために，これが原因で損害が発生したと認められる場合，使用者は損害賠償責任を負う。

Ⅲ　精神障害による自殺における安全配慮義務違反

ところが，過重な業務により精神障害を発症・増悪し，自殺に至った事例において，判例は上記一般的枠組みと異なる判断枠組みをとっている。

前掲電通事件において，最高裁は，①自殺者が恒常的な長時間労働によりうつ病を発症し，これが原因となり自殺に至ったこと，②恒常的長時間労働および健康状態の悪化を使用者が認識していたこと，③負担の軽減措置などの損害回避措置を怠ったことをもって，安全配慮義務違反または過失の存在を認めている。

すなわち，判例は，①過重な業務と精神障害発症・自殺の相当因果関係の存

在，②過重労働および健康状態の悪化の認識（予見可能性），③負担軽減措置などの損害回避措置の不作為といった要件事実が認められる場合，使用者の損害賠償責任を肯定しているといえよう。

電通事件において最高裁が示した判断枠組みは，その後，過重な業務により精神障害を発症し，それが原因で自殺したと認められる損害賠償請求事件においては，多くの裁判例が採るところである（社会保険庁事件・甲府地判平 17・9・27 労判 904 号 41 頁，山田製作所事件・福岡高判平 19・10・25 労判 955 号 59 頁）。

Ⅳ　過重な業務と損害との間の因果関係

業務の過重性の存在は，過労死，過労自殺による損害賠償請求事件にとどまらず，労災保険給付の可否を判断する行政訴訟においても中心的な要素となる。

業務の過重性は，大きくは，長時間労働などの量的負荷と責任の重さなどの業務の質的負荷の両面から検討される。すなわち，量的負荷としては，法定時間外労働時間数，長時間労働の恒常性，休日の不規則性，夜間・交代制勤務など，質的負荷としては，業務の困難さ，労働密度，ノルマの多さなどが挙げられる。

法定時間外労働時間数は，過重性判断の最も重要な指標である。ここでは，厚生労働省の「心理的負荷による精神障害の認定基準」（平 23・12・26 基発 1226 第 1 号）が労災民訴においても参考とされている。特に，認定の対象となる精神障害が発症する前の 6 か月間に業務による強い心理的負荷が認められるか否かが重要な役割を果たすことになる。

これによれば，強い心理的負荷だと認められる長時間労働として，①発病直前の 1 か月に概ね 160 時間以上の時間外労働を行ったこと等，②発症直前の連続した 2 か月間に 1 月当たり約 120 時間以上または発病直前の連続した 3 か月間に 1 月当たり約 100 時間以上の時間外労働を行ったこと，③出来事自体の心理的負荷と，恒常的な長時間労働（月 100 時間程度）の総合評価が挙げられる。

もっとも，裁判例では，上記認定基準を下回る法定時間外労働時間数であっても，労働の質的負荷等を総合的に勘案して，過重性を認定しているものが少なくない（東芝（うつ病）事件・東京地判平 20・4・22 労判 965 号 5 頁）。

また，法定時間外労働時間数の算定にあたって，業務に密接に関連した活動に要した時間も，上記時間外労働時間数に加える場合がある。例えば，業務に関連した自習，QC活動などの本務外活動に要した時間については，裁判例は，心理的負荷が与える影響を測るという観点から，時間外労働時間数に加えている（医療法人雄心会事件・札幌高判平25・11・21労判1086号22頁）。

V　自殺の予見可能性

自殺を理由とする損害賠償請求事件にあっては，上司らが，労働者が自殺することを予見しえたかどうかが争点とされる。自殺の予見可能性の立証を労働者側が負うかどうかについては学説間の争いがあるが，安全配慮義務または注意義務は手段債務と考えられることから，労働者側が負うと考えられる。

しかしながら，精神障害は就業環境にとどまらず，上司・同僚・部下との人間関係その他様々な要因が関連して発症するものであり，その心理的負荷の要因を外部から把握することは容易ではない。そのため，原告（親，妻などの遺族）が，上司らの自殺の予見可能性を立証することはかなりの困難を伴う。

予見されるべき事実は，本来，発生した損害事実，すなわち，自殺であろう。しかし，裁判例は，自殺念慮をもたらす精神障害の発症または精神障害発症をもたらす原因となる危険な状態を予見しえたことをもって，立証責任を果たしているとしている。前掲電通事件控訴審（東京高判平9・9・26労判724号13頁）は，使用者は「〔亡〕Ａの常軌を逸した長時間労働及び同人の健康状態（精神面も含めて）の悪化を知っていたものと認められるのであり，そうである以上，〔亡〕Ａがうつ病等の精神疾患に罹患し，その結果自殺することもあり得ることを予見することが可能であった」としている。すなわち，予見されるべき事実は，自殺（死亡）それ自体ではなく，自殺の原因たる精神障害の発症またはこれを発症させる危険な状態であるといえる。

近年は，精神障害発症またはこれを発症させる危険な状態の予見可能性にとどまらず，長時間労働の実態を使用者が認識していることをもって，予見可能性があったとする裁判例もみられる（マツダ（うつ病）自殺事件・神戸地姫路支判平23・2・28労判1026号64頁）。

（鎌田耕一）

	8-5

8-5　損害額の算定と過失相殺・素因減額

設例　過重な労働が続く中で労働者が体調不良を理由に業務の軽減を申し出たにもかかわらず，業務軽減措置をとらなかったため，精神障害を発症・増悪させたとして，労働者が使用者に対して安全配慮義務違反に基づく損害賠償を請求した。使用者は，安全配慮義務違反があったことは認めたが，労働者が精神障害の治療を受け，薬を処方されているなどのメンタルヘルス関連情報を使用者に提供しなかったことに労働者の過失があるとして損害額の軽減を求め，また，併せて，労働者の精神障害が発症後9年経過した後も治癒しないのは，本人の精神的脆弱性によるものだとして損害額の軽減を求めた。これは認められるか？

解　　説

I　過失相殺と素因減額

　民法722条2項は，「被害者に過失があったときは，裁判所は，これを考慮して，損害賠償の額を定めることができる。」と規定している。これは，不法行為の成立が，もっぱら加害者側の行為態様のみを考慮し，被害者側の事情が考慮されないなかで，両者の間で損害を公平に分担させるという理念に基づいて，被害者側の事情をも考慮に入れて損害額を調整し，被害者の損害の一部を相手方に負担させる制度であり，「過失相殺」と呼ばれる。これと類似の制度として，民法418条が定める制度がある。

　さらに，判例は，公平な損害の分担という見地から，本来は「過失」とはいえない被害者が有している素因（明文での定義はないが，一般に，病気や障害を被りやすい身体的特徴または精神的素質，既往症・持病，年齢や事故による器質的変化や機能障害が想定されている）が損害の発生または拡大に寄与している場合，民法722条2項を類推適用して，賠償額の減額を行っている（最一小判昭63・4・21民集42巻4号243頁，最一小判平4・6・25民集46巻4号400頁）。これは一般に「素因減額」と呼ばれる。

8-5　損害額の算定と過失相殺・素因減額　　**229**

Ⅱ　過 失 相 殺

　過失相殺における過失は，かつては，不法行為法上の過失と同様に捉えられていたが，損害の公平な分担という見地から，「損害発生についての被害者の不注意」で足りるとするのが判例である（最大判昭 39・6・24 民集 18 巻 5 号 854頁）。

　精神障害等による自殺を理由とした労災民訴では，過失相殺による減額事由として，主として，①自殺者等が会社に対してメンタルヘルス関連情報を提供しなかったこと（JFE スチール（JFE システムズ）事件・東京地判平 20・12・8 労判 981 号 76 頁），②自殺者の家族等が，自殺者に対して自殺を抑止するための適切な措置を講じていなかったこと（いわゆる被害者側の過失）など（三洋電機サービス事件・東京高判平 14・7・23 労判 852 号 73 頁，みくまの農協事件・和歌山地判平 14・2・19 労判 826 号 67 頁）が主張されてきた。

　一般的な労災民訴においては，裁判所は，過失相殺を比較的広く認める傾向にあったが，精神障害による自殺の事例については，最高裁は減額に対して慎重な態度をとっている（東芝（うつ病）事件・最二小判平 26・3・24 労判 1094 号22 頁）。

　東芝（うつ病）事件控訴審（東京高判平 23・2・23 労判 1022 号 5 頁）は，原告が体調不良を使用者に申告しなかったことは過失相殺による減額事由にあたるとしたのに対して，最高裁は，原告の業務の負担は相当過重なものであったことを指摘した上で，①自らの精神的健康（いわゆるメンタルヘルス）に関する情報は，労働者にとって，自己のプライバシーに属する情報であり，通常は職場において知られることなく就労を継続しようとすることが想定される性質の情報であったこと，②「使用者は，必ずしも労働者からの申告がなくても，その健康に関わる労働環境等に十分な注意を払うべき安全配慮義務を負っているところ，……労働者にとって過重な業務が続く中でその体調の悪化が看取される場合には，……労働者本人からの積極的な申告が期待し難いことを前提とした上で，必要に応じてその業務を軽減するなど労働者の心身の健康への配慮に努める必要があるものというべきである。」として，過失相殺を認めなかった。

　この最高裁判例は，労働者がメンタルヘルス健康情報を使用者に申告しなく

ても，それを理由に過失相殺をしてはならない旨を判示したものである。ただ
し，上記判断は，被害者の業務の負担が相当過重なもので体調悪化を使用者も
認識していたことを前提にした判断であり，その点では，労働者側の健康情報
に係る未申告すべてを過失相殺事由から除外するものではない。

Ⅲ 素因減額

精神障害による自殺の労災民訴においては，自殺の原因として自殺者の精神
的素質または脆弱性が減額事由としてたびたび主張されてきた。

電通事件（最二小判平 12・3・24 民集 54 巻 3 号 1155 頁）の最高裁判決が出さ
れる前には，自殺者のうつ病親和的な性格は減額事由として斟酌されるのが通
常であった。ところが，前掲電通事件最判は，「業務の負担が過重であること
を原因とする損害賠償請求において」，労働者の性格が「同種の業務に従事す
る労働者の個性の多様さとして通常想定される範囲を外れるものでない限り」
心因的要因として斟酌してはならない，として，自殺者のうつ病親和的な性格
を理由とした減額を認めなかった。

従来の最高裁判例も，交通事故の事例であるが，被害者が平均的な体格ない
し通常の体質と異なる身体的特徴を有していたとしても，それが疾患に当たら
ない場合には，特段の事情がない限り，損害賠償の額を決定するにあたり斟酌
しない，としており（最三小判平 8・10・29 民集 50 巻 9 号 2474 頁），労働者の
身体的・精神的特徴のなかでも減額事由となる場合は制限されると判示してい
た。

その後，多くの裁判例は，通常想定される範囲を外れるものでない限り，自
殺者の性格や業務遂行の態様を心因的要因として斟酌できないとしている（オ
タフクソース事件・広島地判平 12・5・18 労判 783 号 15 頁，萬屋建設事件・前橋地
判平 24・9・7 労判 1062 号 32 頁）。

労働者の素因が「通常想定される範囲を外れるもの」か否かの判断は容易で
はないが，主に，①被災者が疾病（既往症）を有している場合，②精神障害が
長期化した場合に素因減額が問題となる。

上記①については，例えば，積善会（十全総合病院）事件（大阪地判平 19・5・
28 労判 942 号 25 頁）は，自殺について「てんかん」の既往症が影響している

こと，また，自殺者が医師から再三勧められたにもかかわらず精神科医による診察を受けなかったことが，うつ病を悪化させ自殺するに至らせたとして，民法722条2項の規定を類推適用して3割の減額を行った。

上記②については，アイフル（旧ライフ）事件（大阪高判平24・12・13労判1072号55頁）は，職場を離れた後も相当期間（約5年5か月）就業不能な症状が継続している事案において，「第1審原告が，本件精神疾患の発症後長期間経過しているにもかかわらず，治癒するに至っていないこと（本件精神疾患の長期化）に関しては，甲状腺悪性腫瘍及びその転移の不安という心因的な事情が寄与していたと推認するのが相当である」として減額している。

ところが，前掲東芝（うつ病）事件最判は，発症後9年たった段階でも寛解していない事例において，①本件うつ病が過重な業務によって発症し増悪したものであること，②第1審原告は，うつ病発症以前は入社以来長年にわたり特段の支障なく勤務を継続していたこと，③上記の業務を離れた後もその業務起因性や損害賠償責任等が争われて複数の争訟等が長期にわたり続いたため，その対応に心理的な負担を負い，争訟等の帰すうへの不安等を抱えていたことから，「同種の業務に従事する労働者の個性の多様さとして通常想定される範囲を外れるぜい弱性などの特性等を有していたことをうかがわせるに足りる事情があるということはできない」として，減額を認めていない。つまり，発症後9年経過しても寛解していないことは「通常想定される範囲を外れるもの」とはいえないとしているわけだが，うつ病は，完全な回復または復職を含む症状固定までに要する期間が，治療開始から2年以内が95％と指摘されていること（厚労省「精神障害の労災認定の基準に関する専門検討委員会報告書」〔平成23年〕）をふまえると，前掲東芝（うつ病）事件最判の判示する「通常想定される範囲」はかなり広いものといえよう。同事件最判に照らせば，「通常想定される範囲」は一般に，業務の過重性の程度，うつ病発症以前の勤務状況，業務を離れた後の心理的負荷の状況等を総合的に考慮して判断することになろう。

（鎌田耕一）

第9章

労働契約の
終了・退職金・年金

| 9-1 | 退職勧奨の法律問題 |

設例 業界内の競争が激しくなって経営状況が悪化を続けているため，当社はリストラの方策として従業員に「退職勧奨」を行うことを検討している。法律上，留意しなければならないのはどのような点だろうか？

解　説

Ⅰ　退職勧奨の実態と法的なルール

退職勧奨により労働契約の解約に合意が成立すれば，解雇ではなく合意解約という形で労働契約が終了する。この場合，（当然のことながら）解雇規制は適用されない。したがって，解雇紛争を避けようとする観点からは，企業に解雇ではなく退職勧奨（合意解約）という形で労働契約を終了させるインセンティブが生じることになる。

労使の実態としては，例えば企業に労働組合が存在する場合，退職勧奨の対象とされた組合員が組合に相談し，組合と企業の間で退職勧奨の可否について話し合いが持たれるなど，組合が対応するケースも多いと解される。

他方，法的なルールはきわめてシンプルであり，退職勧奨を行うこと自体は違法ではないし，また，労働者側にも（あくまで退職の「勧奨」に過ぎない以上）退職勧奨に応じない自由がある。ただし，退職勧奨のやり方（態様）があまりに度を超えたもので，暴言や執拗に繰り返されるなど，対象者の人格を傷つけるような場合に，例外的に企業に法的責任が生じることになるというものである。

退職勧奨に関する基本判例として，下関商業高校事件（最一小判昭 55・7・10 労判 345 号 20 頁。広島高判昭 52・1・24 労判 345 号 22 頁の判断を維持）がある。同事件は，ⓐ使用者による退職勧奨に対し，労働者側は，何らの拘束なしに自由にその意思を決定しうる（退職勧奨に応じない自由がある）と判示した上で，ⓑ退職勧奨を（回数にして 10 回を超え，長いと 2 時間に及ぶなど）あまりに執拗に行ったこと，労働者に退職するまで際限なく勧奨が続くのではないかと不安

234　第 9 章　労働契約の終了・退職金・年金

感を与え心理的圧迫を加えたことなどから，退職勧奨が労働者の精神的自由を侵害し，名誉感情を毀損するなどの不法行為（民法709条）に当たるとしている。

このように，法的なルールはある意味で明確であるが，近時，退職勧奨とハラスメントが融合したような事案がしばしばみられるなど，複合的な事案も存在することには注意が必要である。

Ⅱ　従来の裁判例

(1)　退職勧奨の違法性を肯定した事例

①不法行為責任を認めたもの

前掲下関商業高校事件に加え，退職勧奨を行った企業の不法行為責任を認めたものとして，周囲が見ている中で侮蔑的な言動により退職勧奨が行われた東京女子醫科大学（退職強要）事件（東京地判平15・7・15労判865号57頁），1回数時間に及ぶ退職勧奨が30回以上行われた全日本空輸（退職強要）事件（大阪高判平13・3・14労判809号61頁），他の労働者から隔離し，当該労働者のみを監視したり，他の労働者から誹謗中傷させたりしたアールエフ事件（長野地判平24・12・21労判1071号26頁）などがある。

また，上記の複合的な事案の一例としては，いわゆるマタハラと退職勧奨が組み合わされたものとして，女性に対して妊娠を理由に退職を強要することが，均等法8条（平成18年改正前8条。現9条）の趣旨に反し違法であるとして，使用者の損害賠償責任を認めた今川学園木の実幼稚園事件（大阪地堺支判平14・3・13労判828号59頁）などがある。

②退職の意思表示の無効・取消しを認めたもの

上記①に比べれば事例の数は少ないが，退職勧奨を受け，解雇事由が存在せず解雇処分を受けるべき理由がなかったにもかかわらず，解雇処分を避けるためには自己都合退職をする以外に方法がなく，退職願を提出しなければ解雇処分にされると誤信した結果なされた退職の意思表示は，錯誤により無効である（平成29年改正前民法95条）とした昭和電線電纜事件（横浜地川崎支判平16・5・28労判878号40頁），懲戒解雇や告訴の事由が客観的にはないにもかかわらず，それらがありうることを告げ，そうなった場合の不利益を説いた結果なされた退職の意思表示は強迫（民法96条）により取り消すことができるとしたニシム

9-1　退職勧奨の法律問題　　**235**

ラ事件（大阪地決昭61・10・17労判486号83頁）などがある。

　退職の効果を否定したこれらの事例は，単に退職を勧奨するにとどまらず，民法上の錯誤，強迫に該当するようなケースであり，簡単にいえば企業が労働者側をだます，脅すといった手法で退職に同意させた場合に当たる。言い換えれば，退職勧奨のやり方（態様）のひどさがそういったレベルに達しなければ，慰謝料など損害賠償責任が生じることは別として，退職の効果そのものが否定される可能性は低いということになる。

(2)　退職勧奨の違法性を否定した事例

　退職金に最大で月額給与額15か月分を加算し，労働者が選択した再就職支援会社で再就職支援を受けるという特別支援プログラムを行っており，労働者を当該プログラムの対象としたことに恣意性はなく，具体的な退職勧奨の方法も相当であるとして，退職勧奨は不法行為に当たらないと判断した日本アイ・ビー・エム事件（東京高判平24・10・31労経速2172号3頁）がある。ほか，人件費削減の必要性が認められ，かつ，労働組合を通じた退職条件の折衝においても使用者に不誠実な交渉態度は見られないなどとして，不法行為の成立を否定した明治ドレスナー・アセットマネジメント事件（東京地判平18・9・29労判930号56頁），退職勧奨が労働者の勤務態度の悪さ等に起因するとして，ある程度強度の退職勧奨をしたことも違法ではないとした西日本鉄道（B自動車営業所）事件（福岡高判平27・1・15労判1115号23頁）などもある。

　いずれの事例も，当該事案に即して，退職勧奨の態様が度を超えたものといえるかを判断している点が特徴である。明治ドレスナー・アセットマネジメント事件のように，労働者にも落ち度がある場合などは，退職勧奨そのものがかなり強い態様で行われても違法性が否定される場合もみられる。

Ⅲ　複合的な事例

　パワーハラスメント（パワハラ）を受けたことが原因で労働者が退職するなど，結果として退職勧奨と類似の状況が生じた事例がいくつか見られる。例えば，フクダ電子長野販売事件（東京高判平29・10・18労判1179号47頁）では，直接的に退職を強要する言動はなかったものの，上司から部下に対する侮辱的な

発言等（パワハラ）の末に部下が退職するに至り，企業と上司に損害賠償責任等が認められた。また，退職勧奨を拒否した労働者に対し，退職勧奨そのものを継続するのではなく，拒否したことへの報復等の意味で行った配転命令が権利濫用（労契法3条5項）で無効とされた事例として，新和産業事件（大阪高判平25・4・25労判1076号19頁）などがある。また，高校教諭を自主退職に追い込もうという意図でなされた配転命令が同じく権利濫用で無効とされた学校法人須磨学園ほか事件（神戸地判平28・5・26労判1142号22頁）などもある。

このように，退職勧奨そのものとしてではなく，退職に追い込むためにハラスメントや人事異動が行われるケースもあることに注意が必要である。

Ⅳ　事例からみるポイントと設例の検討

設例のようにリストラ（人員削減）目的で行う退職勧奨も，その目的を理由として直ちに違法とされるわけではない。ただし，退職勧奨の態様があまりに度を超えているような場合，不法行為責任を中心に使用者に法的責任が認められる場合がある。

設例における退職勧奨が度を超えたものと言えるか，その判断はある程度個別具体的なものとならざるをえないが，過去の裁判例を分析すると，次の2つの類型，すなわち，退職勧奨が執拗に繰り返された場合と，退職勧奨が暴言などの言動によりなされた場合にまとめられる。この2つは，対象者の人格を損なうような態様でなされたもの，という点が共通する。なお，上記に照らして相当な範囲を超えない退職勧奨にとどまるのであれば，仮に労働者が畏怖を覚えたとしても，違法とはいえないと解される（皆川宏之・争点73頁）。

以上から，設例にあるようなリストラ目的の退職勧奨は，直ちに違法性を帯びるものではないが，暴言などの態様でなされた場合，または，本人に辞める意思がないにもかかわらず執拗に繰り返された場合などは，使用者に不法行為責任が生じ，そのような勧奨の結果提出された退職届（退職の意思表示）は法的に取消し等の対象とされることになろう。

（原　昌登）

9-2	解雇権濫用法理のポイント
	——能力不足を理由とする解雇

設例 　A社は，営業成績が振るわない従業員Bを解雇することを検討している。Bは大学卒業後，総合職として入社し，営業職として勤務し現在4年目である。勤務態度こそ非常にまじめであるが，成績は全従業員の中でも最下位クラスで，所属部署においても後輩にさえ抜かれ最下位である。Bの上司は，Bが求めればアドバイスをすることもあったが，その大半は「もっと頑張れ」といった抽象的なものであった。A社はBが就業規則所定の解雇事由である「勤務成績・態度が不良で改善の見込みがないとき」に該当するとして，成績改善のための研修や他部署への配転を特に試みることのないまま，Bを解雇するに至った。この解雇の効力は法的に認められるだろうか？

解　説

Ⅰ　解雇の類型と法的なポイント

　解雇には様々な類型があり，大きく3つに分けられる。まず，労働者側に起因するものとして，労働者の能力不足や適格性の欠如，労働者の非違行為（規律違反行為）などがある。次に，使用者側に起因するものとして，経済的理由による解雇（「整理解雇」）がある。最後に，ユニオン・ショップ協定に基づく解雇（いわゆるユニオン・ショップ解雇）が挙げられる。

　特に近年，能力不足を理由とする解雇の紛争が増えてきているように思われる。こうした解雇についても，当然，解雇権濫用法理（労契法16条）の問題として検討することになる。設例との関係では，勤務成績が振るわないからといって解雇が当然に正当化されるわけではなく，あくまで当該解雇が濫用的なものか否かがポイントとなる。

　なお，整理解雇については，**9-3**で取り上げる。また，ユニオン・ショップ解雇については，Ⅳで補論として簡単に取り上げることとする。

Ⅱ　従来の裁判例

　能力不足を理由とする解雇は，次の2つに大別される。すなわち，(1)メンバ

ーシップ型能力不足タイプと(2)ジョブ型能力不足タイプである（荒木尚志・百選148頁〔72事件〕）。

(1) メンバーシップ型能力不足タイプ

これは，伝統的な日本的雇用システムの下で，能力不足や成績不良を理由に解雇がなされたという事案である。キーワードは「改善可能性」であり，裁判所は，使用者が改善の機会を与えたのか，労働者に改善の見込みがないといえるのかといった点に注目し，改善可能性がないとはいえないのであれば，当該解雇は社会的相当性を欠き解雇権濫用であると判断する傾向にある。

具体例として，解雇権濫用であると判断した事例に，勤務成績が下位10％である労働者（いわゆるローパフォーマー）の解雇について，向上の見込みがないとはいえないとしたセガ・エンタープライゼス事件（東京地決平11・10・15労判770号34頁），労働者の適性に見合った職種への転換等を講じることなく解雇した日本アイ・ビー・エム事件（東京地判平28・3・28労判1142号40頁）などがある。他方，研修等の機会を与えるなど使用者が努力を尽くしたものの，能力上の問題が改まらなかったとして，解雇権濫用ではないと判断した事例に富士ゼロックス事件（東京地判平26・3・14労経速2211号3頁）などがある。

(2) ジョブ型能力不足タイプ

これは，特に中途採用のように，職種や職位が特定され，期待される能力が明確であるという事案である。このタイプの場合，改善可能性に関して使用者に求められる努力が軽減され，労働者の側で必要とされる能力が欠けていれば，裁判所は解雇を認める傾向にある。

代表例として，高い能力を有していることを想定し，最上級の管理職である人事本部長に職位を特定して採用した場合に能力不足を理由として解雇するには，他の職種へ配転をするまでもなく，その高い地位に要求された業務が履行できるかといった基準で検討すればよいとして，解雇権濫用ではないと判断したフォード自動車事件（東京高判昭59・3・30労判437号41頁）がある。このほか，解雇を認めた事例に，就業規則の解雇事由に「特定の地位，職種または一定の能力を条件として雇い入れられた者で，その能力，適格性が欠けると認

められる」ことを解雇事由として明定しており，実際に要求される職務の懈怠を理由として解雇がなされたトライコー事件（東京地判平 26・1・30 労判 1097号 75 頁），上級専門職として高待遇で採用されたものの，能力不足であったとして解雇がなされたドイツ証券事件（東京地判平 28・6・1 ジャーナル 54 号 39 頁）などがある。

　なお，近時は，特に外資系企業を中心に，業務改善プログラム（Performance Improvement Program〔PIP〕）を課し，そこで出された課題を達成できなかったことを理由に解雇する例がみられる。中途採用の記者に対する解雇の効力が争われたブルームバーグ・エル・ピー事件（東京高判平 25・4・24 労判 1074 号 75頁）では，求められる職務能力は一般に中途採用の記者職に求められる能力と異なるものではなく，職務遂行状況が労働契約の継続を期待することができない程に重大なものであったとは認められず，また具体的な改善矯正策も講じられておらず，PIP の課題をほぼ達成していたとして，解雇は無効であると判断された。PIP（課題の不達成）が解雇を特別に正当化するわけではなく，あくまで解雇権濫用か否かが問題となる（PIP はあくまで濫用か否かの一判断要素に過ぎない）という点に注意が必要である。

Ⅲ　事例からみるポイントと設例の検討

　設例は，上記 Ⅱ の分類において，(1)メンバーシップ型能力不足タイプに該当する。B の現在の勤務成績が客観的に見て「不良」であることは否定し得ないので，「改善の見込み」の有無が重要なポイントになる。

　事実関係で注目すべき点は大きく 2 つある。1 つは，主に指導に関する事実であり，上司からの指導が「もっと頑張れ」といった抽象的・形式的なものであることや，成績改善のための研修が特に行われていないことである。改善を試みる最も基本的なプロセスが取られておらず，改善の見込みがないとは到底いえないであろう。もちろん，実務的には，パフォーマンスが低い労働者に研修を行っても，動機付けがうまくいかず，効果を発揮しにくいといった面があるかもしれない。そうした場合には配転によって他の業務の適性を試すことも重要である。しかし設例では，新卒者に対し営業以外の職種を一切試みることのないまま解雇に踏み切っており，この点からも改善の見込みがないとはいえ

ないと思われる。

　以上から，Bが訴訟等で解雇の効力を争った場合（**9-4**も参照），解雇は無効と判断されることになると解される。なお，やや細かい点ではあるが，解雇を無効とする理由付けとしては，ⓐ「改善の見込みがない」という就業規則の解雇事由に該当しないから，そもそも解雇できない，ⓑ就業規則の解雇事由に一応該当するとしても，改善の見込みがある場合の解雇は社会的相当性を欠くので，解雇権濫用（労契法16条）に当たるという，2通りが考えられる。就業規則には解雇事由として「その他やむを得ない事由」といった抽象的な定めが置かれていることが多いので，実務的にはⓑに当たるとして処理されることが多いと思われる。

Ⅳ　補論：ユニオン・ショップ解雇

　労働組合の半数以上がユニオン・ショップ協定（以下ユシ協定）を締結しており（厚労省「平成23年労働協約等実態調査」等），実務においては一般的な存在といってよいと思われる。ただ，近時，ユシ協定に基づく解雇（以下ユシ解雇）が実際に行われたという話を聞くことはほとんどない。それは，ユシ解雇は原則として有効であるが，他組合に加入している労働者に対する解雇は例外的に無効となる，という判例法理が確立しているからである（三井倉庫港運事件・最一小判平元・12・14民集43巻12号2051頁）。例えば，社外のユニオン等に加入すれば，ユシ協定締結組合を脱退しても解雇を免れることができることになる。

　実際には，ユシ協定締結組合に未加入の労働者が出たとしても，解雇がすぐに行われるのではなく，組合側が加入を説得するといった対応が取られることが多いであろう。なお，使用者が当該労働者に対しユシ協定締結組合に加入するよう求めることは，特に複数の組合が存在する場合など支配介入の不当労働行為（労組法7条3号）として違法とされるので，注意が必要である。

（原　昌登）

9-3	整理解雇・変更解約告知・偽装解散

設例 C社は製造業を営む従業員300名の会社である。競争が激化する中で同社の経営は悪化し，2015年度から赤字が続いている。同社は，経営コストを削減するために，残業の停止，新規採用の停止，役員報酬の減額といった措置を採ってきたが，経営状況が改善されることはなく，2019年度も大幅な赤字となる見込みである。同社は解雇による人員削減もやむをえないと判断するに至り，5段階の人事評価で2年続けて最低評価だった従業員30名のうち，責任感と協調性の観点から同社が不適格と判断した20名を解雇対象者とする人員削減案を作成し，C社労働組合に打診した。同組合はC社従業員の約6割を組織しており，削減案に対し解雇の前に希望退職者の募集を試みるべきであると提案した。ところが，C社は，そのようなことをすれば優秀な従業員から先に退職するおそれがあるとして，提案を拒否した。結局，C社は，同組合との話し合いを1回で打ち切り，ほかに従業員から意見を聞くなどの機会も持つことなく，解雇対象者に解雇予告を行い，30日後に20名全員を解雇した。この解雇は法的に有効だろうか？

解　説

I　整理解雇の4要素（4要件）

整理解雇も解雇であるから，解雇権濫用（労契法16条）に該当する場合は無効となる。ただ，労働者側に直接の非はなく，使用者側の経営上の都合により解雇を行うものであるから，労働者の能力不足等を理由とする解雇（普通解雇）に比べてより厳しく判断するという整理解雇法理が判例で確立している（東洋酸素事件・東京高判昭54・10・29労判330号71頁，あさひ保育園事件・最一小判昭58・10・27労判427号63頁等）。具体的には，①人員削減の必要性，②解雇回避努力の履践，③人選基準の合理性，④手続の妥当性，以上の「整理解雇の4要素」に沿って濫用か否かを判断することになる。なお，4要素は整理解雇の「4要件」と呼ばれることもある。①〜④は理論的には濫用か否かの判断「要素」であるが，裁判例では，4要素のうち1つでも欠ければ例外なく整理解雇は無効と判断されており，実務的には「要件」と位置付けてかまわない。

242　第9章　労働契約の終了・退職金・年金

ただ，本書では理論的な正確性を重視し，「要素」と表記することにする。

Ⅱ　従来の裁判例

　①人員削減の必要性に関しては，累積赤字の存在など，客観的に見て高度の経営危機にあり，人員削減がやむをえないといえる場合に，肯定される傾向にある。よって，経営危機を予防するため，あるいは，さらに利益を高めるためといった目的の整理解雇は，人員削減の必要性を欠くと判断されることになる。

　なお，人件費の高い正社員を解雇し，安い非正社員を雇い入れる，いわゆる「人の入れ替え」について，その程度の人件費削減を実現するためには，「人の入れ替え」よりも少ない人数の整理解雇で足りるはずとして，①を否定した例（みくに工業事件・長野地諏訪支判平23・9・29労判1038号5頁）が見られる。

　②解雇回避努力については，残業の削減，新規採用の抑制，配転・出向，希望退職募集などが例として挙げられる。ただし，これらをすべて行わなければならないという意味ではなく，人員整理の具体的状況の中で，「解雇回避のための真摯かつ合理的な努力」がなされたと認められるかが問題となる（菅野746頁）。なお，裁判例では希望退職の募集の有無が重視されることが多い。この点，使用者側は，人材の流出を理由に希望退職の募集をためらうケースもあるが，人材流出に関する具体的な裏付けがなければ不実施の相当な理由とはならず，解雇回避努力義務に反するとしたものに，テクノプロ・エンジニアリング事件（横浜地判平23・1・25判時2102号151頁）がある。

　なお，近時は，解雇の回避を第一としつつも，それが困難な場合に，退職金の上乗せのような経済的措置や，再就職支援措置の提供（あわせて経済的不利益緩和措置）を考慮する例が見られる。転職先の紹介，6か月間の有給の自宅待機，退職金の上乗せを提供し，6か月経過後に解雇したことについて，解雇回避努力が不十分であるとしたクレディ・スイス証券事件（東京地判平23・3・18労判1031号48頁），年収の約1.8倍の特別退職金等を支給し，かつ就職斡旋会社のサービスを受けるための金銭的援助を行うことなどから，部門閉鎖に伴う整理解雇を有効と判断したナショナル・ウエストミンスター銀行（三次仮処分）事件（東京地決平12・1・21労判782号23頁）などがある。

　③人選の合理性については，客観的，合理的な基準であることが求められる。

使用者側の事情というよりは，労働者側の事情に基づき，公平かつ公正に被解雇者の選定がなされたかが問われることになる。事例として「効率的かつ合理的」といった抽象的な基準が合理性を欠くとした日本アグフア・ゲバルト事件（東京地判平 17・10・28 労判 909 号 90 頁）などがある。また，基準自体は合理的であるとしても，運用に使用者の恣意が入った場合に合理性を欠くとした印南製作所事件（東京地判平 17・9・30 労判 907 号 25 頁。使用者の裁量で全部署の査定が平均 50 点となるように修正を加えたものを資料として用いた）がある。

④手続の妥当性については，信義則上，使用者は労働者に対し整理解雇に関して説明を行い，納得を得るために協議をすることが求められる。したがって，就業規則等に解雇協議条項があるか否かにかかわらず，協議の必要があることになる。例えば，被解雇者となる可能性が高い労働者から意見を聴くなどの手続を取っていなかったことから手続の妥当性を否定した事例に，ジャパンエナジー事件（東京地決平 15・7・10 労判 862 号 66 頁）がある。

Ⅲ　事例からみるポイントと設例の検討

①人員削減の必要性については，赤字の継続などから肯定されるといえる。②解雇回避努力については，いくつかの措置を採っているが，組合が求めた希望退職募集を行っていない点が 1 つのポイントになる。解雇回避努力を尽くした，尽くしていない，両方の法的評価がありうる。③人選の合理性については，責任感，協調性といった指標は C 社の恣意的な判断が可能になるものであり，客観性を欠く基準であって合理性があるとはいい難い。④手続の妥当性についても，確かに組合と交渉はしたが回数は 1 回のみであるし，非組合員については説明や協議の機会を設けていないことから，手続が尽くされたとはいえないであろう。以上から，③，④を欠き，②にも疑問があるなど，この整理解雇は解雇権濫用で無効（労契法 16 条）とされる可能性がきわめて高いといえる。

Ⅳ　変更解約告知

変更解約告知とは，労働条件の変更を申し入れ，応じない場合は解雇する旨の意思表示をいう。法律上の定義はないが，本質は解雇の脅威を背景に労働条件の変更を行うことにある（菅野 761 頁，水町 189 頁等）。

実務上の主な論点は，労働条件の変更に応じなかった労働者に対する解雇の効力である。この点，変更解約告知に独自の法理を用いた裁判例（スカンジナビア航空事件・東京地決平 7・4・13 労判 675 号 13 頁）も存在する。しかし，明文の規定がないこと，また企業の都合に基づく解雇であることからすれば，端的に整理解雇の問題として捉え，労働条件変更の申出が解雇回避努力として十分であるか，変更に応じなかった者を解雇対象者に選んだことが人選として合理的かどうかといった，変更解約告知に伴う事情を濫用性判断において考慮すべきであり，かつ，それで足りるものと解される（大阪労働衛生センター第一病院事件・大阪地判平 10・8・31 労判 751 号 38 頁）。つまり，変更解約告知が行われ，結果として解雇に至った場合には，その事案の特殊性を十分に考慮しつつも，基本に沿って解雇権濫用の有無を検討する必要があるといえる。

V　偽装解散と解雇

例えば，親会社が子会社の従業員を解雇したい場合に，解雇規制を潜脱する意図で子会社を解散させ，子会社の従業員を全員解雇したとする。その子会社の事業が廃止される場合は「真実解散」，実質的に同一の事業をグループ内の別会社で継続させる場合は「偽装解散」と呼ばれる（水町 75 頁等）。

この場合，親会社が子会社を支配しており（支配の要件），その法人格を違法また不当な目的で（目的の要件）濫用したといえるのであれば，法人格否認の法理の適用により，親会社へ労働契約上の地位が承継されうる。あわせて解雇が解雇権濫用であるとされれば（解雇規制潜脱の意図で解散と同時に行われた解雇は，解雇権濫用とされる可能性が高いであろう），解雇された従業員から親会社に対する労働契約上の地位確認請求が肯定されることになる。もちろん偽装解散の方が法人格の濫用を肯定されやすいといえるが（第一交通産業ほか（佐野第一交通）事件・大阪高判平 19・10・26 労判 975 号 50 頁），真実解散の場合でも法人格の濫用が肯定されることがある（中本商事事件・神戸地判昭和 54・9・21 労判 328 号 47 頁）。会社が解散する場合であっても，企業の雇用責任がおよそ消滅するわけではないことに注意が必要である。

（原　昌登）

| 9-4 | 解雇紛争の解決 |

設例 解雇した元従業員から，解雇は無効であるとして労働審判の申立てがあった。社内には，労働審判で争い，主張が容れられなければ訴訟に場を移して最後まで争うべきだという意見と，長い間争うくらいなら，金銭で早期に解決した方がよい，という意見がある。解雇に関する紛争はどのように解決されるものなのだろうか？

解　説

Ⅰ　紛争解決の基本的な枠組み

　労働契約法 16 条により，客観的合理性・社会的相当性を欠く解雇は「無効」とされる。したがって，解雇紛争においては，解雇された労働者は使用者を相手方として訴訟を提起し，解雇無効を主張し，労働契約上の権利を有する地位にあることの確認を請求することが基本的な形となる。その際，解雇期間中の未払賃金請求もあわせてなされるのが通常である。また，特に近時は，解雇無効を主張せずに，不法行為を理由として損害賠償のみを請求する形も増えてきている。以上から，解雇訴訟においては，労働者の選択に応じ，地位確認請求（および未払賃金請求），または損害賠償請求の当否が法的な論点となる。

Ⅱ　従来の裁判例など

(1)　地位確認請求・未払賃金請求

　地位確認については，これが認められたとしても，労働者の「就労請求権」が原則として否定されることから（読売新聞社事件・東京高決昭 33・8・2 労民集 9 巻 5 号 831 頁），職場復帰が実現するとは限らない点に注意が必要である。さらにいえば，解雇訴訟においては，交渉により，使用者が和解金を支払い，労働者がそれを受け取って退職するものとする，という和解が成立する例も非常に多い（実態調査として，神林龍編著『解雇規制の法と経済』〔日本評論社，2008年〕219 頁以下等）。

　未払賃金については，民法 536 条 2 項を根拠に，労働者の賃金請求権が認

246　第 9 章　労働契約の終了・退職金・年金

められる。解雇後，使用者がその労働者の就労を拒絶したとしても，解雇が無効であれば労働契約がずっと存続していたことになる。労働者がその債務である労務提供義務を履行できなかったのは，違法無効な解雇を行った使用者の責に帰すべき事由（帰責事由）があるから，労務の反対給付である賃金を請求できることになる。

この場合の賃金額は，一言でいえば，解雇がなかったならば支給されたであろう賃金の合計額である。実費を補償する通勤手当や，残業（時間外労働）に従事してはじめて支給される時間外手当（時間外割増賃金）などは含まれないことになる。また，査定などによって額が変動しうる不確定な部分については，査定がないため請求を否定した例もあるが（トーコロ事件・東京地判平6・10・25 労判 662 号 43 頁），解雇前の実績等に基づき，「最も蓋然性の高い基準」（菅野 755 頁）を用いて算出すべきといえる。例えば，賞与について，法人が決めた一定の率での請求を認めた学校法人純真学園事件（福岡地判平21・6・18労判 996 号 68 頁）がある。

なお，未払賃金の支払の際，解雇期間中に労働者が他社等で就労して得た収入（中間収入）がある場合，支払うべき未払賃金のうち平均賃金の6割を超える部分については，時期的に対応する中間収入を控除することが可能とされる（あけぼのタクシー事件・最一小判昭62・4・2労判 500 号 14 頁など）。この判例法理にしたがって処理がなされることになる。

補足として，通常の訴訟（本案訴訟）に加え，賃金の仮払等を求める仮処分手続が利用されることがあるが，簡易・迅速な紛争解決手段である労働審判制度の開始に伴い，仮処分手続の重要性はかつてに比べれば低下している（菅野 1116 頁）。実務的には，ⓐ通常の訴訟に比べ簡易・迅速な審理が行われること，ⓑ仮払の期間は本案訴訟の一審判決言渡しまでとする例が多いこと（東京地裁では原則として仮処分決定から1年までとしている），ⓒ使用者による異議等により仮処分命令が取り消された場合，労働者は原則として仮払賃金を返還しなければならないこと，以上3点が重要である（詳細は山川隆一『労働紛争処理法』（弘文堂，2012 年）171 頁以下など）。

(2) 不法行為責任

解雇が解雇権濫用に当たる場合，労働者の雇用を保持する利益や名誉を侵害するとして，不法行為が成立するとされる場合がある。ただし，解雇権濫用に当たる解雇が当然に不法行為にも当たるという意味ではなく，あくまで不法行為の判断枠組みに沿って判断し，不法行為の成立要件（故意・過失，因果関係，損害など）を充足する必要がある。例えば，解雇権濫用で解雇は無効であるが，不法行為は成立しないとした事例に，前掲トーコロ事件などがある。

なお，解雇による精神的苦痛は，解雇期間中の賃金が支払われることによって通常は慰謝される，というのが裁判例の基本的な傾向である（東京自転車健康保険組合事件・東京地判平 18・11・29 労判 935 号 35 頁など）。したがって，解雇無効の結論（地位確認請求・未払賃金請求の認容）に加えて損害賠償責任が認められるのは，解雇が労働者に対する報復目的で行われるなど，当該解雇が著しく不当といえるような場合である（前掲東京自転車健康保険組合事件，財団法人骨髄移植推進財団事件・東京地判平 21・6・12 労判 991 号 64 頁など）。

近時，会社に戻る意思はないとして解雇無効の主張は行わず，不法行為として損害賠償の請求のみを行う例がしばしばみられる。この場合，労働契約は終了したものと扱われるため賃金請求は認められず（わいわいランド事件・大阪地判平 12・6・30 労判 793 号 49 頁），損害賠償のみが問題となる。その額としては，再就職に通常必要とする期間の賃金相当額を逸失利益として認める例（3 か月分の賃金相当額を逸失利益として認めた三枝商事事件・東京地判平 23・11・25 労判 1045 号 39 頁など），解雇に至る経緯や労働者の年齢，性別，再就職の困難さ等，諸事情を総合考慮して逸失利益を認定する例（インフォーマテック事件・東京高判平 20・6・26 労判 978 号 93 頁〔結果として 6 か月分の賃金相当額を認容〕など）がある。理由付けとしては上記の 2 種類が挙げられるが，認容額をみると，だいたい 3 か月分から 6 か月分の賃金相当額である例が多いように思われる。

(3) 訴訟以外の紛争解決

解雇紛争は，訴訟以外にも，労働審判手続，（都道府県労働局長の委任に基づく）紛争調整委員会によるあっせん手続など，様々な形で解決がなされうる。こうした解決方法においては，金銭解決（使用者による金銭の支払）の例も多く

みられる（実態調査として，菅野和夫ほか編著『労働審判制度の利用者調査』〔有斐閣，2013年〕，労働政策研究・研修機構編『日本の雇用終了』〔労働政策研究・研修機構，2012年〕などがある）。例えば，労働審判手続の約7割は解雇・雇止め・退職勧奨のような労働契約の終了に関する紛争であり，そのほとんどは解決金の支払によって金銭的に解決されている（水町480頁も参照）。

　この点，解雇の金銭解決を制度として設けるべきという議論が過去から繰り返し行われている（なお，解雇の金銭解決とは，無効な解雇を金銭の支払によって有効とする仕組みのことではなく，解雇無効を前提に，解決方法として正面から金銭の支払による解決を認めることにある）。近時では厚労省の設置した「透明かつ公正な労働紛争解決システム等の在り方に関する検討会」が2017年5月に報告書をまとめたが「導入すべき」という結論は採られていない。確かに，解雇訴訟で解雇が無効とされたとしても，労働者が会社に復帰するには現実的に様々な困難がある。しかし，解雇訴訟における和解による紛争解決はもちろん，労働審判手続がまさに事実上の解雇の金銭解決システムとして機能している面があり，こうした実態を考えれば，必ずしも新たな制度を設ける必要はないと考えられる。

Ⅲ　事例からみるポイントと設例の検討

　労働審判手続は原則として3回以内の期日でスピーディに行われるが，訴訟となるとやはり長期化する可能性も否定できない。また，仮に訴訟で解雇が無効とされた場合，復職等への対応や金銭の支払が求められるだけでなく，企業にとっては企業イメージの低下という問題もある。また，労働者側も，紛争の長期化は，訴訟に関する費用や生活費といった大きな負担が生じうるものであり，早期の解決が望ましい場合も少なくない。

　そこで，労働審判においては解決金の支払による紛争解決が模索されることが多い。また，労働審判の結果に異議が申し立てられ訴訟に移行したとしても，和解による紛争解決の可能性もある。そうした金銭的な解決がなされない（当事者間でどうしても折り合いが付かなかった）場合，最終的に判決による解決がなされることになろう。

（原　昌登）

9-5 退職金と会社側債権との相殺

設例　A社は，従業員に対して住宅購入資金の一部を融資する際に，退職時において返済が完了していないときには退職金等によって融資残額の全額を直ちに返済する旨の約定を個別に締結していた。この場合，A社は，個々の従業員との間に締結した返済合意に基づいて，当該従業員に対して支払う退職金から融資残額を控除することができるか。

解　説

I　労基法上の「賃金」該当性

　退職金は，使用者に当然にその支給が義務付けられているものではなく，退職金を支給するか否か，支給するとした場合にどのような内容とするのか等について，使用者は労使自治に基づいて自由に判断することができる。したがって，退職金制度を設けないことも自由であり，また，使用者は退職者ごとに退職金の支給の有無や金額を自由に決定することも可能である。後者の場合のように，退職金の支給の有無や金額等の判断が，もっぱら使用者の自由に委ねられている場合，それは労基法11条に定める「労働の対償」としての「賃金」には該当せず，労基法の規律の埒外に置かれることになる。

　他方で，労基法は，就業規則の作成・変更に関して，「退職手当」の定めをする場合は，適用される労働者の範囲，退職手当の決定，計算および支払の方法並びに退職手当の支払の時期に関する事項を記載しなければならないと規定し（同法89条3号の2），労働契約の締結に際して，それら退職手当に関する事項を労働者に明示することを求めている（同法15条1項，労基則5条1項4号の2）。したがって，労使自治に基づき，使用者が退職金を支給することを決定した場合，通常は，労基法の定めに従って就業規則に退職金に関する規定が置かれることになる。このように就業規則や労働協約の規定に基づいて支払われることとなる退職金は，もっぱら使用者の自由に委ねられている場合とは異なり，契約に基づき使用者に支払義務が生じるものとして労基法11条にいう「賃金」に該当し（昭22・9・13発基17号），労基法に定める賃金規制に服する

250　第9章　労働契約の終了・退職金・年金

こととなる。

Ⅱ　賃金の全額払原則と相殺

　労基法 24 条は，労働者の生活の糧である賃金が確実に労働者に支払われるよう賃金の支払方法についての使用者の義務を定めている。その中で，設例で問題となるのは全額払原則との関係である。すなわち，使用者が労働者に対して有している債権を自働債権として，労働者の有する賃金債権を受働債権とする相殺が，全額払原則違反となるかが問題となる。

　まず，労基法 24 条 1 項但書は，過半数組合または従業員の過半数代表者との労使協定を締結し，賃金からの控除（使用者による相殺）をした場合には，同条違反とはならない旨規定している。同協定の締結は，免罰的効果を得るためのものにすぎないため，使用者が適法に労働者の賃金からの控除を行うためには，別に労働契約上の根拠が必要となる。また，賃金・退職金債権については，原則として，その 4 分の 3 は差押禁止債権である（民事執行法 152 条・153 条）ことから，労使協定を締結してなされる使用者による相殺も，原則として，賃金・退職金債権の 4 分の 1 を限度（民法 510 条）とする（不二タクシー事件・東京地判平 21・11・16 労判 1001 号 39 頁）。

　次に，労基法 24 条 1 項但書にある労使協定を締結していない場合が問題となる。特に，本設例のように，労働者との個別の合意がある場合，個別合意に基づいて退職金（賃金）から融資残額を控除（使用者による相殺）することが，全額払の原則に反するのであろうか。

　この問題に関して，最高裁は，全額払原則は使用者による相殺禁止の趣旨を包含し，労働者の賃金債権に対し，使用者が労働者に対して有する債権で相殺することも同原則違反となると判示した（関西精機事件・最二小判昭 31・11・2 民集 10 巻 11 号 1413 頁，日本勧業経済会事件・最大判昭 36・5・31 民集 15 巻 5 号 1482 頁）。その一方で，判例上は同原則違反には該当しないものとして，①使用者による調整的相殺および②労働者と使用者の合意による相殺（合意相殺）があると解されている。

Ⅲ　調整的相殺

　ある賃金計算期間に生じた賃金の過払いを，その後の期間に関して支払われる賃金から控除すること（「調整的相殺」）は，全額払原則には使用者による相殺禁止の趣旨が包含されていることを厳格に解釈するならば，当然に禁止されるはずである。しかしながら，最高裁は，このような調整的相殺については，それが行われた時期，方法，金額等からみて労働者の経済生活の安定を脅かさない限り，使用者による相殺禁止の例外として許容される旨判示している（福島県教組事件・最一小判昭 44・12・18 民集 23 巻 12 号 2495 頁，群馬県教組事件・最二小判昭 45・10・30 民集 24 巻 11 号 1693 頁）。すなわち，過払いのあった時期と賃金調整を行う時期とが合理的に接着しており，労働者に予告されたり，調整される金額も多額でなかったりするような場合には，調整的相殺をしても全額払原則違反にはならないと解している。このような調整的相殺が例外的に許容されるのは，賃金計算に際して賃金の過払いが生じるのは避け難いものであること，実質的には本来支払われるべき賃金はその全額の支払いを受けた結果となることを理由とする。

Ⅳ　合　意　相　殺

　判例は，使用者が労働者の同意を得て行う相殺は，当該同意が労働者の自由な意思に基づいてされたものであると認めるに足りる合理的な理由が客観的に存在するときは，全額払原則に違反するものとはいえないと解している（日新製鋼事件・最二小判平 2・11・26 民集 44 巻 8 号 1085 頁）。このような解釈をめぐっては，基本的に判例の立場を支持する見解（水町 256 頁）がある一方で，労基法は強行法規であることから，労働者の同意があったとしても労基法違反は成立するものであること，労基法 24 条は労使協定の締結によって全額払原則の例外を設定できるようにしていることなどを理由として，判例の立場に反対する見解も有力に主張されている（菅野 437 頁，野川 607 頁）。

　合意相殺が全額払原則違反とならないと判断されるためには，労働者の同意が，その自由な意思に基づいてされたものであると認めるに足りる合理的な理由が客観的に存在することが必要と解されており，合意相殺への労働者の同意

が有効と認められるか否かが重要な点となる。この点の判断枠組みは，労働者の賃金債権放棄の意思表示の有効性判断（労働者の賃金債権放棄に関する判例として，シンガー・ソーイング・メシーン事件・最二小判昭 48・1・19 民集 27 巻 1 号 27 頁）と基本的には同じと解される。

労働者の同意が自由な意思によるかどうかは，厳格かつ慎重に行われなければならず，労働者が同意するに至った経緯やその真意性を裏付ける諸事情のほか，相殺によって得られる労働者側の利益等が総合考慮され，判断される。したがって，単に労働者が同意したというだけでは足りず，当該同意に先立って使用者側の説明がなされたか，その説明・内容は適切かつ十分なものであったか等が重要な要素になると解される。本設例では，退職金と融資残額との相殺を個別に合意していたものであることから，当該相殺に対する労働者の同意が自由な意思によるものか否かを，その同意を得た経緯等の諸事情から判断することとなる。

（渡邊絹子）

| 9-6 | 退職金不支給・減額条項 |

設例 D社では，退職直前の基本給額に勤続年数によって逓増する支給率を乗じて得た額を退職金額とすることを基本としつつ，自己都合退職の場合には支給率を減じるといった内容を含む退職金制度が設けられていた。D社は，電車内での痴漢行為によって懲役4か月，執行猶予3年の有罪判決を受けた従業員を懲戒解雇した。D社の就業規則には，懲戒解雇の場合には退職金を不支給とする規定があることから，同規定に基づき，当該従業員に対する退職金を不支給とする予定であるが，問題はあるか。

解　説

I　退職金の法的性格

　退職金は，退職時賃金の基本給額に勤続年数によって設定された支給率を乗じて算定される方式が一般的であることから，賃金の後払的性格を有すると解されている。他方で，支給率について，勤続年数によって逓増させたり，自己都合退職の場合に引き下げたり，勤務成績を勘案させたりすることは，退職金の功労報償的性格として理解されている。退職金制度の設計は，労使自治に基づく各社の判断に委ねられていることから，その内容は多種多様であり，当該退職金に認められる性格にも違いが生じ得る。

　このような退職金の性格付けは，就業規則において，懲戒解雇や同業他社への就職といった場合に設けられている退職金の減額・不支給条項の合理性を判断する際に重要となる。退職金の減額・不支給条項が合理的と解されるためには，基本的に，当該退職金制度に功労報償的な性格が認められる必要がある。すなわち，従業員の功労に対する報償として退職金が支払われるものであるならば，功労を抹消するような行為が認められる場合に退職金を不支給とするのも，合理的であると解されることになる（例えば，退職金前払いとの選択制で前払退職金相当額を積み立てて算定する退職時積立払金のような退職金制度の場合，賃金の後払的性格が強く，功労報償的性格は希薄であることから退職金を減額・不支給とすることに合理性は認められないと解されることもあり得る。水町247頁）。

254　第9章　労働契約の終了・退職金・年金

本設例にある退職金制度は，勤続年数によって逓増する支給率を採用し，自己都合退職の場合には支給率を減じるといった内容であることから，一般に，賃金の後払的性格とともに，功労報償的性格も認められるものと考えられる。そのため，懲戒解雇の場合に退職金を不支給とする条項も，一概に不合理とはいえず，基本的には有効であると判断されると考えられる。

なお，退職金請求権は，退職金の減額・不支給条項も含む就業規則等の規定に基づき，退職時にはじめて確定すると解されており，退職金の減額・不支給条項による減額・不支給がなされたとしても，賃金の全額払原則との関係では問題は生じない（菅野 423 頁）。

Ⅱ　懲戒解雇の場合

懲戒解雇の場合に退職金を減額・不支給とする規定が，就業規則に設けられるのは一般的である。この場合，まずは，当該退職金制度の法的性格等に鑑み，退職金の減額・不支給条項の有効性が判断されることとなる。前述したように，当該退職金制度の内容から功労報償的性格があると解される場合，基本的には，退職金の減額・不支給条項を設けることに合理性が認められ，当該条項は有効と判断される。ただし，その場合も，懲戒解雇が有効であれば当然に退職金の減額・不支給が有効になるのではなく，実際の適用に際しては，懲戒解雇の理由となっている労働者が犯した非違行為の背信性等がどの程度のものなのかが問われ，減額・不支給の可否が判断されることとなる。すなわち，問題となっている労働者の非違行為の態様や程度，当該労働者の職位や勤務態度，従事していた業務内容，事業内容等から，当該労働者の過去の勤続の功労を抹消してしまうものなのか否かが問われ，過去の功労を抹消してしまうほどの背信性等が認められる場合には，退職金の減額・不支給も是認されることとなる（日本高圧瓦斯工業事件・大阪高判昭 59・11・29 労民集 35 巻 6 号 641 頁，旭商会事件・東京地判平 7・12・12 労判 688 号 33 頁，小田急電鉄事件・東京高判平 15・12・11 労判 867 号 5 頁，日音事件・東京地判平 18・1・25 労判 912 号 63 頁等）。

本設例において，仮に退職金不支給の要件である懲戒解雇が有効であるとした場合（懲戒解雇の有効性については別途判断を要する），労働者の犯した電車内での痴漢行為の態様や当該労働者の職位やこれまでの勤務態度，D 社の事業や

それに与えた影響等が総合考慮され，当該労働者の過去の勤続の功労を抹消してしまうものと評価されるか否かで，退職金の不支給の可否が決せられることとなる。

労働者が勤続の功労を抹消してしまう重大な非違行為を行ったことが退職後に発覚し，懲戒解雇とすることができず，減額・不支給条項を適用できないような場合，退職金請求が権利の濫用として認められないこともあり得る（アイビ・プロテック事件・東京地判平 12・12・18 労判 803 号 74 頁，ピアス事件・大阪地判平 21・3・30 労判 987 号 60 頁）。また，退職後に懲戒解雇事由に相当する非違行為が判明したときは，既に支給された退職金の返還を請求できるといった退職金返還条項が規定されていた場合，同条項に基づいて返還が請求できるかが問題となり得る。この点について裁判例では，退職金の減額・不支給条項の一種と捉え，そのような返還条項の合理性が肯定され，返還請求が認められているものもある（阪神高速道路公団事件・大阪地判昭 63・11・2 労判 531 号 100 頁，ソフトウエア興業（蒲田ソフトウエア）事件・東京地判平 23・5・12 労判 1032 号 5 頁）。

なお，学説では，労働者の退職時点で既に賃金として確定的に発生した退職金を減額，不支給とすることは労基法 24 条 1 項の賃金全額払原則に反する違法な行為であり，退職後に重大な非違行為が判明した場合には，退職金の減額や返還ではなく，退職者の不法行為または債務不履行を理由とする損害賠償請求によって対応すべきとする見解が有力に主張されている（水町 248 頁）。

Ⅲ　競業避止義務違反の場合

退職金の減額・不支給の事由として，退職後に同業他社に就職した場合や競業する事業を起業した場合など，競業避止義務違反が定められることがある。このような退職金の減額・不支給条項も，退職金の功労報償的性格に照らして，その合理性が認められている（三晃社事件・最二小判昭 52・8・9 労経速 958 号 25 頁）。

まず，在職中の競業避止義務については，労働契約における信義則上の義務として認められており，これに反したことが在職中に判明した場合は，通常は懲戒処分が行われることから，前述した懲戒解雇の場合として問題を把握することとなる。また，退職後に，在職中の競業避止義務違反行為が判明した場合

も，退職後に懲戒解雇に相当する労働者の重大な非違行為が明らかになった場合と同様に解することができ，問題となった非違行為が勤続の功労を抹消してしまうほどのものなのかが検討されることとなる。

　次に，退職後の競業避止義務については，労働者には職業選択の自由（憲法22条1項）があることから，当然には認められていない。そのことを背景として，競業避止義務違反を理由とする退職金の減額・不支給条項については，その具体的な適用の場面において，より厳しい判断がなされる。例えば，退職後6か月以内に同業他社に就職した場合に退職金を不支給とする就業規則の規定は，単に競業関係にある業務に携わったというだけでは足りず，顕著な背信性がある場合に限って適用されるとして，その適用を否定した裁判例がある（中部日本広告社事件・名古屋高判平2・8・31労判569号37頁）。

　退職後の競業避止義務違反を理由とする退職金の減額・不支給条項の適用をめぐっては，①退職後の競業制限の必要性，②競業を制限する期間・地域，③競業行為の背信性などが重要な判断要素となっている（菅野和夫ほか編『論点体系判例労働法2』（第一法規，2014年）70頁〔三上安雄執筆部分〕）。

（渡邊絹子）

9-7 退職金規程，企業年金等の不利益変更

設例 E社では，主に，従業員の定年退職後の生活保障に資することを目的として，退職者の退職金を原資とする自社年金制度を設け，退職者に年金支給を行っていた。いわゆるバブル経済の破綻後，運用利回りが著しく悪化したことを背景に，E社では予定していた利回りを確保することができず，約束した年金額を支給するために多額の追加支出を余儀なくされ，それが経営を著しく圧迫していた。そのため，E社は，自社年金規程に定める改廃条項（「経済情勢に大きな変動があった場合には年金額の見直し（年金制度の廃止を含む）を行うことができる」）に基づき，受給者の年金額の引下げを検討しているが，それは可能か。

解　説

I　企業年金（退職年金）の概要

　日本では，法律上，「企業年金」に関する明確な定義規定はない。したがって，何を企業年金とするのか，統一的な理解があるわけではない。しかしながら，一般には，公的年金（国民年金，厚生年金保険）に上乗せされる（公的年金の構造が2階建てであることから，3階部分に該当すると把握される）ものであり，事業主（企業）が当該企業の退職者に対して行う年金制度と解されている。企業年金は，退職金とは別の原資を用いて運営される場合もあるが，本設例のように，退職金の一部または全部をその原資とすることが一般的であり，また，年金と称しているものの一時金での支払いも多用されていることから，退職金または退職年金とほぼ同義のものとして理解されていることも多い。学説では，企業年金とは「事業主が，従業員の労働に対する見返りとして，任意に実施する年金または一時金の給付制度であって，従業員の引退後所得保障を主たる役割の1つとするもの」と定義付け，根拠法令の違いに基づき，①内部留保型の退職一時金・退職年金制度（自社年金），②厚生年金基金制度，③規約型確定給付企業年金制度，④基金型確定給付企業年金制度，⑤企業型確定拠出年金制度，⑥中小企業退職金共済制度，⑦特定退職金共済制度，⑧勤労者財産形成年金貯蓄制度，が同定義に該当する企業年金制度であると整理するものもある（森戸英幸『企業年金の法と政策』（有斐閣，2003年）18頁以下。なお同書では，廃止前の適格年金

258　第9章　労働契約の終了・退職金・年金

制度も企業年金として整理）。なお，②厚生年金基金制度については，以前は企業
年金の中核的制度として利用されてきたものの，2014年4月1日以降は基金の
新規設立は認められなくなり，既存の基金も基金型確定給付企業年金制度をは
じめとする他の制度への移行を促進しつつ，同制度を廃止していくこととされた。

Ⅱ　自社年金の受給者減額・廃止

　特別の根拠法令に基づかずに設立される自社年金制度（内部留保型の退職一
時金・退職年金制度）は，労使自治の下で，その制度内容を自由に定めること
ができる。具体的には，就業規則や労働協約によって当該制度内容が定められ
ることとなるため，受給者の年金減額や制度廃止が検討される場合には，当該
就業規則等の規定内容が問題となる。すなわち，受給者減額や制度廃止の有効
性判断は，就業規則等に定める事業主（企業）と受給者（退職者）との間の契
約の解釈・適用の問題として整理されることとなる。受給者減額をめぐる裁判
例では，特に，受給者減額を行い得る法的根拠が問題となり，自社年金制度の
内容を定める退職金規程等に，その根拠となる改廃条項が存在するか，存在す
る場合の当該規定の拘束力が問われる。

　まず，受給者減額を行うためには，その法的根拠となる改廃規定が必要と解
されている（港湾労働安定協会事件・大阪高判平18・7・13労判923号40頁では，
そのような改廃規定がなかったことから減額が認められなかった）。もっとも，裁
判例の中には，一般的・抽象的な文言で，減額について直接言及していない規
定内容でも減額の根拠規定として認めたり（松下電器産業グループ（大阪）事件・
大阪高判平18・11・28労判930号26頁，松下電器産業（大津）事件・大阪高判平
18・11・28労判930号13頁），「黙示の合意」を法的根拠としたりするもの（早
稲田大学事件・東京地判平19・1・26労判939号36頁）もあり，事業主が受給者
減額を行い得る法的根拠を認める傾向にある（他方で，前掲港湾労働安定協会事
件では，黙示の合意の存在が否定されている）。このような受給者減額の根拠とな
る改廃条項が認められない場合，受給者の同意がない限り，事業主は年金給付
の減額はできないこととなるが，事情変更の原則の適用によって受給者減額が
認められる可能性はある。ただし，最高裁は，同原則の適用について極めて消
極的であり（最三判平9・7・1民集51巻6号2452頁），実際上その適用可能性

はほとんどないであろう（適用を否定した裁判例として，幸福銀行（年金打切り）事件・大阪地判平 12・12・20 判タ 1081 号 189 頁・200 頁①事件・②事件，前掲港湾労働安定協会事件）。

　次に，退職金規程等に受給者減額の根拠となる改廃条項が規定されていたとしても，それが事業主と受給者（退職者）との間の関係で，双方を拘束する契約内容として認められるかは別途判断を要する問題となる。裁判例では，約款理論を利用したり（前掲松下電器産業グループ（大阪）事件，前掲松下電器産業（大津）事件），就業規則理論を準用したり（前掲松下電器産業グループ（大阪）事件一審・大阪地判平 17・9・26 労判 904 号 60 頁）と，その論拠は異なるものの，当該改廃条項の合理性を重要な判断要素としつつ，合理的な範囲での当該改廃条項の限定解釈を通じて，その拘束力を認める傾向にある。改廃条項の合理性審査においては，年金給付の長期継続性や当該年金の性質（恩恵的性格なのか，退職金の分割払いなのか等）などが考慮されている。

　そして，受給者減額を行う法的根拠としての改廃条項の存在が認められたとしても，それだけで当然に受給者減額が認められるわけではなく，実際に行われた減額の有効性が次に判断されることになる。裁判例では，概ね，減額の必要性と変更（減額）内容・手続の相当性という観点から有効性が判断されており，そこでは就業規則の不利益変更に関する判断要素（労契法 10 条）が用いられている。すなわち，事業主の経営状況等から減額の必要性が検討され，実施される減額の程度や代償（経過）措置の有無，減額に際してどのような手続が採られたか（説明会の実施の有無等），受給者の同意の有無（同意した受給者の割合）等が総合勘案され，減額の有効性が判断されている。また，このような就業規則の不利益変更法理の準用は，制度の廃止に関しても同様に用いられている（名古屋学院事件・名古屋高判平 7・7・19 労判 700 号 95 頁）。学説上は，就業規則の不利益変更が合理的範囲内で認められるのは，解雇権濫用法理（労契法 16 条）の下で，労働条件変更に反対する従業員を簡単には解雇することができないことへの代償措置であることから，労働条件の引下げによって得られる利益（雇用）が存在しない退職者（受給者）について，就業規則の不利益変更法理を準用して判断することに対する疑問が強く呈されている（前掲・森戸 218 頁）。

　なお，本設例では自社年金制度における受給者減額の可否が問われているが，

260　　第 9 章　労働契約の終了・退職金・年金

改廃条項が存在していることから，同条項の合理的な限定解釈を通じて受給者減額の法的根拠の存在は認められると考えられる。その上で，同条項に基づき，受給者減額を行い得るか否かは，経営状況や減額の程度が問題となるほか，受給者に対する説明やその同意の有無などによって決せられることとなる。

Ⅲ　確定給付企業年金の受給者減額

　確定給付企業年金法に基づく確定給付企業年金制度には，規約型と基金型が存在する。このような確定給付企業年金制度における受給者減額に際しては，当該制度内容を定めている規約の変更が必要となり，当該規約変更に関しては，厚生労働大臣による承認（規約型）または認可（基金型）が必要とされている（同法6条・16条）。受給者減額を内容とする規約の変更を厚生労働大臣が承認または認可する要件については，確定給付企業年金法は直接には規定せずに政令に委任し（同法5条1項5号・12条1項7号），同法施行令は受給者減額を内容とする理由要件として，①当該規約の変更をしなければ確定給付企業年金の事業の継続が困難となること（同法施行令4条2号）を規定し，さらに具体的な理由要件と手続要件の定めを同法施行規則に委任している（同法施行令4条2号・7条）。同法施行規則で定められている理由要件は，実施事業所の経営状況の悪化または掛金の額の大幅な上昇により，事業主が掛金を拠出することが困難になると見込まれるため，給付の額を減額することがやむを得ないこと（同法施行規則5条2号）である。また，同法施行規則では手続要件として，①受給権者等の3分の2以上の同意を得ること，②受給権者等のうち希望する者に対し，規約変更日における最低積立基準額を一時金として支給することその他の当該最低積立基準額が確保される措置を講じていることが規定されている（同法施行規則6条1項2号イ・ロ）。

　改正前の同法施行規則に定める理由要件（現行とほぼ同内容）を満たさないとして行われた厚生労働大臣による不承認処分を争った裁判例として，NTTグループ（年金規約変更不承認処分）事件（東京地判平19・10・19労判948号5頁，同控訴審：東京高判平20・7・9労判964号5頁）がある。同裁判例では，同法施行規則の定める理由要件について「受給権者等に対する給付減額が許容されるためには，単に経営が悪化しさえすれば足りるというのではなく，母体企業の

経営状況の悪化などにより企業年金を廃止するという事態が迫っている状況の下で，これを避けるための次善の策として，『給付の額を減額することがやむを得ない』と認められる場合に限られる」との解釈が示され，受給者減額を容易には認めないとする姿勢が窺える。

　他方で，受給者減額を内容とする規約の変更に関する承認・認可については，承認・認可は基本的には税制適格要件にすぎないことから，規約の変更が承認・認可されたとしても，受給者が当然にその規約変更に拘束されるわけではないと解されている（厚生年金基金制度の裁判例として，りそな企業年金基金・りそな銀行事件・東京高判平21・3・25労判985号58頁。同事件では，規約の変更について厚生労働大臣の認可があったとしても，受給者への給付内容を変更することの可否，要件については，当該年金制度の性格等に基づいて検討すべきものであり，当該規約変更が厚年法の予定する公益的観点から是とされたことのみをもって，規約変更が厚生年金基金の加入員以外の受給者に及ぶ根拠となり得るものとは解されない旨判示された）。そのため，受給者減額の有効性については別途判断が求められることとなるが，その場合の判断枠組みは，基本的には前述した自社年金の場合と同様になると解される（前掲りそな企業年金基金・りそな銀行事件）。

　確定給付企業年金制度の終了については，規約型の場合，労使合意による終了，企業倒産等による終了，規約承認取消しによる終了があり得る（確法83条1項・86条・102条3項）。基金型の場合には，代議員の4分の3以上の議決による解散，事業継続不能による解散，厚生労働大臣の解散命令による解散があり得る（同法83条2項・85条・102条6項）。制度の終了・解散時において，最低積立基準額に不足がある場合には，事業主は不足分を一括拠出することが求められている（同法87条）。また，終了した制度の残余財産は，事業主等が年金支給義務を負っていた受給者等に分配され（同法89条6項），事業主には返還されないこととなっている（同法89条7項）。なお，このような制度の終了・解散に求められる要件に関しては，受給者の意見が反映される仕組みとなっておらず，問題である。

（渡邊絹子）

9-8

9-8 消えた年金記録・社会保険適用基準の 誤信と使用者責任

設例 ある会社において，今から3年以上前の一定期間，正社員に係る社会保険の適用漏れがあることが発覚した。さらに会社が同人の給料から社会保険料相当額を源泉徴収していたが，この場合，厚生年金の保険料納付期間等につき修正を求めることができるか。

また同社では正社員よりも所定労働時間が短いパート社員について，社会保険の適用対象外と誤信し，社会保険手続きおよび社会保険料の源泉徴収も行っていなかった。この場合，パート社員は使用者に対し民事損害賠償請求を求めうるか。

解　説

I　はじめに

　厚年法は原則として，「適用事業所に使用される70歳未満の者」（同法9条）を被保険者としており，適用事業所たる会社は被保険者を使用した日から起算して5日以内に年金事務所に「健康保険　厚生年金保険　被保険者資格取得届」等を提出することが罰則付きで義務付けられている。これに対し，会社が上記届出義務を履行せず，本来の資格取得日から2年を経過した場合，保険料徴収の時効消滅に伴い，被保険者に対する保険給付に大きな影響が生じることとなる。厚年法92条では，保険料等を徴収する権利は，2年を経過した場合，時効によって消滅するものとしている（なお同条3項では，行政側からの納入告知または督促があれば，民法の規定にかかわらず時効の更新の効果が生じるものとする）。また同法75条では，「保険料を徴収する権利が時効によつて消滅したときは，当該保険料に係る被保険者であつた期間に基づく保険給付は，行わない」こととしており，時効消滅に係る期間については，事後的に被保険者期間であることが認められたとしても，被保険者に対する保険給付に反映されないこととなる。なお同条ただし書において，時効消滅前に事業主または被保険者から被保険者資格取得届または確認請求がなされ，これを基に時効消滅後，厚労大臣が被保険者期間を確認した場合には，同期間も保険給付に反映させるとする。設例においては今から3年以上前の一定期間において届出義務懈怠があ

9-8　消えた年金記録・社会保険適用基準の誤信と使用者責任　　263

り，かつ，時効消滅前の確認請求等がないため，前記の厚年法本法による救済余地がなく，問題が顕在化することとなる。

Ⅱ 厚生年金特例法と新制度の創設

平成 19 年 2 月に発覚した「消えた年金問題」を受け，旧社会保険庁が年金記録を改めて確認したところ，設例のように会社側が従業員から社会保険料を源泉徴収しているにもかかわらず，被保険者資格の届出をしていなかったり，保険料未納さらには報酬額を実際より少なく届け出ている事案などが相当数存在することが明らかとなった。そこで立法化されたのが厚生年金特例法であり，平成 19 年 12 月 19 日に施行され，その後一部改正がなされた。

同法は，事業主が被保険者等の報酬から保険料を控除していたにもかかわらず，国に保険料を納付しなかった等の事由に該当する場合，「年金記録の訂正請求手続」を行うこととしている。訂正が認められた場合には，時効消滅した保険料に基づく年金が特別に支給される。さらに国の保険料徴収権が時効消滅した場合であっても，事業主は保険料を国に納付することができることとし（これを国が推奨），保険料を納付しない場合は事業主名を公表することが義務付けられる。なお公表しても保険料が納付されなかった場合は，国がその保険料に相当する額を負担する（国は継続して事業主等に請求）。

以上の認定に基づき厚労大臣が確認等を行ったときは，厚生年金の原簿に記録された事項の訂正が行われ，基礎年金・厚生年金等の支給がなされる。

したがって設例のような事案が生じた場合も，本特例法によって，まずは被害社員に対し，特別に救済が図られることとなる。会社は国からの請求に応じ，未納分の社会保険料を別途納付しなければならず，これを怠った場合，企業名公表対象となりうる。その一方，同特例法は前述のとおり，会社が保険料を控除している場合等を対象としており，会社が保険料控除等を行わず，社会保険適用手続を放置し続けていた場合の問題はなお残されている。

Ⅲ 被保険者であるか否か会社が誤信した場合の対応

厚生年金の被保険者資格は前記のとおり厚生年金適用事業場において使用される 70 歳未満の労働者であるが，短時間労働者については以下の被保険者資

格基準を示している（適用除外（厚年法 12 条）に該当しない場合）。

　通常の労働者の 1 日または 1 週間の所定労働時間が 4 分の 3 未満または 1 か月の所定労働日数が 4 分の 3 未満。これを超えて勤務する場合は適用。なお平成 27 年 10 月から，一定規模以上の企業については，週 20 時間以上等まで適用拡大。

　短時間労働者の被保険者資格は分かりづらい点があり，会社が当該労働者すべてが社会保険の適用除外になると誤信している場合も多々見られる。この場合，会社はそもそも当該短時間労働者の給与等から保険料控除も行っておらず，前記特例法に基づく救済を受けることもできないため，会社に対し，別途民事損害賠償請求を提起しうるか否かが問題となる。その場合，まず問題となるのが厚生年金被保険者資格の届出義務違反等が私法上の義務違反にあたるか否かである。この点に関する裁判例では，同届出義務違反はあくまで公法上の義務違反にあたり，私法上の義務違反としない旨判示した例も存在した（エコープランニング事件・大阪地判平 11・7・13 賃社 1264 号 47 頁）が，近時の裁判例の多くは，不法行為法上の作為義務違反，または労働契約の本来的債務ないし付随的義務違反とし債務不履行責任を認めている。また債務不履行責任または不法行為構成いずれを取る裁判例も，特別な労使合意を必要とせず，社会保険の強制加入原則および労働者の信頼利益等を根拠に使用者の民事損害賠償責任を認めている。

Ⅳ　使用者の過失認定について

　届出義務違反が私法上の義務違反に該当しうるとしても，民事損害賠償責任の成否については，不法行為構成であれば使用者の故意・過失，債務不履行構成であれば予見可能性・結果回避可能性（使用者側認識ないし認識可能性）が別途問われることとなる。特に上記のとおり社会保険加入義務があるか否か判然としない場合，使用者側の過失（予見可能性）を問えるかが問題となりうる。

　まず短時間労働者については，社会保険の被保険者資格に疑義が生じやすいが，これについて使用者が過失判断を行ったものとした京都区役所事件（京都地判平 11・9・30 判時 1715 号 51 頁）がある。同判決では，短時間労働者の被保険者資格に係る行政通達が「公表された後は……原告らは明らかに本件基準を

満たすのであるから，各区長等が法〔厚年法〕27条の届出をしなかったことについて過失があるというべきであるし，右公表以前においても，各区長等としては，原告らの被保険者資格の有無について，これを否定する確たる根拠がない以上，少なくとも右届出はしておくべきであったというべきであるから，これをしなかったことについて過失があるとの評価を免れないというべきである。」とする。つまりは被保険者資格の判断基準が不明確であっても，使用者が事前に行政官庁に対し問い合わせ，ないし「届出」をなすべきとするものであり，当該対応が講じられていない場合，使用者の過失責任を認定する。ただし京都区役所事件では「初回保険加入を否定する確たる根拠」がある場合はこの限りではないとしている。

　その一方，使用者の過失責任が問えないことを理由に使用者の民事損害賠償責任が否定された事案として，関西棋院事件（神戸地尼崎支判平15・2・14労判841号88頁）がある。同事件では，被保険者資格判断の不明確性（「使用される者」と個人請負等）とともに社会保険事務所側助言指導の混乱などから「社会状況及び関係者の理解解釈を考えると……違法であると評価することはできない」との判示が示された。同様に行政説明に混乱がみられたものとして宮崎信用金庫事件（宮崎地判平21・9・28・判タ1320号96頁。ただし同事件は社保事務所が説明撤回するも会社側がこれを合理的理由なく受け入れず従前の説明に終始した点が使用者の「説明義務違反」にあたるとし，損害賠償請求容認）がある。

　以上のとおり社保適用の基準が不明確である場合も，裁判例は原則的に使用者側による行政への照会等を強く求めており，これがなされていない場合，使用者の過失責任を認める傾向がみられる。その一方，前記のとおり行政側の指導・情報提供に過誤等がある場合，使用者側の過失責任はやはり問えない。

　本設例においても，会社側は少なくとも年金事務所に対し，対象社員が社会保険の適用対象であるか否か確認をなすべきであり，これを怠ったのであれば，いかに会社側に誤信があったとはいえ，使用者側の民事損害賠償責任自体が否定されるものではない。

（北岡大介）

国際化への対応

10-1　外国人労働政策の現状

設例　わが社は，自動車部品を製造しているが，最近，人手不足で外国人労働者を採用したいと思っている。しかし，長く働いてもらうためには，安心して働き続けられる在留資格が必要であるし，生活の安定はもとより，適切な人材を確保する必要もある。日本における外国人労働政策は，どのようになっているのだろうか。

解　説

I　入管法上の在留資格

　外国人労働者が，日本に滞在し，就労するためには，就労が認められる出入国管理及び難民認定法（以下，「入管法」）上の在留資格を有することが必要となる。在留資格（大きく30種類）には，次の区別がある。

　まず，入管法に基づく29種類のうち，①就労活動に制限のない身分または地位に基づく在留資格（永住者，日本人の配偶者等，永住者の配偶者等，定住者），②就労そのものを目的とする在留資格（外交，公用，教授，芸術，宗教，報道，高度専門職，経営・管理，法律・会計業務，医療，研究，教育，技術・人文知識・国際業務，企業内転勤，介護，興行，技能，特定技能，技能実習），③就労の可否は指定される活動による在留資格（特定活動），④原則として就労が認められない在留資格（文化活動，短期滞在，留学，研修，家族滞在）が存在する。ただし，④の在留資格は，それ自体として就労活動を認めていないが，資格外活動の許可を受ければ，一定範囲の就労が可能となる。例えば，「留学」の在留資格での留学生のアルバイトは，こうした資格外活動の許可によって認められる（週の労働時間に上限規制がある）。また，③の「特定活動」は，最近の様々な外国人労働者の受入れ制度に活用されており，内容が複雑多岐にわたる。国家戦略特別区域法の下で特定の国家戦略特区での家事労働者（「家事支援人材」）など，事実上の単純労働者の受入れもこの「特定活動」の在留資格の下で進められてきた。同在留資格では，法務大臣（2019年4月1日施行の「出入国管理及び難民認定法及び法務省設置法の一部を改正する法律」〔平30・12・14法102号。以下，

268　第10章　国際化への対応

同法によって改正された入管法を本章で「改正入管法」という〕の下で同法の執行に係る法務大臣の権限の多くが出入国在留管理庁長官に移管されている）の指定の内容によって就労活動が可能かどうかが決まる。

さらに，上記の入管法の在留資格とは別に，⑤入管特例法の下での「特別永住者」がある。「特別永住者」は，第二次世界大戦終戦前の日本の植民地政策の下で，終戦前から継続して日本に滞在していてサンフランシスコ平和条約発効とともに日本国籍を喪失した朝鮮半島と台湾出身者およびその子孫が該当する。特別永住者も，上記①と同様，就労活動に制限がない。

Ⅱ 外国人労働者の受入れ政策

これまでの日本の外国人政策をみると，いわゆる移民受入れ政策（入国時点で永住許可を付与するもの）は採用してきていない。

また，外国人労働者の質的管理の観点からみると，雇用対策基本計画（第6次から第9次まで。雇用対策法（旧）改正により，同計画は第9次策定で終了した）において，専門的・技術的分野は積極的に受け入れるが，単純労働者の受入れは十分慎重にとの外国人労働者受入れの基本方針が閣議決定により策定されており，これに対応する出入国管理基本計画でも同様の姿勢が示されてきた。こうした基本方針の下で，単純労働者は受け入れない施策が採られてきたが，1989年に改正された入管法（同改正施行以降の入管体制を「1990年体制」という）の下で，①日系人労働者，②技能実習制度によって，実際には単純労働者として受入れがなされてきた。

日系人労働者については，1990年体制の下で，日系人につき3世まで就労活動に制限のない，「日本人の配偶者等」や「定住者」の在留資格での滞在を可能とする政策が採られた。その多くは有期雇用や派遣労働など不安定雇用に従事していたため，リーマンショックの影響下で大量解雇が発生し，2009年度には，単年度事業として，政府が失業した日系人労働者および家族の帰国費用を負担しての帰国支援事業を実施する事態となった。しかし，最近では日系人労働者の高齢化を背景に，日系4世につき，「特定活動」の在留資格の下で一時的就労等を認める受入れ制度が2018年にスタートしている。

また，技能実習制度については，制度趣旨は開発途上国への技能移転が目的

であるが，労働関係法令の不遵守などの不正事例が見られ，実質は低賃金労働のために利用されているとの批判がある。こうした制度の適正化および技能実習生の保護のため，2016年に技能実習法が成立し，2017年11月1日から新制度が施行されている（**10-3**参照）。

Ⅲ　人口減少社会での成長戦略

以上は，これまでの入管法政策の概要であるが，最近では，①人口減少社会に対応するため，介護，建設業，農業など人手不足分野での受入れの議論が高まった。介護のように，2016年入管法改正により，「介護」の在留資格（当初は，介護の専門学校の卒業生など在留資格「留学」からの資格変更者が主たる対象として想定されていた）が創設されたもの（施行は2017年9月1日）もあるが，上述のとおり，「特定活動」の在留資格によって，入管法改正によらずに単純労働分野での受入れ拡大がなされたものもあったところ，2018年12月に，人手不足分野での即戦力となる外国人を受け入れるための在留資格「特定技能」を創設する改正入管法が成立し，事実上の単純労働者の受入れに門戸が開かれることとなった（2019年4月1日施行）。

また，②成長戦略の一環として，外国人高度人材については，2012年からポイント制の下で，高度人材と認定された外国人に対して入国・在留上の優遇措置を与える積極的な受入れ促進策が採られているとともに，永住を早期に許可することによりそうした人材の定住を促進する施策などがみられるが，上記①の人手不足分野の受入れ拡大の動向とともに，高度人材のポイント制も発足当初に比べて，最低年収基準の引下げ等の基準の緩和や加算点の追加が繰り返されており，真に高度と評価しうる外国人の受入れとなっているかの政策的検証が必要な状況となっている。

Ⅳ　改正入管法による在留資格「特定技能」の創設

上述のとおり，改正入管法は，在留資格「特定技能」を創設した。同在留資格は，1号と2号に分かれている（同在留資格の下での外国人を特定技能外国人といい，特に1号の外国人につき，1号特定技能外国人という）。このうち，特定技能1号は，特定産業分野（人材を確保することが困難な状況にあるため外国人

により不足する人材の確保を図るべき産業分野）において法務省令で定める相当程度の知識または経験を必要とする技能を有する業務に「特定技能雇用契約」に基づき従事する活動を行うものである（1号での在留期間は通算して5年を超えることはできない）。一定の日本語試験と特定産業分野の技能試験に合格することが必要であるが，技能実習2号修了者（概ね3年の技能実習を修了した者を指す）については，試験が免除される。

　これに対し，特定技能2号は，特定産業分野において，法務省令で定める熟練した技能を要する業務に雇用契約に基づき従事する活動を行うものである（一定の技能試験に合格することを要する）。特定技能2号では，在留期間の更新により長期滞在が可能となるほか，1号では認められていない家族の帯同が許される。

　改正入管法に基づき，「特定技能の在留資格に係る制度の運用に関する基本方針」と，これに則り，特定産業分野14業種（介護業，ビルクリーニング業，素形材産業，産業機械製造業，電気・電子情報関連産業，建設業，造船・舶用工業，自動車整備業，航空業，宿泊業，農業，漁業，飲食料品製造業，外食業であり，特定技能外国人は当該分野での特定の業務区分に従事することが求められる。特定技能2号は当面の間，建設業，造船・舶用工業に限定される。なお，介護は介護福祉の資格を有する，熟練者につき在留資格「介護」での在留が可能であるため，2号での受入れは行われない）の分野別運用方針が，2018年12月25日にそれぞれ閣議決定された。また，2019年3月15日に，同法施行にかかる政令，法務省令（特定技能基準省令等）が公表され，特定技能1号にいう相当程度の知識または経験を必要とする技能および同2号にいう熟練した技能については，基本方針に則り，各特定産業分野に係る分野別運用方針および運用要領で定める水準を満たす技能であるとされた（平31・3・15法務省令6号）。さらに，同日，分野固有の上乗せ基準を定める分野所管省庁の告示が公表された（例えば，国土交通省告示につき，**10-2 Ⅱ**参照）。分野所管省庁の告示は内容にばらつきが大きく，制度としての分野間の調整が求められよう。

（早川智津子）

| 10-2 | 外国人労働者の活用の方法 |

設例　① フィリピン人Aは，賃金は月1000ドルであるとしてB会社に採用され，入管法に基づく「技術・人文知識・国際業務」の在留資格で来日した。しかし，Aの入国にあたっては，具体的には，それに先立つ「在留資格認定証明書」の交付申請手続において，B会社から法務省出入国在留管理庁に対し，賃金につき月額30万円とする内容の「雇用契約書」が提出されていたが，実際の支給額は1000ドルに相当する額であった。Aは，この「雇用契約書」に基づき，賃金を請求することができるか。

　② 1号特定技能外国人につき，入管手続のなかで作成された雇用契約書では，賃金月額20万円とされていたが，実際の支給額が15万円という場合はどうか。また，賃金月額20万円は支払われていたが，同等の業務に従事する日本人労働者の賃金月額が25万円であった場合はどうか。

解　説

I　入管手続上の「雇用契約書」の法的性質

　入管法上の一定の在留資格については，国内労働市場への影響に配慮するため，当該在留資格での上陸許可ないし変更許可の基準を定める法務省令（いわゆる「基準省令」）において，報酬につき，「日本人が従事する場合に受ける報酬と同等額以上の報酬を受けること」との規定が置かれている。

　しかし，山口製糖事件（東京地決平4・7・7労判618号36頁）は，入管手続の際に使用者から入管当局に提出された「雇用契約書」は，労働契約の内容とはならないと判示した。同決定で裁判所は，入管法（公法）と労働契約（私法）との違いに着目して，本設例のような行為につき，入管法の脱法行為ではあるが，入管法は出入国の適正な管理を目的とするものであって日本国内で就労する外国人の保護を直接の目的とするものではなく，同法違反の労働契約の内容を規律する特段の規定もないとして，原告である外国人労働者による「雇用契約書」記載の賃金請求を退けている。

　一般に労働契約の内容は，強行法規に反しない限り，当事者間での合意によ

272　第10章　国際化への対応

り，判断される。一方，公法である入管法は，労働契約に対し直律的効力を有するものではない。そのため，当事者の合意なしに，入管手続上使用者側で一方的に作成した「雇用契約書」の内容は，そのまま労働契約の内容となるとはいえないこととなる。

　そうすると，入管法（実際には法務省令等）で要求されている日本人との同等待遇は，実際には，入管手続での上陸許可等の審査の判断要素となるにすぎず，そのために，実際の労働契約の締結において，交渉力が弱い外国人労働者を相手に，日本人に比べて不利な労働条件で契約がなされていたとしても，他の労働関係法令（労基法，最賃法や，いわゆる「同一労働同一賃金」を規定するパート・有期法等）に違反しなければ，労働契約自体としては効力を有しており，入管法の脱法行為が放置されてしまうおそれがある。

　上記山口製糖事件東京地裁決定のような見解が裁判例上確立しているとまではいえないかもしれないが，入管法の公法としての性格に着目する発想は，むしろ伝統的なものであるので，入管法令において（法務省令の基準によって）国内労働市場の保護を念頭に入れて制度設計をしたとしても，現行法では，その実効性を十分に担保できないという問題が残るものといえる。

　こうした問題を解決するためには，立法論的には入管法の制度として，入管手続の「雇用契約書」を合意内容とするため，①同文書が一定の方法で外国人労働者本人に交付され，同人が受領していることの確認欄，②外国人労働者が理解できる言語・方法で労働条件の説明を受けたことの確認欄，および③記載事項が実際の労働条件と相違ないことについての使用者による誓約欄を設け，④使用者と外国人労働者の双方の署名（ないし記名・押印）を義務付けることが考えられる（制度設計としては，入管当局または厚生労働省による認証制度があればなおよいだろう）。

　その上で，本設例①のように当該「雇用契約書」よりも低い労働条件で実際の労働契約が成立しているような脱法行為としてのいわゆる「二重契約」問題に対しては，使用者から入管手続において提出された「雇用契約書」記載の労働条件の申込みがなされたものとみなした上で，外国人労働者の同意（承諾の意思表示）がなされたときは，「雇用契約書」記載の労働条件が労働契約の内容となるといった，入管手続上の「雇用契約書」記載事項の契約内容化の法的

根拠を入管法令ないしは労働法令に置くことも考えられる。こうして「雇用契約書」記載事項を遵守させるための仕組みを作ることによって，使用者による入管法の脱法行為から外国人労働者を保護するとともに，そうした脱法行為によって国内労働市場における労働条件が事実上侵害されないような制度設計が求められよう。

Ⅱ　改正入管法の下での特定技能外国人の取扱い

以上は，入管法令一般の問題であったが，改正入管法によって創設された在留資格「特定技能」は，これまでにない取扱いがなされている。

改正入管法は，受入機関（特定技能所属機関）と特定技能外国人との間で締結される「特定技能雇用契約」に，雇用関係および在留に関する事項につき法務省令の基準に適合することを求めている（入管法2条の5，特定技能雇用契約及び1号特定技能外国人支援計画の基準等を定める省令〔平31・3・15法務省令5号〕。以下「特定技能基準省令」という）。特定技能基準省令は，同在留資格の上陸許可・変更許可につき，「特定技能雇用契約」において通常の労働者と同等の所定労働時間，日本人が従事する場合の同等額以上の報酬，一時帰国につき有給休暇の付与等，労働条件を含む基準を定めるが，これらの基準は，入管法令上のものであり，直ちに契約内容となるものとはいえないと考えられる。

しかし，在留資格「特定技能」においては，入管手続の「在留資格認定証明書交付申請書」の様式において，特定技能雇用契約での雇用期間，業務の内容，所定労働時間（通常の労働者の所定労働時間と同等であることの有無）などの労働条件を記載させた上，特に月額報酬については，雇用する外国人の報酬の額および同等の業務に従事する日本人の報酬の額の記載に加え，報酬の額が日本人が従事する場合の報酬の額と同等以上であることの有無を記載させることとなっている。こうした申請書様式の内容は，特定技能基準省令との適合性の有無を含むものとなっている。

その上で，1号特定技能外国人に対しては，特定技能所属機関または同機関からの委託を受けた登録支援機関による支援計画の実施が求められるところ，同申請書の様式は，特定技能基準省令に則り，特定技能雇用契約の内容等につき外国人が十分に理解することができる言語で，対面またはテレビ電話その他

の方法により情報の提供を実施することの有無，支援計画の写しの当該外国人
への交付の有無を答えるものとなっており，外国人本人への情報提供の実施の
有無を特定技能所属機関等が作成する申請書によって入管当局が確認できるも
のとなっている。

　さらに，**10-1 Ⅳ**で述べたとおり，分野所管省庁の告示は，内容にばらつき
がみられるものの，建設分野に関する国土交通省告示（平31・3・15国交告357
号）は，「雇用契約に係る重要事項事前説明書」の様式を定め外国人のサイン
と特定技能所属機関名・代表者の記名・押印を求めている。

　こうした，同在留資格の手続の下では，特定技能外国人の特定技能雇用契約
につき，特定技能基準省令に合致する雇用契約（労働契約）の成立を認定でき
る可能性が高く，本設例②前段では20万円の雇用契約書記載事項が裁判所で
も合意内容として認定される可能性が大きいと考える。ただし，雇用契約の内
容の確認のチェックは特定産業分野によって異なっている（「特定技能」に係る
制度は，法案成立から施行までの期間が短く，各省庁間の調整が十分になされて
いなかった）。今後は，統一すべきと考える。

Ⅲ　特定技能外国人の日本人との同等取扱い

　また，特定技能雇用契約について，改正入管法は，法務省令の基準に「外国
人であることを理由として，報酬の決定，教育訓練の実施，福利厚生施設の利
用その他の待遇について，差別的取扱いをしてはならないこと」を含むものと
しており（入管法2条の5第2項，特定技能基準省令1条1項4号），報酬の額が
日本人が従事する場合の報酬の額と同等以上の額であることなどを法務省令に
より求めている（同省令1条1項3号）。そのうえで，改正入管法は，所属機関
による特定技能雇用契約の適正な履行を法務省令の基準に定めるものとし（入
管法2条の5第3項），この点につき，法務省令は，労働，社会保険および租税
法令の遵守（特定技能基準省令2条1項1号），保証金の徴収の禁止（同項6号），
違約金の定めの禁止（同項7号）などの規定に加え，原則として，契約の締結
日前1年以内または締結日以降に同種の業務に従事していた労働者を非自発的
に離職させていないことを求めている（同省令2条1項2号）。これらの入管法
および法務省令の規定は，在留資格「特定技能」の上陸許可ないし変更許可に

係る入管法令の基準であるが，それと同時に，入管法2条の5は規定の文言からみても雇用契約の内容そのものを規律する規定となっていることから，入管法令のなかに労働法的性質を有する規定が置かれたものということができるであろう。

そうした点からは，同一労働において特定技能外国人の賃金が，日本人労働者よりも低い場合，上記規定を踏まえた外国人労働者の救済を考えるべきである。ただし，入管法2条の5は，日本人と同等額の契約内容に修正されるとの規定を置いていないことから，同条自体は直律効を持たないと考えることが妥当であり，同条違反の賃金の差額につき，損害賠償を請求することができると解釈することとなろう。本設例②の後段では，賃金の差額につき，損害賠償が認められることとなろう。

なお，労働法的性質を有する入管法の規定の執行にあたっては，法務省出入国在留管理庁や分野所管省庁では十分にその実効性を高めることが困難であると考えられることから，立法論的には，労働行政による監督を入管法令に取り込むことが必要ではないかと考える。

（早川智津子）

10-3　技能実習制度をどう利用すればよいか

設例 ①　わが社で受け入れている技能実習2号の技能実習生が，3号への移行にあたって，別の会社も経験したいと申し出てきた。わが社としては，5年間は働いてくれることを期待していたので，転職するならこれまで技能実習で掛かった費用を返還する旨の誓約書に基づき費用を請求し，3号移行の手続に必要な技能検定3級の実技試験受検の手続きや外国人技能実習機構等への手続は一切手伝いたくない。何か問題はあるだろうか。

②　技能実習生が入国直後に労働組合に加入し，監理団体にその旨通知した。監理団体は，労働組合を脱退しなければ技能実習を中止して帰国してもらうといい，技能実習生に労働組合からの脱退を勧めた。また，労働組合は，実習実施者たる受入れ企業に対して，技能実習計画の修正を求めて団体交渉を申し入れた。受入れ企業は，現在は講習の段階であり，技能実習生とはまだ雇用関係がないと主張して，団体交渉を拒否した。監理団体が労働組合の組合員たる技能実習生に脱退を勧奨した行為は労組法7条3号の不当労働行為にあたるか。また，受入れ企業の当該団体交渉拒否は労組法7条2号の不当労働行為にあたるか。

解　説

Ⅰ　技能実習法について

2016年に成立した「外国人の技能実習の適正な実施及び技能実習生の保護に関する法律」(「技能実習法」)に基づく新たな技能実習制度が施行されている(2017年11月1日から一定の経過措置を経て新制度が施行されている)。

受入れ形態によって，①海外の子会社から国内の親会社が受け入れるなどの「企業単独型」と，②そうした関係会社を持たない中小企業等が，監理団体を通じて受け入れる「団体監理型」に分けられている。

過去に同制度の下で(特に②の団体監理型受入事業において)，問題となる不正行為事例が多発したことを背景に，技能実習法は，技能実習制度を管理する機関として，認可法人外国人技能実習機構を設立した上で，監理団体は許可制の下に置くこと，受入れ企業など実習実施者を届出制とし，実習実施者が作成する技能実習計画を認定制の下に置くことにより(こうした権限は法務大臣およ

10-3　技能実習制度をどう利用すればよいか　**277**

び厚生労働大臣に帰属するが，実務は外国人技能実習機構が担当する），技能実習制度の適正化を図るとともに，併せて，技能実習生の保護規定を置いた。

他方で，制度を遵守する優良団体（一定の実績の下で一般監理団体の許可を受けうる。それ以外を特定監理団体という）には，受入れ人数枠の緩和や3年以内とされていた在留期間（1年目は1号技能実習，2年目・3年目は2号技能実習という）につき，4年目・5年目にあたる3号技能実習を可能としている。こうした技能実習法は，技能実習制度という外国人受入れ制度を定めるとともに，同制度の下での技能実習生の労働者としての保護を定める点で，従来にない入管法と労働法のハイブリッド法と位置付けることができる。主務大臣も，法務大臣と厚生労働大臣となっている。

Ⅱ　3号技能実習移行での転職

技能実習制度上，1号技能実習および2号技能実習では，本人の帰責によらず技能実習の継続が不可能になるなどした場合（この場合は監理団体や外国人技能実習機構の支援の下で再就職あっせんがなされる）を除いて，原則として実習実施者以外への転職を認めていない（なお，技能実習計画が認定されていれば，複数企業での受入れが可能である）。ただし，2号・3号技能実習に移行できるのは，それぞれの技能実習移行対象職種・作業に限られ，対象でない職種は，継続に制約があることを技能実習生に周知しておく必要がある。

これに対し，新制度では，3号移行時（2号技能実習修了後に1か月以上の帰国を要する）における在留資格変更許可の際に転職を認めている。転職と言ってもどのような職種でもよいのではなく，技能実習の職種かそれに関連する職種に範囲が限られる。外国人技能実習機構は，こうした転職希望の技能実習生に対し，特設のウェブサイトを設けている。監理団体は，技能実習生の受入れ事業に関しての職業紹介事業者でもあるので（技能実習法の監理団体の許可は，技能実習生の職業紹介事業者の許可も兼ね，従来の職安法上の許可取得手続は不要になったが，職業紹介事業者に対する職安法の諸規定は適用があり，監理団体についても職安法違反を問う余地がある。なお，監理団体が技能実習修了者を特定技能外国人として職業紹介する場合には，職安法に基づく許可を取得する必要がある），技能実習生のこうした要望には職業紹介事業者として適切に対応することが求められる。

さて，設例①は，受入れ企業たる実習実施者が3号移行に際し技能実習生の転職を阻止しようと，それまでの技能実習に掛かった費用の返還を求める旨の契約をするものであり，こうした契約の締結には問題がある。

　まず，そのような契約を実習実施者が技能実習生との間であらかじめ結ぶことは，違約金の定めとして労基法16条違反になりうる可能性ばかりでなく，監理団体等がそのような契約を求めた場合は技能実習法47条1項違反となる（罰則同法111条4号）。なお，技能実習生は来日するにあたり，外国人技能実習機構に提出される手続において，送出機関から違約金を定める契約を求められていないことにつき，誓約書類を出すことになっている。

　この点について参考となる裁判例をみると，海外留学費用の返還義務を定めた契約について，留学と業務とのかかわりの薄さを理由に金銭消費貸借契約の性質を持つに留まり，労基法16条違反を否定したもの（長谷工コーポレーション事件・東京地判平9・5・26労判717号14頁）がある一方で，海外研修が業務に係るものであったことを理由に費用返還を認めなかったもの（富士重工業事件・東京地判平10・3・17労判734号15頁）がある。技能実習制度の費用の返還に係る事例は，働きながら技能の修得を目指すという制度の性質上，おおむね後者に該当すると思われ，その観点からも費用返還の契約は認められない（技能実習制度と全く関係のない経費を実習実施者が負担した場合に若干の問題が残る可能性はある）。

　また，事後的に技能実習に掛かった費用の返還を損害賠償などと称して徴収することについては，技能実習に掛かる経費について監理費も含め技能実習生から徴収してはならないとしている制度の趣旨から，実質的に足止めとなるような費用返還の請求は公序違反となりうる（民法90条）。

　さらに，3号移行に際し，2号技能実習の修了までに，技能検定3級レベルの実技試験の受検と合格が求められるが，技能実習生の転職を阻止しようとしてそういった試験の準備を怠ることは，実習実施者自らの技能実習計画に違反したものとして不正行為となりうる。移行にあたり元の実習実施者の下での技能実習をしたことについての書類を求められる場合に，それに協力しないことにも問題がある（労働組合に加入した日系人労働者につき，入管手続に必要な在職証明などの書類の提供を拒んだ使用者について不当労働行為にあたると判断したネットユニバース事件・千葉地労委決平11・8・27命令集114集292頁も参照）。

Ⅲ　技能実習と不当労働行為の成否

(1)　監理団体の労働組合脱退勧奨

　監理団体は，技能実習生との関係において労働契約関係になく，原則として
は，労組法の使用者にも当たらないと解される。そこで，監理団体による労働
組合からの脱退勧奨は，原則として労組法違反を問うことは困難であるが，使
用者でなくとも団結権の侵害はなされうることからして，不法行為（民法709
条）に基づく損害賠償請求は，可能であろう。

　しかし，例外的に，当該監理団体が，基本的な労働条件について「雇用主と
部分的とはいえ同視できる程度に現実的かつ具体的に支配，決定することがで
きる地位」（朝日放送事件・最三小判平7・2・28民集49巻2号559頁参照）にあ
った場合には，当該脱退勧奨は労組法7条3号に反し不当労働行為となりうる。
受入れ企業（実習実施者）に代わって監理団体が雇用管理を行っていたような
場合には，こうした例外が当てはまる余地があろう。

(2)　受入れ企業の団交拒否

　設例②において，受入れ企業による団交拒否は，技能実習生が入国直後の講
習の段階でなされているので，雇用関係の成立時期はいつか，および，入国直
後の講習の段階（団体監理型受入れでは，監理団体によって実施される）での受入
れ企業の労組法7条の使用者性の有無が問題となりうる。

　この点につき，技能実習契約という受入れ企業と技能実習生の間の労働契約
が，入国前に成立した就労始期付労働契約であると評価しうるならば，講習の
段階であっても，雇用関係は成立しており，受入れ企業の使用者性も認めるこ
とができるであろう。また，こうした就労始期付き労働契約が仮に成立してい
ないとしても，講習終了後に労働契約関係が成立する現実的・具体的可能性が
あるので，講習段階での受入れ企業は，少なくとも「労働契約関係に隣接する
関係を基盤とする使用者」（菅野960-962頁）であるとして，労組法7条の使用
者であると認めることができるであろう。

(3)　技能実習計画は労働条件か（義務的団交事項該当性）

　上記(2)のように，受入れ企業の使用者性が認められる場合であっても，本設
例②後段のような技能実習計画の内容の修正は，義務的団交事項に該当するか

が問題となる。**10-2**でも取り上げた，山口製糖事件東京地裁決定は，在留資格「技術」（当時。現在の「技術・人文知識・国際業務」）の外国人が，製糖技術の「研修」を求めて集団で職場を離脱したことにつき，裁判所は，そうした要求が雇用契約とは別個の「研修を目的とする契約」の締結を求めるものであって，一定の雇用契約を前提としてその労働条件の改善を求めて行う争議行為とは性格を異にしているとして争議行為としての正当性を否定した。

　しかし，技能実習制度においては，技能実習計画に沿った内容で技能実習契約という労働契約が成立していると考えると，技能実習計画のうちの労働義務を内容とする部分については，労働条件となることはもちろん，労働義務以外の部分（制度上の用語ではないが，これを「教育研修」と呼ぶことにする）についても，技能実習契約は，「教育研修特約付き労働契約」であるものと考えられるので（早川智津子「外国人技能実習生と就労請求権」季労233号〔2011年〕222-236頁），技能実習のための教育研修やその計画も労働条件となる。したがって，技能実習計画の内容は全体として義務的団交事項となり，受入れ企業は，技能実習計画の修正を求める労働組合からの団交要求を，正当な理由なく拒むことはできないと考える（労組法7条2号。ただし，技能実習計画が団交の結果変更された場合，外国人技能実習機構の認定を受ける必要がある）。

　なお，団結権を認めていない送出し国の送出機関が，技能実習生と送出機関との間の送出契約で技能実習生に労働組合に加入しないよう要求することがありうる（そうした契約が送出し国内では有効である場合でも，日本国内での効力は公序良俗に反するので否定される可能性が高い）。したがって，実習実施者が，そうした送出契約に基づき技能実習生の労働組合加入を妨害するような行為は，労組法7条3号に反し不当労働行為となりうる。

Ⅳ　技能実習生と日本人との同等待遇

　Ⅰで前述した技能実習法では，技能実習生の待遇について，日本人との同等の待遇を求める技能実習法9条9号の規定がある。同規定は，技能実習計画の認定に係る規定である。その上で，同条が，労働契約を直接規律する効果を持つ労働法的性質を有するかについては，同法施行以降の運用状況や裁判例に注目する必要がある。前掲山口製糖事件東京地裁決定などの傾向からすると，同

規定をもって直ちに裁判所が賃金格差の是正を認めることまでには至らないかもしれない。しかし，立法の際に同号が国会での修正で追加されたことなども踏まえると，同法によって技能実習生を保護することの要請が強かったことを指摘できる。そうすると，仮に，同規定が直律的効力を有すると判断することまでは難しいとしても，同法の運用において，技能実習生の待遇について，実質的に日本人との同等待遇を確保すべく，外国人技能実習機構や行政の指導などを通じての実現が期待されるといえる。

　また，技能実習法の同規定が，単独では直律的効力を持たないとしても，労基法3条や民法90条（公序良俗）の解釈において参照される裁判例も出てくる可能性はありうる。同法施行前の旧制度の下でも，寮費について同じ寮の日本人従業員と技能実習生との間で徴収費用に差を設けることは，労働条件について国籍差別を禁じる労基法3条違反とする裁判例はあった（デーバー加工サービス事件・東京地判平23・12・6労判1044号21頁，これとは別事件であるデーバー加工サービス事件・東京地判平24・4・20 LEX/DB25481082，ナルコ事件・名古屋地判平25・2・7労判1070号38頁参照）。他方で，技能実習法施行前の裁判例では，賃金格差について労基法3条違反を認めるところまで踏み込んだものはなかった。こうした従来の裁判例の限界が，技能実習法施行後の新制度の事案の下で変化するか否かを見ていく必要があるだろう。

　さらに，2018年に成立した「働き方改革関連法」により改正されたパート・有期法の下で，技能実習生は期間の定めのある労働契約であることが大半であることからすると，同法8条および9条の枠組での格差是正の解釈に参照される可能性はありうるのではないかと思われる。一方で，「技能実習生」は，外国人のみを対象とする制度の下での労働者であり，そういう意味では比較対象される日本人労働者を受入れ企業の従業員の誰にすべきかという差別認定の際の立証の問題は残されている。また，有期労働者たる技能実習生が，通常の無期労働者との待遇の違いについて説明を求めた場合は，使用者は，パート・有期法14条の下での説明責任を負うこととなろう。

（早川智津子）

10-4

| 10-4 | 外国人労働者の雇用管理 |

設例
①　応募書類に日本名（通名）を記入して，C 会社に採用内定された D が，自らが在日コリアンであることを明らかにしたところ C 会社から内定を取り消された。内定取消しは国籍を理由とする差別取扱いとなるか。

②　語学学校を経営する E 学園は，日本人教員については期限を定めない雇用をし，外国人教員については日本人教員より高額の賃金体系で 1 年の期間を定めて雇用していた。外国人教員である F は，E 学園が自分を期間の定めのある契約でしか雇用しないのは外国人差別にあたるとして訴えた。

③　パキスタン人 G は，在留資格「短期滞在」で入国し，在留期間経過後もそのまま日本に滞在して就労し，H 会社で製本作業中に指を切断する労災事故に遭った。そのため，G は，H 会社に対し，安全配慮義務違反に基づく損害賠償を請求した。損害賠償額は，日本国内に居住することを前提に算定されるだろうか。

解　説

I　外国人労働者と労働法の適用

　国内で働く外国人労働者の労働契約関係においては，国際私法上の準拠法選択の問題が発生しうる。とはいえ，日本の労働関係法令は，労基法などの労働保護法上の規定のほか，労契法にあっても 16 条や 17 条など，強行規定と解されるものが多い（通則法 12 条参照）。

　また，入管法上適法に就労するための在留資格を持たない不法就労外国人に対しても，原則として日本の労働関係法令が適用されると解されている。

　なお，外国人の雇用管理については，労働施策総合推進法（旧雇用対策法）7条および 8 条に基づき，厚生労働省「外国人労働者の雇用管理の改善等に関して事業主が適切に対処するための指針」（平 19・8・3 厚労告 276 号，最終改正平31・3・29 厚労告 106 号）が公表されている。

II　国籍を理由とする差別と労基法 3 条（設例①）

　D は，自ら在日コリアンであると述べており（現行法では「特別永住者」であ

10-4　外国人労働者の雇用管理　　**283**

る可能性が高い），その後なされた本件内定取消しは，在日コリアンであること
が理由であるとして，労基法3条違反（ないし民法90条の公序良俗違反）を認
めうる（日立製作所事件・横浜地判昭49・6・19判時744号29頁）。

　また，通名を使用する「特別永住者」である従業員に対し，執拗に本名を名
乗るよう求めた社長の行為が労基法3条違反にあたると判断した，カンリ事件
（東京高判平27・10・14 LEX/DB25541315）がある。職場での旧姓使用を権利と
認めなかった日本大学第三学園事件・東京地判平28・10・11労判1150号5
頁（控訴後和解）と比べてみても，「特別永住者」の職場での通名の使用は，特
に認められる権利といえる。本設例で，採用内定により労働契約が成立してい
るとすれば，内定取消しは労働契約の解約にあたり（大日本印刷事件・最二小判
昭54・7・20民集33巻5号582頁参照），本件解約は労基法3条（ないし民法90
条）違反として無効となる。

Ⅲ　国籍（外国人）差別か雇用形態の区別か（設例②）

　語学専門学校において，外国人講師と日本人講師とで雇用期間の定めの有無
に差を設けたことが争われたが，裁判所は，賃金面では外国人講師の方が優遇
されていた点も考慮要素として，雇用形態の違いによるもので，労基法3条の
国籍差別に当たらないと判断した裁判例がある（東京国際学園事件・東京地判平
13・3・15労判818号55頁）。三菱樹脂事件（最大判昭48・12・12民集27巻11
号1536頁）において，最高裁が，労基法3条は採用差別を含まないと判断し
たことで，通常，採用時に決められる雇用形態の違いには，労基法3条の適用
がないとされることになった。また，上記裁判例からは，国籍差別に関して，
労基法3条の適用に消極的な姿勢もうかがわれる。

Ⅳ　不法就労者の労災事件をめぐる損害賠償額（逸失利益）の認定（設例③）

　この問題に関しては，最高裁は，一時的に日本に滞在する外国人について，
「我が国での就労可能期間ないし滞在可能期間内は我が国での収入等を基礎とし，
その後は想定される出国先（多くは母国）での収入等を基礎として逸失利益を
算定する」とした上で，日本での就労可能期間については，「来日目的，事故
の時点における本人の意思，在留資格の有無，在留資格の内容，在留期間，在

留期間更新の実績及び蓋然性，就労資格の有無，就労の態様等の事実的及び規範的な諸要素」を考慮して認定するという判断枠組を示した（改進社事件・最三小判平9・1・28民集51巻1号78頁，これを「改進社ルール」と呼ぶ）。その上で，不法残留外国人については，入管法の退去強制の対象となり，事実上はある程度の期間滞在している不法残留外国人がいることを考慮しても，在留特別許可等によりその滞在および就労が合法的なものとなる具体的蓋然性が認められる場合はともかく，就労可能期間を長期にわたるものと認めることはできない，と判示し，労災事故の後に勤めた会社を退社した日の翌日から3年間は日本における収入を，その後は来日前にパキスタンで得ていた収入を基礎として損害額を算定した。他方，事故当時，日本での永住の見込みが認定できるような場合は，本ルールではなく，就労可能期間すべてを日本基準で算定しうるといえる。

　なお，本章で取り上げた外国人労働政策および外国人雇用の諸問題についての参考文献として，早川智津子「改正入管法と労働法政策」季労265号（2019年）2-16頁，および，早川智津子『外国人労働者と法』（信山社，2019年近刊）がある。

（早川智津子）

今後の労使関係

11-1　労使関係法制の原則と労使関係の現状

　近年,「官製春闘」などに象徴されるように,労働組合の存在感が希薄化していると感じられる。日本の労使関係の現状は,どうなっているのだろうか。

解　説

I　憲法規範における労働組合の位置付け

　労使関係の法的枠組みを提供する憲法28条は,労働関係も労働契約を基軸とする契約関係＝私的自治を土台とすることを踏まえ,労働契約における労働者と使用者との交渉力の不均衡という原理的課題を克服すべく,労働組合と使用者（団体）との「団体交渉」による労働条件の形成という法的仕組みを導入し,労働組合を結成する「団結権」を憲法21条の「結社の自由」とは別に明定した上で,団体交渉の実質化を目的として,労働側について使用者側への圧力行動を中心とする「団体行動権」をも認めるに至っている。すなわち日本の憲法秩序のもとでは,労働者と使用者との労働契約により労働条件が形成され,両者の権利義務関係が展開する,という民事法一般の原則に立脚しつつ,労働関係については,労働組合と使用者（団体）との団体自治という社会的な自治システムをこれに優先させることにより,市場経済制度を採用する日本の社会経済システムにおける労働関係の,適切な位置付けが図られていると言える。

　しかし,春闘での賃上げや,個別労働関係のトラブルの防止・円滑な解決等に一定の成果を上げてきた労働組合は,雇用関係における非正規化の進展などによるその後の組織率の長期的な低落傾向に加え,賃金・人事制度の個別化の傾向等の環境変化により,従業員間の親睦団体,会社の意向を速やかに確実に徹底させるための窓口といった役割が中心となり,活発な労働組合活動は影を潜めている。またこうした一般的労働組合のありかたに対立してきた戦闘的組合の支えとしてのマルクス主義思想の衰退が,旧ソ連の崩壊以降一挙に進んだことによって,労働組合は全体として,一般の労働者にとって,高い組合費を吸い上げられるだけの無用の組織とさえ映じつつある（労使関係が労働組合を

主たるアクターとしなくなっている現状の分析として，都留康『労使関係のノンユニオン化──ミクロ的・制度的分析』〔東洋経済新報社，2002 年〕，現状を踏まえた労使関係の評価と展望について呉学殊『労使関係のフロンティア〔増補版〕』〔労働政策研究・研修機構，2013 年〕）。

Ⅱ　労使関係の現状

　平成 30 年の「労働組合基礎調査」をみると，労働組合の数は前年から 137 減って 24,328 となり，5 年前からは 1,000 以上の減少である。一方，組合員数は対照的にここ 4 年間毎年わずかながらも増加を続けており，平成 30 年の調査では 1000 万人の大台を回復した。この背景の 1 つとして，パートタイム労働者の組織化が急速に進んでいることが挙げられよう。すなわち，パートタイム労働者については組合員数で前年より 8 万 9000 人増加して 130 万人弱にまで達しており，増加率もここ数年平均 7% ほどを維持している。組織率も 8.1% に及んでおり，この傾向が今後も続けば，遠からず 10% の組織率に達することは間違いない。しかしながら，労働者全体としては，雇用者数の増大が続いていることから，組織率は 17% と，前年を 0.1% 下回るに至っている。特に著しいのは企業規模ごとの組織率の極端ともいえる格差であり，従業員 1000 人以上の企業では，なお 41.9% の組織率であるのに対し，100 人未満の企業では 0.9% にすぎない。日本の企業の 9 割以上は 100 人未満の中小企業であるから，労働組合のある企業はきわめてまれであって，労働組合の社会的認知度の低さもきわだっているということになろう。

　本章では，こうした冷徹な実情を前提として，現行労組法をめぐって生じている具体的な課題のいくつかを検討し，今後の労使関係に対する展望を模索したい。

（野川　忍）

11-2	**労組法上の労働者** ——労働者性を超える課題

設例 家電製品の修理を担当する従業員で組織するA労組には，委託契約による修理作業員も加入している。A労組が修理担当者の労働条件について会社に団体交渉を求めたところ，会社は，「A労組には労組法上も労働者とは認められない者が加入している。それらの者に関する事項については団交には応じない」として団交を拒否した。A労組としては，会社の従業員も委託契約による作業員も同じ仕事をする仲間であると認識しているので，労働条件も統一的に改善したい。会社の団交拒否は正当と認められるか。

解　説

I　労働形態の多様化と労働関係法の適用

　業務のアウトソーシングや雇用関係の多様化にはじまり，その後クラウドコンピューティングのメカニズムを利用したプラットフォーミングやフリーランスの普及等を通じて，他人のために労務を提供する類型はますます拡大の一途をたどっている。法的に問題となるのは，雇用という形態をとらないこれらの就労類型において，労基法や労組法などの適用が認められるのか，言いかえれば，こうした就労に従事する人々は労働法制における「労働者」と言えるのかである。

　労組法上の労働者については，労組法3条が「職業の種類を問わず，賃金，給料その他これに準ずる収入によつて生活する者」と定めているが，その意義と具体的適用の基準等については議論が錯綜してきた。

　最高裁は，CBC管弦楽団事件（最一小判昭51・5・6民集30巻4号437頁）において，楽団員が出演発注に対して自由に諾否を決めることができる旨の「自由出演契約」を締結している場合について，①たとえ自由出演契約の形式がとられていても，楽団員があらかじめ放送局の事業組織に組み込まれており，会社の放送事業上不可欠な演奏労働力を恒常的に確保する内容のものと認められること，②実態としては，会社が必要に応じて随時出演を発注し，楽団員は原則としてこれに従うという原則的な関係が認められること，③楽団員に対する

290　第11章　今後の労使関係

報酬は，演奏という労務の提供それ自体に対する対価と認められること，を主要な論拠として，楽団員の労働者性を認める判断を示すに至った。その後の裁判例は，労基法上の労働者と労組法上の労働者との相違を意識しないような傾向もみられたが（野川831頁以下），やがて最高裁は以下のように3つの判決によってこの問題に一応の決着をつけるに至った。

設例は，このような経過において出された，労組法上の労働者性に関するリーディングケースであるINAXメンテナンス事件（最三小判平23・4・12労判1026号27頁）をアレンジしたものであるが，同事件においては，委託契約で就労する「カスタマーエンジニア」も，事業遂行のための不可欠の労働力として組み込まれており，労働契約内容は実質的に一方的に決定され，支払われている報酬は賃金としての実質を有することなどを理由として，労組法上は労働者であるとした。

本件に加え，新国立劇場運営財団事件（最三小判平23・4・12民集65巻3号943頁），ビクターサービスエンジニアリング事件（最三小判平24・2・21民集66巻3号955頁）の3つの最高裁判決がほぼ同一の判断基準を用いて労働者性の判断を行い，学説にも強い異論はない（菅野784頁，荒木575頁，野川834頁）ことから，上記判断基準ほぼ定着していると言える。

Ⅱ　委託作業員の労働者性

さらに設例は，このルールを一歩先に進めた委託作業員の労働者性についての課題を扱っている。すなわち，委託作業員には，確かに労組法上労働者とみなしうる者もいようが，例えば自らアルバイトを雇って一定の補助作業をさせている場合など，これらの条件には微妙に一致しないため労働者と認められない者も混在していることが想定される。この場合，委託作業員らが加入している労働組合が，例えば作業に係る安全の確保について団体交渉を要求した場合，会社は，労働者でない者が加入していることを理由にこれを拒否できるであろうか。言い換えれば，この場合の団交拒否は不当労働行為にならないであろうか。

これは非常に困難な理論的課題であるが，実務的にも喫緊の課題である。なぜなら，設例のような委託作業員が労組法上の労働者に該当するか否かと，こ

れら作業員の安全環境を確保するということとは事柄の性質上必ずしもリンク
する問題ではないのであって，仮に設例のような形で会社が団交を拒否できる
とすると，組合としては労組法上の労働者ではない委託作業員を，仲間であっ
てほとんど就労実態も変わらないにもかかわらず排除しなければならなくなり，
きわめて不公正かつ不合理な結果を招くからである。学説も十分な議論がなく，
裁判例は皆無であるが，この場合も，少なくとも団交は拒否できないと考える
のが適切であろう。労働組合は「労働者」に限定されない「組合員」のために
活動するものであること（労組法6条），設例のような団交の要求もそのテーマ
である安全環境の適用を受ける圧倒的多数は労働者であって，その意味ではこ
の団交要求が「雇用する労働者の代表」（同法7条2号）からの団交であること
に変わりはないこと，またネックとなりうる労働協約の締結については，規範
的効力を非労働者たる委託作業員と会社との委託契約に及ぼすことの可否は確
かに問題となり得るものの，債務的効力は否定できないことから，労働組合と
して安全基準の統一的な適用を会社に要求してストライキを打つことも，目的
の点で正当性を有すると考えられること，などがその理由となりえよう。

Ⅲ　クラウドワーカー等の労働者性

　なお，現代的な就労形態として広がりつつあるフリーランス，クラウドワー
クなどの働き方に従事する人びとの労働者性やその法的位置付けに関しては，
諸外国の状況や日本における問題の位置付け，今後の在り方等について既に検
討が始まっているが，特にクラウドワークについては，労働力の利用者と提供
者を取り持つ「プラットフォーム」の存在を前提として，クラウドワークの就
業関係や法的性格，プラットフォームを中心とした三者の関係などに関する立
ち入った検討が進んでいる（詳細は，毛塚勝利「クラウドワークの労働法学上の
検討課題」季労259号〔2017年〕53頁，および季労259号～261号〔2017年～2018
年〕の集中連載「クラウドワークの進展と労働法の課題」の諸論考参照）。そこには，
クラウドワーカーの労働者性を法的にどう確定するかという基本問題のみなら
ず，拡大する類似の就労形態についてどのような法的コントロールが可能ある
いは適切かなど，今後の労働法制の根幹にも関わり得る諸課題が控えている。

（野川　忍）

11-3	団体交渉請求権と労働協約の関係

> **設例** B社とB社労働組合とは，定期的な労使協議は行ってきたものの，これまで団体交渉を行ったことはなく，労働協約も締結してこなかった。しかしある時，新しく成立した執行部が，冬期賞与について会社に対して団交を要求してきた。これに対し会社は，労働協約を締結してこれに拘束されることは避けたいと思い，「団体交渉は行うが労働協約は締結しない」と組合が約束するなら団交に応じると回答してきた。労働組合が団交において労働協約の締結を求めた場合，会社は約束違反だとして団交を打ち切ることができるか。

解　説

I　団体交渉と労使協議

　日本の企業別組合の多くは，団体交渉ではなく労使協議によって使用者側との協議や情報交換を行っている。明確な法的規制のもとに置かれる団交制度は，ルールが明確であって合意形成の手順が整備されており，その結果も労働協約の締結等により安定的な労使間ルールとして結実しやすい，というメリットを有しているが，他方で，法的にオーソライズされた制度ではないため，直接の法的効果を見込むことはできず，設例のような場合には解決が困難となる。

　まず，団体交渉権自体は，憲法28条により国民に直接付与されている権利なので，これを排除する合意は無効となるのは当然であるが，設例では，労働協約の締結を排除する合意の法的効果が問題となる。団交そのものとは異なり，労働協約の締結は，法的には使用者に義務付けられてはいない。団交と労働協約とは，労使関係の具体的機能としては分かちがたく結びついているが，労働協約はあくまでも労使の自由な合意によって締結される契約の一類型であり，使用者にその締結を強制することはできないからである。しかし，団体交渉の結果が労働協約に結実することは労使関係システムの根幹であり，およそ団体交渉は労働協約の締結を伴なわない，との包括的合意は，それが，労組法上の団体交渉を前提としてその結果を制約するものであれば，民法90条の公序違反として無効となることがあり得よう。

これに対し，設例のように労働協約の締結を行わないことを条件に実施された団体交渉において，労働組合が労働協約の締結を求めた場合，それ自体が労使の合意違反として何らかの法的効果を伴うかは別として（団交が就業時間中に行われた場合の参加労働者の賃金カット等），労働協約を締結しないという明確な合意を前提として開始された団交については，組合側の労働協約締結要求を理由とする団交打切りの正当性が認められるかは非常に微妙である。上記のようにおよそ団交一般について労働協約の締結を否定する合意とは異なり，特定のテーマについてあらかじめ団交のみに特化した労使の交渉・協議が常に不当とは言えない。しかし，組合としては改めて労働協約締結を排除しない団交を要求することとして，その団交を使用者が拒否した場合に不当労働行為を主張することが可能であるので，実質的には，使用者は労働協約締結の拒否にこだわる対応を見直さざるを得なくなろう。

Ⅱ　労働者代表法制のあり方

　設例が提起する課題は，労使関係の公正かつ安定的な形成のために設定されている団交→労働協約締結というシステムが十分な機能を果しえなくなっている現状において，どのような代替的システムが可能かということである。従業員代表制度をはじめとする新たな方向への本格的な検討が不可欠と言える。

　この点，労使協議と団体交渉との違いは，団体交渉がある「要求」を前提としてそれを使用者がどこまで受け入れ，あるいは拒否するかにつき交渉を通じて妥結点を探るプロセスであるのに対して，労使協議は，情報交換や相互の見解の確認をしあうなど，団交よりも幅広い内容を対象とし，かつ形式も柔軟に行われる点にある。団体交渉では使用者側からの「団交の要求」を法的概念として考えることはできない一方，労使協議であれば，労働組合に労働協約などによって必要に応じた協議義務を課すことも可能である。なお，実定法上労使協議という概念はないが，このことは，労使協議について紛争が生じた場合も，それを解決するための直接の法的手段がないことを意味している。ただ，労使協議が実質的には団体交渉とみなしうる場合には団体交渉に準じて対応されるほか，労使協議の結果を労働協約に記載することにより，法的な意味を付与することは可能である（労使協議に関する手続につき，経営協議会における労使協議

294　第11章　今後の労使関係

を求めうる地位の確認請求が，既に会社は協議に応じる姿勢を示しているとして訴えの利益を欠くとされた例として，安田生命保険事件〔東京地判平成 3・12・19 労判 604 号 40 頁〕）。このように，実際には幅広く活用されていながら法的には認知されていない労使協議を，正面から法的存在として認めるべきであるという意見も強く主張されている。ドイツをはじめとする大陸ヨーロッパ諸国では，労働組合とは別の労働者代表機関が企業や事業所を単位として法的に認められており，重要な機能を果たしている。日本においても，労働組合に加えて事業場の労働者の意見を汲み取り，使用者と協議しながら円滑な労使関係を形成していくための従業員代表機関が法的に認められる方向が望ましいであろう（従業員代表制については，野川忍「変貌する労働者代表——新しい労働者代表制度の可能性」岩村正彦ほか編『現代の法 12 巻』〔岩波書店，1998 年〕103 頁以下，大内伸哉『労働者代表法制に関する研究』〔有斐閣，2007 年〕，また従業員代表制の立法論については，季労 216 号〔2007 年〕の特集「労働者代表制度の再設計」所収の各論考を参照）。

（野川　忍）

11-4	**労組法上の使用者**
	──企業関係の多様化と法的責任主体の所在

設例 A社はいわゆるホールディングカンパニーであり，傘下に多くの事業会社を従えている。事業会社の中で，A社が株式の100％を保有し，役員のすべてがA社からの出向者で占められているB社において，退職金の支給基準率が引き下げられることとなり，B社の労働組合が同社に問いただしたところ，甲社の方針ですべての事業会社について同様の措置を取ることとなったということであり，基本的な内容も甲社によって示されているという。B社の労働組合がA社を相手どって団体交渉の要求をした場合，A社はこれに応じる義務があるか。

解　説

I　労使関係における責任主体としての使用者

　すでに検討した労組法上の労働者性に関する課題とは位相の異なる課題として，労使関係において責任主体となりうる意味での「使用者」とは誰なのかも解決がついていない。

　親子会社の類型にはいくつかのパターンが考えられるが，一般には，企業がその一部門の法人化，他企業の買収などによって株式の大部分を取得し，役員の派遣や事業の分担，決算の連結などを通じて支配する基本的パターンから，持ち株会社を頂点として事業会社や間接部門（人事，経理，広報など）会社がその傘下に位置付けられる態様，あるいはM＆Aの手法を通じた買収による投資ファンドの支配など多方面に及ぶ。したがって，使用者性判断も親子会社という観点からただちに結論が導かれるわけではなく，それぞれの特性に応じて，実態としていかなる主体間において使用者性が問題となっているのかを見極めた上で個別に検討することが必要となる。

　この場合，最高裁は，朝日放送事件（最三小判平7・2・28民集49巻2号559頁）において，「基本的な労働条件等について，雇用主と部分的とはいえ同視できる程度に現実的かつ具体的に支配，決定することができる地位」にあるとみなされるのであれば，その限りで団交を受けねばならない意味での使用者性を認めうることを明示している。

296　第11章　今後の労使関係

この基準が適用できる実態にある場合には問題はないが，親会社の子会社に対する支配の態様や程度によっては困難な問題が生じうる。このことに関連して困難な問題を提起したのが，平成9（1997）年の独禁法改正による純粋持株会社の解禁である。純粋持株会社は，株を独占して傘下の事業会社をコントロールすることを目的としている一方，少人数のホワイトカラーから構成されるのが通常であり，労働組合が存在しないことが珍しくない。しかし，例えば傘下のＡ社の労働組合が賃金交渉を行いたいと希望する場合に，そのＡ社自身が賃金原資についても持株会社のコントロール下にあるとすれば，実益のある交渉相手方は持株会社ということになる。ところが持株会社は，事業会社に対して役員の派遣や取引関係の独占などの形で支配を及ぼしているわけではなく，事業会社の労働者の労働条件についても，自らこれらの労働者を使用しているのわけではないので直接支配・決定しているとまではいえない。この場合でも，持株会社を使用者と考えることはできるであろうか。

　この問題に関する有識者研究会の報告書（「持株会社解禁に伴う労使関係専門家会議」1996年12月）は，労組法を改正して使用者の範囲を拡大しなくても，前掲朝日放送事件による判断基準を用いて合理的な処理が可能であるとの結論を示した。しかし，朝日放送事件最判の枠組みでは，そこでいう「支配・決定」は直接的な関係を想定しているものと考えられるので（同事件は，制作下請会社からの派遣労働者が加入する組合が，元請企業に対する団交要求をして，元請が使用者に該当するかが争われた），持株会社がいかに傘下の事業会社を実質的に支配していても，この枠組みがどこまで適用可能かは不明である（具体的団交事項について支配力を及ぼしていることが明らかであれば団交義務を認めてよいという立場もある。竹内寿「企業組織再編と親会社の『使用者』性・団体交渉義務」毛塚勝利ほか編『企業組織再編における労働者保護』〔中央経済社，2010年〕127頁）。

　また，これまでの判例法理が扱ってきたのも，少なくとも直接の使用関係が認められる場合であり，設例のように間接的に労働条件等をコントロールしている親会社等の使用者性は困難な問題として議論が続いている。

11-4　労組法上の使用者　297

II　具体的解決の方向性

　設例のような事態は実際にも一般的にみられるものであるが，B社の労働組合からすれば，問題となっている退職金支給基準を決定しているのはA社なのであるから，当然A社に対して交渉を申し入れることとなろう。しかし，現在の判例法理は，前述のように団体交渉の主体となり得る使用者は，「雇用主以外の事業主であっても，雇用主から労働者の派遣を受けて自己の業務に従事させ，その労働者の基本的な労働条件等について，雇用主と部分的とはいえ同視できる程度に現実的かつ具体的に支配，決定することができる地位にある場合」に，「その限りにおいて」，使用者であると認められるとするものであり（前掲朝日放送事件最判），このような事案では，A社はB社の従業員を「自己の業務」に従事させることはなく，労働条件のコントロールの態様も，あくまでもB社を通じて間接的に行っていると見られるので，上記判例法理には当てはまらない可能性が強い。しかしながら，ホールディングカンパニーの急速な普及をはじめとして，会社・企業間の関係の在り方が複雑化と多様化の一途をたどっている状況のもとで，判例法理のような対応は，労使関係の公正な形成や安定的な維持のためには不十分であると言わざるを得ない。労組法上の使用者，具体的には団体交渉を行うことにより労働条件や労使関係についてルール形成に寄与しうるとみられる使用者について，その範囲や意義を再考することが求められており，そのために，立法政策をも視野に入れた抜本的な検討が迫られていると言えよう。そうだとすれば，不当労働行為制度が，使用者に対する制裁ではなく公正な労使関係秩序の形成・維持を目的としているという前提を踏まえ，純粋持株会社や投資ファンドであっても，労組法7条の使用者と位置付け得るための法改正も視野に入れるべきであろう。

（野川　忍）

11-5

11-5　労働組合と企業との関係の見直し

設例　C社には，C社従業員組合（以下「従組」）があり，会社との間で，従業員は従組の組合員となること，従組から脱退し，あるいは除名された従業員は解雇されるという内容のユニオン・ショップ協定（以下「ユ・シ協定」）を結んだ上，組合費につき会社が従業員の給与から一括控除して従組に渡すことを内容とするチェック・オフ協定も締結している。ところが，C社の研究開発部の従業員の間に従組への不満が高まり，同部において従業員の5%を組織する「C社労働組合」（以下「労組」）が結成された。労組はただちに会社に新組合結成を通告した上で，労働条件の改善について団体交渉を求めた。これに対し会社は，従組とのユ・シ協定を理由に「我が社の労働組合は従組のみである」として団交に応じず，労組の委員長Dを従組とのユ・シ協定に基づいて解雇した。また，従組から労組に移った組合員の給与からはその後もチェック・オフを続け，従組の組合費分を従組に渡している。Dおよび従組の組合員は，これに対してどのような法的主張ができるか。

解　説

I　ユニオン・ショップ協定

　日本の労働組合のほとんどは，各企業ごとに組織された「企業別組合」であり，その特性から，諸外国にはあまり見られない当該企業との濃密な関係が定着している。ユニオン・ショップ制とチェック・オフ制度とはその代表的な具体的制度であり，いずれも，国際的には一般的ではない実務が定着している。設例は，こうした実態が内包する法的課題を扱うものであり，実務上も重要な論点を提起している。

　まずユニオン・ショップ協定は，いわゆる組織強制の1つであって，労働組合への加入と当該企業への所属とをリンクさせないオープン・ショップ，特定の組合に所属する労働者のみとの労働契約が強制されるクローズド・ショップの中間にある形態であり，企業別組合においては一般的な類型として幅広く定着している。

　ユ・シ協定は，労働組合への加入強制を伴うので，労働者の労働組合に加入

11-5　労働組合と企業との関係の見直し　299

しない自由や労働組合の選択の自由を侵害することとなる。したがって，そのような協約の効力自体が問題となりうる。ユ・シ協定をおよそ違法・無効であるとする必要はないというのが通説・判例の考え方であるが（菅野799頁以下，新基コメ労組法46頁〔島田陽一〕，三井倉庫事件〔最一小判平元・12・14民集43巻12号2051頁〕），労働組合に所属しない，あるいは当該労働組合へは所属したくないという労働者の意思を抑圧する効果をもたらすことは否めない。特に憲法28条によって団結権が個々の労働者に付与され，しかも21条によって結社の自由が保障されている日本では，団結しない自由，労働組合という結社に加入しない自由を侵害するとみられることなどから，これに反対し，あるいはその効力を限定しようとする傾向も強い（西谷敏『労働法における個人と集団』〔有斐閣，1992年〕113頁以下）。

　そこで最高裁は，ユ・シ協定自体は有効であるとしても，組合からの除名が無効であった場合は同協定に基づく解雇も無効になること（日本食塩製造事件・最二小判昭50・4・25民集29巻4号456頁）や，ユ・シ協定を締結している組合とそうでない組合の団結権は等しく尊重されるべきであることを理由に，ユ・シ協定は他の組合に所属する労働者にはおよばないこと（前掲三井倉庫事件最判）を明示している。したがって，設例の事例でも，C社は労組の委員長であるDを，従組とのユ・シ協定を根拠として解雇することはできない。もっとも，企業別労組から脱退して新たに別の労働組合を結成するには一定の時間的余裕が必要であり，まだ組合の結成に至る前に解雇されることもありうるが，それが，労働組合結成に必要な合理的期間の範囲内であれば，やはり当該解雇は無効となりうる（西谷・労組100頁，渡辺（下）62頁）。

Ⅱ　チェック・オフ

　これに対しチェック・オフも，労働組合活動の経済的基盤である組合費の徴収を，ほかならぬ団交の相手方となる使用者にゆだねるという点で，労使関係がときとして争議をも伴う対立的関係を内包するという原則からはきわめて異例な制度といえよう。これも日本のように，労働組合と企業とが一体的な関係であることを容認する風土においてみられる特徴である。チェック・オフについては様々な法的課題が指摘されているが（詳細は野川852頁以下参照），設例

のように，当該組合から脱退し，他の組合に移籍した労働者の賃金からもチェック・オフを継続できるかは1つの深刻な問題である。これは，チェック・オフ協定を締結した組合との関係と，当該労働者との労働契約との関係との双方について問題となるが，現在では，チェック・オフは労働組合と使用者との関係では組合費の徴収を，労働者と使用者との関係では組合費の組合への引渡しを，それぞれ委任する合意の組み合わせとして理解されており，委任契約の性格上，労働者がチェック・オフの中止を申し入れた場合には，使用者は請求に応じて徴収した組合費を労働者に返還しなければならないとされている（エッソ石油事件・最一小判平5・3・25労判650号6頁，ネスレ日本事件・最一小判平7・2・23民集49巻2号281頁）。したがって設例の場合も，C社は労組の組合員から請求があれば組合費のチェック・オフを中止しなければならない。もっとも，チェック・オフという仕組みの問題点はこれに尽きず，労組が改めてC社と独自のチェック・オフ協定を締結することは可能か，また締結された協定に基づき組合費を賃金から控除することは労基法24条の賃金全額払原則に反しないか，という問題も生じる。最高裁は，後者の問題について，当該事業場で過半数を組織していない労働組合とのチェック・オフ協定により組合費を控除することは労基法違反を構成する，との見解を示している（済生会中央病院事件・最二小判平元・12・11民集43巻12号1786頁）が，労基法24条による賃金控除協定は当該事業場の労働者全体の賃金を対象としているのに対し，チェック・オフ協定は当該組合員の賃金のみが対象となることなどから，異論が強い（詳細は野川852頁以下）。チェック・オフもユ・シ協定同様，本来は労働組合と使用者との基本的関係にそぐわない制度であり，実務的にも，組合費は銀行口座からの自動引き落とし制度等を用いて使用者の手を借りずに対応できることを踏まえると，チェック・オフという制度を持たないことが労働組合の本来の在り方であることが強く認識されてしかるべきであろう。

（野川　忍）

鼎談

雇用社会における労使関係の将来展望

菅野　和夫
逢見　直人
荻野　勝彦

1 働き方改革の全体的評価

菅野 2006 年に刊行した，『実践・変化する雇用社会と法』は，実務家も含めた研究会メンバーに執筆していただき，私と野川さんが全体の調整作業をした結果，個々の執筆メンバーを明記しないこととなりました。逢見さん，荻野さんには，原稿の執筆もそうですが，設問の作成段階から全面的に参加してお知恵を出していただきました。

　今回の本書は，顕名で執筆していただくため，研究会の議論を踏まえて原則として研究者が執筆しましたが，やはり労使のざっくばらんなご意見をお伺いする必要があると考え，鼎談を企画した次第です。今回の働き方改革関連法の評価と，今後の労使関係のあり方について率直なご意見をお出しください。

　今回の働き方改革関連法は，戦後の労働法体制に対する大きな改革でした。振り返ると，1985 年から 3 年くらいの間にわたって均等法，派遣法等の制定や労基法改正などが行われたのが立法政策の時代の始まりでして，次には，育介法制定などの，2000 年を挟んでいわゆる市場主義の規制改革と言われる派遣法・職安法の改正，個別労働紛争の解決制度，労働審判制度の創設，会社分割制度などが行われました。

　2010 年を挟んだ数年間には，主として非正規労働者の増加と，その経済的な地位の悪化等に対応していわば市場主義の行き過ぎ是正の観点から，労契法の中に有期労働契約対応の 3 つの規定が入るなどの社会政策的な改正が行われました。それに次いで，今回の一連の非常に多数の労働立法である働き方改革関連法改正が行われました。

☆**長時間労働抑制は評価**

逢見 今回の法改正は，日本の労働法の歴史の中でも 1 つの大きなエポックになると思います。我々労働側から見ても，ずっと課題であった正社員における長時間労働の是正と，いわゆる非正規雇用で働く人たちの処遇の低さを改善する大きなてこになるのではないか。そういう意味では，これからの運用がどうなるかという部分はありますが，法律が成立したこと自体は非常に大きな意味があると思っています。

　まず同一労働同一賃金ですが，私は日本型雇用慣行の良さについても配慮し

た中でのルールということで実務的にも受け入れやすいものになると思います。

それから労働時間法制ですが，今まで所定労働時間の短縮や時間外割増率を上げることとか，いろんな改善策をとってきました。国際的に見ても日本の長時間労働は依然として問題が残っている中で，労基法70年の歴史の中では初めてですが，三六協定の上限という形にして労使協議の枠組みを残したまま罰則付の規制が入ったということは，労使自治の観点からも，今後大事にしていくべきルールになったのではないかと思っています。

☆人事管理への影響

荻野 今回の改正は多岐にわたっていますが，人事管理に対しても大きな影響が出てくると思っています。

非正規の処遇を上げたいというのは政策的に重要な課題であることはもちろんですが，同一労働同一賃金というやり方が本当にいいやり方だったのかどうかは少し疑問に思います。キャリアとの関係を抜きにして賃金や処遇だけ上げるというのもなかなか難しいのではないでしょうか。本来であれば非正規雇用の労働者であっても能力が伸びたりあるいはキャリアが発展することで雇用も安定すれば賃金も上昇していくという考え方をとるべきではなかったのかなと思います。

労働時間の上限規制については，ずっと懸案になってきたことですし，労使によっていろいろ取り組みが進んで，実態としても少なくとも月80時間超，100時間超といったようなところは例外的な状況になってきているので，これも罰則つきの禁止規定で上限規制をしたことは非常に画期的なことであったと思いますし，よかったと思います。

あとはそれが本当に人事管理とか働き方にどういうふうにかかわってくるのか。一方で当然キャリアをめぐる競争の中で，どうしても長時間働きたいという要因があるなら，そこをどういうふうにマネジメントしていくのか課題になってきます。

☆不十分な同一労働同一賃金

菅野 パート，有期，派遣という3種類のいわゆる非正規の人たちについて，均等・均衡処遇の原則を整備した同一労働同一賃金については，従来必ずしも整備されているとは言いがたかった派遣についても整備した点では画期的だっ

たと思います。実際上派遣先の均衡・均等ができるかという点についても，派遣元での協定方式というのを編み出して派遣労働者のためにもなるような選択肢を設けたというのは，大したものだと思いました。そういう意味では評価する面があります。

ちょっと残念だったのは，最初は同一労働同一賃金という政治的なスローガンで進められたものですから，いかに日本的雇用慣行を考慮するとはいっても全然違う欧州のグレード制職務給を基盤とした同一労働同一賃金という異なったものをどう取り入れるのかという点に大きなエネルギーを費やして，詰めるべき点を詰めていないと感じる点があります。

例えば均等処遇というのは差別の禁止なので，法律上の要件に照らして差別があるかどうかを決めるという，いわば解が1つです。これに対して均衡処遇というのは，要するにバランスをとるということで，職場での納得感です。それは労使交渉でやることで，解は必ずしも1つじゃない，その2つの原則の関係があまり詰め切れていない。しかし，非正規の処遇に向けて，これから労使が取り組んでこの法律を生かしていってくれればという気がします。

☆紛争解決の方法に一工夫

いま1つ詰めていないという感じなのは，紛争解決です。これは長年の積み重ねによる処遇を反映しているわけですから，一朝一夕にはいきません。労使が取り組んで段階的にやることなのに裁判規範になったものですから，裁判所に行った場合当該個別紛争について一回的な解決を裁判所が図らざるを得ないということになります。労契法20条を有期とパートと一緒に行政指導，行政上の調停ができるようにしたわけですが，本当は争議調整のように労使代表委員が関与するほうがいいと思いますね。

それから労働時間規制は，三六協定による時間外労働の上限規制を罰則つきで達成したのは画期的なことで，1987年労基法改正で，週40時間制をまず書き込んで段階的に実現するというプロセスをつくったのと同様の意義があると思っています。

基準自体は既にあった時間外労働の上限基準と過労死基準を用いてのものなので，それ自体新味はありませんが，何といっても罰則付という，三者構成の審議会でできなかったことをやったという政治主導の1つのメリットですね。

それを三者構成の審議会でフォローしたという点では，1987年改正と似ているかなと思っています。

　問題点は，やはり過半数代表者制がほとんど機能していないのに，これに協定の締結運用を任せているという点でまだ未完の部分がありますね。

　私は逢見さんが最初に言われた日本的な雇用慣行，日本の賃金制度と矛盾なくやっていけるかどうかが1つのポイントかなと思っているのですが，労使の今後の展開について逢見さんいかがでしょうか。

2　労使関係への影響

☆複数の物差し

逢見　2000年4月に「パートタイム労働に係る雇用管理研究会」の報告がまとめられ，2002年7月に「パートタイム労働研究会」の最終報告がまとめられるなど2000年代初めには，パート労働法の均等・均衡処遇をどう図るかという物差しの議論がありました。パート・有期については，今回も物差しは複数ということになっています。どちらも職務給であれば比較可能ですが，正社員の場合は大体職能給，人に対して払うという賃金体系です。それに対して，パートや派遣は職務給ベースになっている。もともと木に竹を接ぐような話ではないかという議論がありましたけど，複数の物差しをつくることによって，複線的に均等・均衡を図ることができるのではないかと私は主張しました。一応複数の物差しという考え方は踏襲されたので，あとは労使がそれをどう運用していくかということですね。

　今回，私どもが述べてきたのは賃金だけに着目すべきではない，人材活用の仕組みという部分については，賃金だけではなく幅広く捉えるべきであるということです。月例賃金だけではなく手当て・賞与・退職金も含めた幅広い賃金はもちろん，賃金以外の処遇でも福利厚生や教育訓練など処遇のベースになるもの，実際にそこで働いている人たちが不満に思っている部分を幅広く見るべきだということを主張していたのです。指針の中にも盛り込まれていますので，同一労働同一賃金の法整備とは言っても，実際に運用される指針は賃金だけではなく幅広であるということです。

　指針では白と黒の部分を示しているのであって，実際個別の企業の中では真

っ白真っ黒という部分はそんなになく，グレーの中でどういうふうに合理性を納得を得られるかが大事です。今回はまず使用者による説明義務が課されており，その説明で合理性があり，従業員の納得が得られるのかが問われます。そこでまず集団的労使関係の中で合理性，納得性が得られるよう協議し，さらに職場で，実際に働いている人たちの納得性を得る必要があるのです。この説明義務ができたことは非常に大きな意味があると思います。労使で相談して，そこで働いている人，パートタイムの人などの納得を得るようにしなければいけない。そういう意味では労働組合にとっても，非正規雇用で働く人は蚊帳の外というわけにはいかなくなった。労使の責任というのは大きくなってくると思います。

　派遣は初めて入るルールなので，実際やってみないとよくわからないところがありますが，考え方が示されたので，派遣先がどれだけ情報提供に協力してくれるか，派遣元がそれをどういうふうに運用していくかが大事だと思います。労使協定方式については，大きな派遣元のところでは進むのかなと思いますが，派遣で均等・均衡を入れるというのは初めてのことなので，最初は混乱するかもしれないけれども，何とか実際の処遇の改善につながっていけばいいと思います。

☆日本の正規労働者の働き方

荻野　日本の正社員は，組織中枢から末端に到るまで，企業業績にコミットしているという意識を持っています。自分たちが生産性を上げることで，企業の利益を拡大しようと考える。そのためには，勤務地変更，職種変更，時間外・休日労働にも無限定で応じるわけです。だから，たとえば現業部門でも，業績に応じて利益配分的な賞与を受け取っている。欧米でそうした無限定な働き方をしている人は，おそらくトップ10％程度のエリートだけで，そういう人は高い賃金と賞与を受け取る。残りの9割は決められた仕事を決められたとおりにやって決められた賃金を受け取る，職務記述書と職務給の世界で働いていて，企業業績にコミットしているとは思っていない。だから，業績が良くても日本のように高額の賞与を受け取ることもなければ，一方で企業業績が悪くても賃上げを要求するわけですね。業績が悪いのは経営者と経営幹部の責任であって自分たちとは関係ないと。同一労働同一賃金も基本的にはこの90％の世界の

話でしょう。

　日本が特徴的なのは，正社員がすべてそうかは別としても，正社員が6割以上いるところで，欧米との違いは量的な違いにすぎません。1割と9割だと較べようと思わないけれど，6割と4割だと較べたくなるというのは，気持ちとしてはわからなくもありませんが，やはり無理があるというか，筋が悪いと思います。そもそものスタート地点が悪いので，議論が先に行くほどまずくなる。それが派遣の話ではないかと思っています。

　もちろん派遣労働者にとって一番気になるのは，一緒の職場で働いている派遣先の正社員の処遇でしょうから，それと比較したくなる気持ちはわかりますが，しかし，やはり派遣元での同一労働同一賃金，均衡・均等にとどめておくべきだったのではないか。それを派遣先との均衡・均等としたことにで，要らない苦労をいっぱいしているなという感じはあります。

　目的は同一労働同一賃金ではなく，非正規の処遇を改善することだったはずですね。非正規の処遇改善はもちろん大事ですが，それ以外のキャリアの問題については，むしろ有期5年で無期化というほうが長い目で見れば多分効いてくるのではないか。

　有期5年やって，無期転換すれば長期の勤続も見込めますから，企業もそれなりに人材投資をするインセンティブが出てきますし，処遇も改善するでしょう。むしろそちらの方向で非正規の雇用を安定させつつスキルを伸ばして，キャリアを開発して処遇もよくしていくということをやるべきだったのに，短期的な成果を求めて同一労働同一賃金という方向に舵を切ってしまった。あえてきつい言い方をすると，多分これから裁判所も苦労されると思いますし，労使の実務家もしなくていい苦労をすることになると思います。

　非正規の処遇を改善したいという課題は理解していますが，手段を間違えたかなと思っています。

菅野　派遣については，業務ごとの派遣期間の制限をやめて全部許可制にしたという2015年改正によって，派遣労働者たちに対して派遣業者が雇用安定義務も持つし，職業訓練やキャリアカウンセリングなどでキャリア形成を図る責任を負わされて，まさしく規制産業になりました。それで人事労務管理に大きな責任を負わせることで参入資格を与えるということです。大企業と中小企業

の処遇格差などを考えると，派遣元での今度の協定方式は今までの派遣法改正と辻褄が合っているとも思います。

有期パートのほうは，荻野さんも言われるように，無期転換した場合でも，今のところ処遇までよくするのはまだ多数ではありませんね。そうすると，今度有期パートの処遇改善が図られている中，企業としては雇用区分，職務区分などを従業員の全体にわたっていわばグラデーション的に見直すのが本来のやり方だと思います。労使でいろんなところで複数のモデルを作って，それを参考にして裁判所が判断するというのが一番いいやり方かなと思っています。

労働政策研究機構（JILPT）などで，二，三年たったら調査をし，先進事例を集めて分類し，それに基づいてまた新しく指針みたいなものができればいいですね。

3　人事管理に及ぼす影響

☆**正社員像は転換するか**

荻野　日本の正社員は，限られたポストをめぐってかなり厳しい競争をするわけです。すごく狭き門ですが，誰しも社長，執行役員，工場長になれるチャンスはある。そうした中では，長時間労働して多くの成果を上げて高く評価されたい，という誘因がかなりあったのではないかと思います。さすがに長時間労働そのものは評価されなくなったとしても，成果が大きければそれは評価されるのではないかという期待ですね。

だとすると，労働時間にキャップがかかったことの意味は案外大きいかもしれません。これからは時間外労働は月100時間とか年720時間が上限で，それ以上は働きたくても働けませんというのがキャリアをめぐる競争の新しいルールになったわけです。

やや極端な想定になるかもしれませんが，このルールが導入されることが，それ以上働いてまで競争に勝とうというのはフェアではない，というメッセージになる可能性はあると思います。長時間がんばって成果を上げるという方法ではもはや競争には勝てないから，最初からあきらめなさいと。逆に，そこで競争に勝てる人は，管理監督者とか裁量労働の対象者とかになって，労働時間を気にせずにキャリアの競争に励むことができる。

そうなると，がんばって競争するのではなく，ほどほどに働いてほどほどに処遇されればいいという働き方が増えてくる可能性があります。スローキャリアで昇進はあまり望めないけれど，一応無期契約で，転勤も職種変更もないし，残業もしたくなければしなくていい，年次有給休暇は完全取得という働き方ですね。有期5年で無期化する場合などは，むしろそういう働き方の方がいいという人が多いかもしれない。このとき，企業の人事管理として，そういう働き方を制度的に位置づけて拡大していくのか，やはり従来型でいくのか。これは業績へのコミットメントの低い人が増えることになるわけですが，その時に労使関係はどうなるのか。

　もうひとつ悩ましいのは，そうした中間的な働き方を増やして行こうとなったときに，個別労使の努力でやれるかどうかですね。わが社は幹部候補生を10%，ほどほどの働き方を90%採用しますという企業と，わが社は従来どおり100%幹部候補生ですという企業で，どちらが採用力があるのか，現状を考えると後のほうが有利な可能性は否定できません。そうなると，なかなか個別企業の努力では進みません。今回の働き方改革は，労働市場，雇用社会のあり方を変えるというだけで，どのように変えるのかを明らかにしていませんので，今後の方向が見えにくいように思います。

逢見　正社員は，いわゆる無限定正社員といわれている人たちがほとんどです。一旦就職したら，自分の職場もポストもキャリア形成も全部会社任せで会社人間として尽くすということを前提にしているわけです。一方，非正規雇用で働く人たちは職務が限定され，職務に応じた処遇で，昇進ルートも全くないわけではないが極めて限られています。無期転換ルールが発生したときに，では，無期転換したから私は正社員になりますという人はそんなに多くはない。無期転換したからと言って，働く時間制限もあり，それがイコール無限定正社員を希望するというわけではありません。

　しかし，今回のパート・有期法改正で，格差の理由について説明義務ができたことによって，合理性とは何かということが問われるようになった。要するに，いままでの正社員の処遇も含めて問われることになったのです。特に家族手当や住宅手当などの生活手当的な部分はもともと同じ正社員でも配偶者手当，家族手当，住宅手当をもらう人，もらえない人がありはしましたが，それが合

理的説明がなされてきたかという問題もあります。

　ですから，今後は正規・非正規の区別なく手当の合理性などが問われるようになってくる。そういう意味では全体の処遇の見直しをせざるを得ないところがあると思います。むしろ今までやってきた人事処遇制度，賃金制度の棚卸しをするいい機会だと思います。

　労働時間については，荻野さんが言われたように，日本型雇用慣行というのは誰もが社長になる可能性を持っていて，競争する中で内部からトップを選んでいくという仕組みです。そういう意味では，同じ従業員の中でも競争社会になっているわけですが，しかし，長時間労働が会社に尽くす時間とイコールで評価されてそういう人たちが上に行くというのは，やはり昭和の時代の遺物みたいなもので，脱却しなければいけない。

　今はまだ管理監督職はそのままなんです。ここが次の課題として出てくると思います。新たに導入された高度プロフェッショナル制度では年間104日の休日確保や一定の場合の医師の面接，インターバルの導入など労働者の健康確保のための指導が入りました，今後は管理監督職にもそのような配慮が適用されていく必要があると思います。

4　今後の課題

菅野　お二人から，従来の正社員・非正社員処遇全体の見直しが必要になるということも含めてお話がありました。今後の労働法の課題としては，もちろん情報技術やAIなどの技術革新が労働態様にどのような影響を与えるか，なかなか予測しがたいものがあります。私はやはり今回の改革で，雇用システムがどういうインパクトを受けて，企業はどういう対応をしてどうなっていくのか，それに対して法がさらにどういう働きかけをすべきなのか，すべきではないのかということが最大の問題と思っています。

　今度の働き方改革推進計画の冒頭の文章を読む限りは，日本の雇用システムを大きく変えていこうという姿勢がありますね。それで常に出てくるのが雇用の流動化を図る必要がある，産業構造を変える，生産性を高める，高齢少子化に対応するなどの中で流動化を図る必要があるというようなことが言われています。その中でのイメージは何かというと，やはり外部労働市場型の雇用シス

テムを目指すというのが浮かび上がってくるわけですね。

それに対して，日本の企業は，外資系は除いて，JILPT で何回調査してもやはり内部労働市場型で，人材を内部で長期に育成して活用するのが基本です。もちろん即戦力採用とかいろんな採用の柔軟化はやりますけれども，基本は人材とは中で育てる，活用していくというのです。ゆくゆくは一番根本の問題は，解雇規制をどうするかにまでたどり着くのかなと思っていますが，幸いまだ日本の企業はそこまで行っていません。

やはり人材を内部で育成し活用するという姿勢を保持していて，解雇の自己抑制というのは続けている。しかし，ヨーロッパなんかも，経済的な解雇は外部労働市場に委ねるというふうに割り切ってしまうわけで，アメリカは全く自由です。私は個人的には，そういう社会にはなってほしくないという見解ですが，結局はそこまで行きつくのかなというふうにも思っています。今はヨーロッパでは金銭解決というのが一つの立法の流れになっていますが，日本でもそういう議論は始まっています。

もう一つの課題は，職場の集団的な協議，交渉，コミュニケーションをもう一度立て直す必要はないかという点ですね。職場でハラスメントが横行するとか，メンタルヘルスの問題が進行するとかというのも含めて，これだけたくさんの法規定で過半数代表制がとられていて重要な役割を果たしているはずなのに，どうも実際にはそういうふうに機能していない。片方では，組織率が 17％であるという現状から見て，私などはもう一回考え直して法制度を整える必要があると思っています。

荻野　企業文化，風土については，頑張れば報われる，努力すれば成功するという意識が強すぎるのではないかと感じます。もちろんそれはひとつの理想ではあるでしょうし，そのとおりだった時期もあったのでしょうが，あまりに一般的な価値観として徹底され過ぎてしまうと，報われないのは頑張らないから，失敗するのは努力不足ということになってしまう。それがパワハラとか，長時間労働につながっているという面はあるのではないか。さきほど申し上げたような，ほどほどの競争，ほどほどの処遇，ほどほどのキャリアという働き方をふやしていけば，そうした意識も軽減されるのではないかと思います。

解雇についていえば，人材育成との関係になりますが，やはり今の正社員み

たいな無限定な働き方を求めるということは，要するに労働者のキャリアすべてが企業のものになっているわけですね。それでは，企業は一方的な解雇は許されないと思います。いわばあなたのキャリアを全部もらうかわりに定年までの雇用を保障すると言っているわけですから。もし，解雇規制を緩やかにしたいという人たちがいるのであれば，それは別の違う働き方とセットじゃなければおかしい。その違う働き方が，今は非正規雇用になってしまっている。それだけではなく，仕事はジョブ型で転勤もありません，ただし，雇用保護も少し緩いというものが受け入れられるか，社会的に受容されるかどうかというところだろうと思います。

　あと今後の労働法制一般では，労使の取り組みをサポートして促進するような法制度がやはり基本であってほしいと思っています。そのためには集団的労使関係というのがとても重要で，今のように組織率の低下が続いているような状況からは反転させていくということは必要だと思っています。具体論になるといろいろとありますが，ただ，労使双方の努力を促し，労組が組織されて団体交渉や労使協議が行われることによって労使がウイン・ウインになるような，そういう法制度をぜひこれから実現していっていただけるとありがたいと思っております。

☆集団的労使関係の再構築

逢見　まず雇用の流動化論ですが，第二次安倍内閣ができた当初のころは，産業競争力会議や規制改革会議の中にこうした主張をする人たちがいて，そういう風潮が労働法改革にも影響したのだろうと思います。解雇の金銭解決もそのときに提起された問題です。

　ただ，それが主流になっているかというと，必ずしもそうではなくて，少なくとも労使の対応から言うと，その議論にどんどん乗っかって流動化を促進しようということにはなっていない。菅野先生からJILPTの調査結果に言及いただきましたが，内部労働市場の中で人材を育成し，その育成した人材をいろんなポジションで使っていくということが基本で，有機的な組織体として動いているのが日本の企業組織で，そこは今も変わっていない思います。

　小指の先を切っても，痛みは全身に行くわけで，過去の整理解雇をめぐる労使紛争を見ても，自分たちがこれだけ頑張ってきたのに，いわば部品をすげか

えるようにしてぽいと捨てられることに対する反発というのが非常に強くて，それは今もあると思います。そういうあつれきをつくってまでも整理解雇を金銭で解決するということに踏み切るかと言うと，経営者もそこまで割り切っているわけではないでしょう。

　今後ももちろん徐々に変化する部分はあるにしても，基本はあまり変わらない。新卒一括採用する中で育て，その中から将来の幹部が生まれてくるという基本も変わっていかないのではないかと思います。

　労使関係の部分では，これまで個別化ということが前面に出た時期もありましたが，これからは集団的労使関係の枠組みをどう構築するかということだと思います。今回の働き方改革で出てきたことが，集団的労使関係のルールを再構築するのにいい機会になると思います。1つは三六協定です。一般原則で対応することが無理な職場があって，また，その上限一杯まで働かせていいと規定しているわけでもありません。特別条項を入れる場合であっても，それが本当にどれだけ必要なのかをきちんとそれぞれの事業所の仕事の中身などに着目して労使が考えることになるわけです。そこでは労使が一緒になって考える。ある職場で労働時間が長く残業が多いとしたら，それはどこに原因があるのか，それを改善するにはどうしたらいいのかということもやらなければいけなくなるわけです。

　非正規雇用の処遇改善についても，労使が議論もせず裁判所にまるごと判断を任せるということではないと思います。むしろ労使で検討して解を求めていかなければいけない課題です。そうすると，そこは集団的労使関係の枠組みでつくっていくことになるわけです。JILPTの調査では労働組合の組織率が17％しかなく，かつその中で過半数組合が65.5％しかなく，それは全体の8.3％でしかありません。過半数代表がいるのが51％，いないというのも36％あるわけです。過半数代表がいないところで，時間外労働が全くないとは考えにくいので，今まで罰則も適用されなかったし，「なくてもいいや」ということでやってきたのでしょうが，これからはそうはいかなくなる。そうすると組合のないところで過半数代表者をどういうふうに選んでいくかということの手続が必要になります。ゆくゆくは従業員代表法制という方向に行くことになると思います。過半数代表として労働組合が機能していれば，そこは労働組合がやる

し，なければそれにかわるものとしての従業員代表を選んでいくというそういう枠組みで立法化するということは必要なことではないかと思っています。

荻野 やはりあまり急激に変えることはしてほしくない，グラジュアルに漸進的に変化させていくことが大事だと思います。法律もできましたし，その運用についてなかなか労使の努力だけではどうにもならないところもありますが，行政や裁判所に激変を短期間にやられてしまうと，多分労使ともに対応できなくなってしまうと思いますので，社会的な配慮が必要なところでしょう。そうすれば徐々にいいものにしていけるのではないかと思います。

☆**取引の公正化が必要**

逢見 私は取引の適正化という問題がもう少しクローズアップされる必要があると思っています。特に中小企業の場合，取引の力関係，例えば週末に発注して週初めに納品しろとなると，そこで働いている人たちにしわ寄せがいく。そのため公正取引ということを進めていかないと弱いところにしわ寄せがいってしまう。

　今回，三六協定の適用除外になっていた自動車運転者と建設業が5年の猶予の後に，建設は一般則になりますが，自動車はなお年間960時間という問題が残っているわけですが，今まで問題があったのは，取引上，自動車運転者では荷主が時間指定で荷物を持ってこさせるとか，建設だと工期があらかじめ定められて，それが短いと土日も休めないという，取引の相手方が理解して協力しないと労働時間の短縮につながらない，逆に長時間労働にどんどん追い込む心配があるということの議論がようやく始まり出した，今後経済界にも配慮してもらいたいですね。

　年休の取得の問題についても，今回使用者側に取得させる義務が出てきましたが，これも年休を従業員が取りますと言ったら，何か嫌みの一つも言われるようになると取れなくなりますね。そういう環境あるいは職場風土を，みんなで切りかえていかないと，全体としての労働時間短縮につながっていかない。

☆**法規制の在り方の再検討**

菅野 くり返しになりますが，今回の働き方改革立法の成立後については，それに関する労使交渉をしっかり行って欲しいと思っております。そして，そのような努力が契機となって，労使の話し合いの制度の再構築に向って欲しいと

鼎　談

思います。今回の立法における日本版同一労働同一賃金が要請する賃金・処遇制度改革も，労働時間面での働き方改革も，企業労使がしっかりこれに取組み，各企業・職場の実情に合った方式を編み出してこそ，定着するものです。それには，過半数組織組合が存在する企業・事業場では，同組合が企業・事業場の労働者全体の利害を適正に調整する必要がありますし，同組合が存しない企業・事業場では，さし当たりは現在の過半数代表者を適切に活用するほかありませんが，将来的には，これを強化する方策をできるだけ早期に検討すべきでしょう。今回の立法によって，企業の賃金・処遇制度に対する法の介入が進み，法規制は一段と複雑化しましたが，この傾向はどこまで続くのか。そろそろ，法規制と労使関係（労使自治）の Rebalancing を図った方が良いのではないかと思っております。

事 項 索 引

あ 行

安全配慮義務 ……………………… 70, 226
安全配慮義務違反 ………………………… 180
育児休業 ……………………………………… 89
いじめ・嫌がらせ ………………………… 182
1号技能実習 ……………………………… 278
1か月を超える清算期間 ………………… 194
一般承継 …………………………………… 148
違法性阻却事由 ……………………………… 46
違法派遣 ……………………………………… 63
移民受入れ政策 …………………………… 269
医療受給者証 ………………………………… 97
インターンシップ …………………………… 13
受入れ企業の団交拒否 …………………… 280
えるぼしマーク ……………………………… 88
OJT …………………………………………… 17
親子会社 …………………………………… 296

か 行

解雇回避努力 ……………………………… 243
介護休業 ……………………………………… 24
外国人技能実習機構 ……………………… 277
外国人労働者の雇用管理の改善等に関して事
　主が適切に対処するための指針 ……… 283
解雇権濫用判断緩和 ……………………… 144
解雇の金銭解決 …………………………… 249
解雇濫用法理 ……………………………… 238
介護離職の防止 ……………………………… 24
会社解散と解雇 …………………………… 153
会社解散と取締役の責任 ………………… 155
改進社ルール ……………………………… 285
外部労働市場 ………………………………… 27
解約権留保付労働契約 ……………………… 2
加害者への懲戒処分 ……………………… 178

確定給付企業年金 ………………………… 261
　　──の終了 …………………………… 262
過失相殺 …………………………… 46, 229
合　併 ……………………………………… 148
仮処分 ……………………………………… 247
過労死防止対策大網 ……………………… 200
寛　解 ……………………………………… 215
環境型セクハラ …………………………… 177
間接差別 ……………………………………… 81
間接差別禁止法理 …………………………… 81
消えた年金記録 …………………………… 263
企業単独型技能実習 ……………………… 277
企業年金（退職年金）の概要 …………… 258
企業買収と労働条件 ……………………… 148
基金型確定給付企業年金制度 …………… 259
基準省令 …………………………………… 272
偽装請負 …………………………… 63, 68
偽装解散 ………………………… 153, 245
技能実習計画と義務的団交事項 ………… 281
技能実習 …………………………………… 269
　　──と同等待遇 …………………… 281
　　──と不当労働行為 ……………… 280
基本的労働指揮権 ………………………… 125
技能実習生上の足止 ……………………… 279
技能実習生の転籍 ………………………… 278
休業手当 …………………………………… 53
求職者支援制度 ……………………………… 16
求人票 ………………………………………… 8
休職の通算 ………………………………… 211
教育研修特約付き労働契約 ……………… 281
競業他社図利類型 ………………………… 119
競業避止義務 ……………………… 116, 144
競業避止特約 ……………………………… 145
行政取締法規 ………………………………… 59
業務改善プログラム ……………………… 240

業務上傷害と解雇の制限……………… 220

業務適性…………………………… 95

金銭以外の相当の利益………………… 137

均等指針……………………… 81, 85

勤務間インターバル制度……………… 200

クーリング期間………………………… 65

苦情処理制度…………………………… 115

クラウドワーク………………………… 292

グローバリゼーション………………… 141

軽易業務転換…………………………… 86

計画年休制度…………………………… 205

経過措置………………………………… 113

激変緩和措置……………… 109, 115, 190

減額の必要性…………………………… 260

兼業・副業……………………………… 166

　　――と労働時間……………………… 168

兼業許可制……………………………… 166

兼業禁止命令…………………………… 167

健康確保措置…………………………… 198

限定正社員……………………… 29, 35

コアタイム……………………………… 193

合意基準説……………………………… 106

合意相殺………………………………… 253

降格制度………………………………… 111

公共職業安定所………………………… 16

公序良俗違反…………………………… 92

公正な評価制度………………………… 113

高度プロフェッショナル制度………… 196

高年齢雇用継続給付…………………… 20

高年齢被保険者………………………… 22

合理性の判断基準……………………… 112

合理的意思解釈………………………… 7

合理的期待……………………………… 32

合理的配慮指針………………………… 97

高齢者継続雇用………………………… 18

高齢者継続雇用確保措置……………… 18

コーポレートガバナンス・コード…… 128

国際裁判管轄…………………………… 141

――の決定……………………………… 142

国籍を理由とする差別………………… 283

個別同意の有効性……………………… 149

雇用安定措置義務……………………… 54

雇用管理措置…………………………… 172

雇用義務制度…………………………… 93

雇用継続への期待……………………… 54

雇用契約上の付随義務………………… 71

雇用する労働者の代表………………… 292

コンプライアンス……………………… 129

さ　行

サービス残業…………………………… 189

再雇用条件……………………………… 20

在職老齢年金…………………………… 20

在宅勤務………………………………… 185

最低賃金………………………………… 14

最密接関係地法ルール………………… 142

採用内定………………………………… 10

在留資格………………………………… 268

指揮命令………………………………… 187

差別意図………………………………… 81

差別禁止指針…………………………… 94

産前産後休業と有期契約労働者……… 85

GPS による労働者の監視…………… 161

時間外労働等上限規制………………… 188

時間外労働の事前承認制……………… 189

時季指定方法と意見聴取……………… 206

事業譲渡………………………………… 150

事業譲渡等指針………………………… 152

事業場外労働のみなし労働時間制…… 185

自殺の予見可能性……………………… 228

私傷病休職制度………………………… 211

私生活の自由…………………………… 133

失業なき労働移動……………………… 23

支配介入………………………………… 163

社会保険未加入………………………… 45

社会保険料控除………………………… 48

事項索引　319

従業者集団 …………………… 139
就職規則の一方的変更 ………… 106
就職規則変更合意 ……………… 106
就労始期付労働契約 …………… 280
就労始期付労働関係 …………… 10
就労請求権 ……………………… 246
障害福祉サービス受給者証 …… 97
従業員の SNS 利用 ……………… 157
出　向 …………………………… 121
　　──先での企業秩序違反 …… 123
　　──と安全配慮義務 ………… 124
　　──の賃金支払義務者 ……… 125
準拠法 …………………………… 141
純粋持ち株会社 ………………… 297
障害者雇用率 ……………… 92, 100
障害者手帳 ……………………… 97
障害者に対する合理的配慮 …… 96
障害者の定着率 ………………… 101
障害者枠採用 …………………… 95
障害者枠制度 …………………… 94
試用期間 ………………………… 2
使用者による時季指定制度 …… 205
賞罰委員会 ……………………… 135
情報提供・説明 ………………… 107
常用代替防止 …………………… 53
職業選択の自由 ………………… 117
職場環境調整義務 ……………… 177
職場環境配慮義務違反 ………… 70
職場秩序紊乱行為 ……………… 170
職務給制度 ……………………… 111
職務発明 ………………………… 136
女性活用推進法 ………………… 87
女性労働者の不利益取扱いの禁止 …… 84
ジョブ・カード ………………… 16
ジョブ型正社員 ………………… 35
ジョブ型能力不足タイプ ……… 239
人員削減の必要性 ……………… 243
人員不足とパワハラ …………… 180

人格権侵害 ……………… 170, 172, 174
人事考課制度の制度設計 ……… 114
新卒一括採用 …………………… 17
身体障碍者 ……………………… 100
心理的負荷による精神障害の認定基準 …… 227
ストレス‐脆弱性理論 ………… 181
ストレスチェック ……………… 173
ストレスチェック制度 ………… 213
成果主義賃金制度 ……………… 111
正規・非正規格差 ……………… 39
清算期間 ………………………… 193
誠実義務違反 …………………… 118
青少年雇用情報 ………………… 15
精神障害者 ……………………… 100
精神障害者保健福祉手帳の再認定 …… 102
精神障害と安全配慮義務 ……… 225
精神障害による自殺 …………… 226
整理解雇の 4 要件 …………… 68, 69
セクシュアル・ハラスメント（セクハラ）… 70, 174
セクハラ防止措置指針 ……… 172, 177
世帯主要件 ……………………… 83
積極的差別是正措置 …………… 94
絶対的強行法規 ………………… 141
全額払原則 ……………………… 251
全国転動要件 …………………… 82
専門業務型裁量労働制 ………… 197
素因減額 ………………………… 231
早期退職優遇制度 ……………… 23
総合職 …………………………… 2
相　殺 …………………………… 251
相当利益請求権 ………………… 136
組織強制 ………………………… 299
組織率 …………………………… 289

た　行

対価型セクハラ ………………… 177
退職勧奨 ………………………… 234
　　──の違法性 ………………… 235

——の態様 …………………… 234
退職金 …………………… 250, 254
　　——の減額・不支給 …………… 255
退職金返還条項 ………………… 256
退職後の競業避止義務 ………… 117
退職の意思表示の無効・取消し … 235
代替的労働条件 ………………… 109
多様な正社員 …………………… 36
団結しない自由 ………………… 300
短時間労働者の被保険者資格 …… 265
単純労働者の受入れ …………… 270
断続的な欠勤 …………………… 212
団体監理型技能実習 …………… 277
団体交渉 ………………………… 292
団体交渉・労使協議 …………… 113
地位確認請求・未払賃金請求 …… 246
チェック・オフ ………………… 300
知的障害者 ……………………… 100
中間収入の控除 ………………… 247
懲戒規定 ………………………… 131
懲戒権の法的根拠 ……………… 131
懲戒権濫用 ……………………… 132
直接雇用申込みなし制度 ……… 62
直接差別 ………………………… 81
賃金不払残業総合対策要網 …… 190
通常想定される範囲 …………… 232
定額残業 ………………………… 190
定年後再雇用 …………………… 22
手続の妥当性 …………………… 244
手待時間 ………………………… 184
テレワーク ……………………… 185
転　籍 …………………………… 22
同一労働同一賃金ガイドライン … 40
当事者自治の原則 ……………… 142
投資ファンド …………………… 298
登録型派遣 ……………………… 52
登録支援機関 …………………… 274
特定活動 ………………………… 269

特定技能 ………………………… 270
特定技能基準省令 ……………… 274
特定技能雇用契約 ……………… 274
特定技能所属機関 ……………… 274
特定産業分野 14 業種 …………… 271
特定有期雇用労働者 …………… 28
特別支援プログラム …………… 236
特別な社会的接触関係 ………… 70
トライアル雇用 ………………… 16
努力義務 ………………………… 73

な　行

内定期間中の研修 ……………… 10
内定辞退 ………………………… 11
内部告発 ………………………… 126
内部告発保護法理 ……………… 159
内部通報 ………………………… 126
2 号技能実習 …………………… 278
日本人との同等取扱い ………… 275
入管手続と雇用契約書 ………… 273
年休取得率 ……………………… 205
年金記録の訂正請求手続 ……… 264
ねんきんネット ………………… 48
年次有給休暇管理簿 …………… 207
年収要件 ………………………… 198

は　行

配慮義務 ………………………… 73
派遣可能期間 …………………… 65
派遣契約の解除と解雇 ………… 67
派遣先指針 ……………………… 67
派遣先による教育訓練 ………… 75
派遣先の義務 …………………… 57
派遣先の不法行為責任 ………… 68
派遣の期間制限 ………………… 54
派遣元の義務 …………………… 58
派遣元の説明義務 ……………… 75
派遣元の均等・均衡待遇義務 …… 73

事 項 索 引　　321

派遣労働契約‥‥‥‥‥‥‥‥‥‥ 52
ハラスメント‥‥‥‥‥‥‥‥ 87, 170
パワー・ハラスメント（パワハラ）‥ 70, 179, 236
パワハラ防止措置‥‥‥‥‥‥‥ 181
被保険者資格取得届‥‥‥‥‥‥ 263
被保険者資格得喪確認請求‥‥‥‥ 45
風紀紊乱‥‥‥‥‥‥‥‥‥‥‥ 174
復職可否判断‥‥‥‥‥‥‥‥‥ 216
復転と職場配置‥‥‥‥‥‥‥‥ 217
不合理性判断枠組み‥‥‥‥‥‥‥ 40
不合理な待遇の相違の禁止‥‥‥‥ 39
復帰手続規定‥‥‥‥‥‥‥‥‥ 124
不法就労者の労災‥‥‥‥‥‥‥ 284
プライバシー‥‥‥‥‥‥‥‥‥ 230
フリーランス‥‥‥‥‥‥‥‥‥ 292
不利益取扱い‥‥‥‥‥‥‥‥‥‥ 90
フレキシブルタイム‥‥‥‥‥‥ 193
フレックスタイム制‥‥‥‥‥‥ 192
紛争調整委員会‥‥‥‥‥‥‥‥ 248
変更解約告知‥‥‥‥‥‥‥‥‥ 244
包括承継‥‥‥‥‥‥‥‥‥‥‥ 148
包括的契約関係‥‥‥‥‥‥‥‥ 123
法人格否認の法理‥‥‥‥‥‥ 154, 245
暴力・ハラスメント防止条約‥‥‥ 172
ホールディングカンパニー‥‥‥‥ 296
保険料徴収の時効消滅‥‥‥‥‥ 263
補佐員の配置‥‥‥‥‥‥‥‥‥‥ 98
本採用拒否‥‥‥‥‥‥‥‥‥‥‥ 3

ま 行

マタハラ指針‥‥‥‥‥‥‥‥‥ 173
無期転換権‥‥‥‥‥‥‥‥‥‥‥ 27
無限定正社員‥‥‥‥‥‥‥‥‥‥ 29
明示の残業禁止‥‥‥‥‥‥‥‥ 189
明示の同意‥‥‥‥‥‥‥‥‥‥ 110
メンタル不調‥‥‥‥‥‥‥‥‥ 210
メンタルヘルス健康情報‥‥‥‥‥ 230
メンバーシップ型能力不足タイプ‥‥‥ 239

黙示の雇用契約‥‥‥‥‥‥‥‥‥ 64
モバイル勤務‥‥‥‥‥‥‥‥‥ 185

や 行

役職定年制‥‥‥‥‥‥‥‥‥‥ 109
雇止め法理‥‥‥‥‥‥‥‥‥‥‥ 32
有期契約の不更新条項・上限条項‥‥ 31
有期雇用の派遣労働者‥‥‥‥‥‥ 54
有期雇用プレミアム‥‥‥‥‥‥‥ 28
ユニオン・ショップ解雇‥‥‥‥ 241
ユニオン・ショップ協定‥‥‥‥ 299
予見可能性‥‥‥‥‥‥‥‥ 181, 226
読み上げソフト‥‥‥‥‥‥‥‥‥ 98

ら 行

ラインケア‥‥‥‥‥‥‥‥‥‥ 213
立証責任‥‥‥‥‥‥‥‥‥‥‥ 228
リハビリ出社‥‥‥‥‥‥‥‥‥ 218
留保解約権‥‥‥‥‥‥‥‥‥‥‥ 3
レイプトラウマシンドローム‥‥‥ 176
労基法上の労働時間‥‥‥‥‥‥ 184
労災認定と退職、解雇‥‥‥‥‥ 221
労使協議‥‥‥‥‥‥‥‥‥‥‥ 292
労組法上の使用者‥‥‥‥‥‥‥ 296
労組法上の労働者‥‥‥‥‥‥‥ 290
労働協約の規範的効力‥‥‥‥‥ 150
労働組合の位置づけ‥‥‥‥‥‥ 288
労働形態の多様化と労働関係法‥‥ 290
労働契約‥‥‥‥‥‥‥‥‥‥‥ 293
労働時間設定等改善指針‥‥‥‥ 200
労働時間等設定改善委員会‥‥‥ 201
労働者性‥‥‥‥‥‥‥‥‥‥‥‥ 13
労働者代表法制‥‥‥‥‥‥‥‥ 294
労働者の自由意思に基づく同意‥‥ 107
労働者の引抜き‥‥‥‥‥‥‥‥ 118
労働者派遣‥‥‥‥‥‥‥‥‥‥‥ 52
労働者派遣契約‥‥‥‥‥‥‥‥‥ 52
労働者派遣契約内容‥‥‥‥‥‥‥ 56

労働条件の明示 ……………………………… 6
労働審判手続 ……………………………… 248

労務提供地法 ……………………………… 142
ローパフォーマー ……………………………… 239

判 例 索 引

最高裁判所

最二小判昭 31・11・2 民集 10 巻 11 号 1413 頁（関西精機事件）……………………… 251

最大判昭 36・5・31 民集 15 巻 5 号 1482 頁（日本勧業経済会事件）………………… 251

最大判昭 43・12・25 民集 22 巻 13 号 3459 頁（秋北バス事件）……………………… 106

最一小判昭 44・12・18 民集 23 巻 12 号 2495 頁（福島県教組事件）………………… 252

最二小判昭 45・10・30 民集 24 巻 11 号 1693 頁（群馬県教組事件）………………… 252

最一小判昭 47・4・6 民集 26 巻 3 号 397 頁（静岡県教職員事件）…………………… 190

最大判昭 48・12・12 民集 27 巻 11 号（三菱樹脂事件）……………………………………… 2

最一小判昭 49・7・22 民集 28 巻 5 号 927 頁（東芝柳町工場事件）………………… 32

最二小判昭 50・4・25 民集 29 巻 4 号 456 頁（日本食塩製造事件）………………… 300

最二小判昭 52・8・9 労経速 958 号 25 頁（三晃社事件）……………………………… 256

最一小判昭 55・7・10 労判 345 号 20 頁（下関商業高校事件）……………………… 234

最一小判昭 58・9・8 労判 415 号 29 頁（関西電力事件）……………………… 131, 158

最一小判昭 58・10・27 労判 427 号 63 頁（あさひ保育園事件）…………………… 242

最三小判昭 59・4・10 民集 38 巻 6 号 557 頁（川義事件）…………………………… 226

最一小判昭 61・3・13 労判 470 号 6 頁（電電公社帯広局事件）…………………… 162

最一小判昭 61・12・4 労判 486 号 6 頁（日立メディコ事件）……………………… 32

最一小判昭 62・4・2 労判 500 号 14 頁（あけぼのタクシー事件）………………… 247

最一小判昭 63・4・21 民集 42 巻 4 号 243 頁……………………………………………… 229

最二小判平元・12・11 民集 43 巻 12 号 1786 頁（済生会中央病院事件）………… 301

最一小判平元・12・14 民集 43 巻 12 号 1895 頁（日本シェーリング事件）……… 90

最一小判平元・12・14 民集 43 巻 12 号 2051 頁（三井倉庫港運事件）…………… 241

最二小判平 2・11・26 民集 44 巻 8 号 1085 頁（日新製鋼事件）…………………… 252

最一小判平 3・11・28 民集 45 巻 8 号 1270 頁（日立製作所武蔵工場事件）…… 167

最一小判平 4・6・25 民集 46 巻 4 号 400 頁……………………………………………… 229

最一小判平 5・3・25 労判 650 号 6 頁（エッソ石油事件）…………………………… 301

最一小判平 7・2・23 民集 49 巻 2 号 281 頁（ネスレ日本事件）…………………… 301

最三小判平 8・10・29 民集 50 巻 9 号 2474 頁…………………………………………… 231

最二小判平 9・2・28 民集 51 巻 2 号 705 頁（第四銀行事件）………………… 106, 112

最三小判平 9・7・1 民集 51 巻 6 号 2452 頁…………………………………………… 259

最一小判平 10・4・9 労判 736 号 15 頁（片山組事件）………………………… 98, 215

最一小判平 12・3・9 民集 54 巻 3 号 801 頁（三菱重工業長崎造船所事件）…… 184

最二小判平 15・10・10 労判 861 号 5 頁（フジ興産事件）……………………… 131, 159

最一小判平 15・12・4 労判 862 号 14 頁（東朋学園事件）…………………………… 90

最一小判平 18・10・6 労判 1925 号 11 頁（ネスレ日本事件）……………………… 134

最一小判平 19・1・18 労判 931 号 5 頁（神奈川信用農業協同組合事件）‥‥‥‥‥‥‥ 23

最二小判平 21・12・18 民集 63 巻 10 号 2754 頁（パナソニックプラズマディスプレイ事件）‥‥‥ 64

最一小判平 22・3・25 民集 64 巻 2 号 562 頁（サクセスほか（三佳テック）事件）‥‥‥‥‥‥ 118

最三小判平 24・2・21 民集 66 巻 3 号 955 頁（ビクターサービスエンジニアリングサービス事件）‥‥ 291

最一小判平 24・3・8 労判 1060 号 5 頁（テックジャパン事件）‥‥‥‥‥‥‥‥‥‥‥‥ 191

最二小判平 24・4・27 労判 1055 号 5 頁（日本ヒューレット・パッカード（第 1）事件）‥‥‥‥ 210

最一小判平 24・11・29 労判 1064 号 13 頁（津田電気計器事件）‥‥‥‥‥‥‥‥‥‥‥ 19

最三小決平 25・4・9 労経速 2182 号 34 頁（本田技研工業事件）‥‥‥‥‥‥‥‥‥‥‥ 33

最一小判平 26・10・23 民集 68 巻 8 号 1270 頁（広島中央保健生活協同組合事件）‥‥‥‥‥ 86, 173

最一小判平 27・2・26 労判 1109 号 5 頁（海遊館事件）‥‥‥‥‥‥‥‥‥‥‥‥‥‥‥ 178

最二小判平 27・6・8 民集 69 巻 4 号 1047 頁（専修大学事件）‥‥‥‥‥‥‥‥‥‥‥‥ 222

最二小判平 28・2・19 民集 70 巻 2 号 123 頁（山梨県民信用組合事件）‥‥‥‥‥‥ 36, 106, 149

最二小判平 29・7・7 労判 1168 号 49 頁（医療法人社団康心会事件）‥‥‥‥‥‥‥‥‥ 190

最二小判平 30・6・1 民集 72 巻 2 号 88 頁（ハマキョウレックス（差戻審）事件）‥‥‥‥‥‥ 43

最二小判平 30・6・1 民集 72 巻 2 号 202 頁（長澤運輸事件）‥‥‥‥‥‥‥‥‥‥‥‥ 18

最一小判平 30・7・19 労判 1186 号 5 項（日本ケミカル事件）‥‥‥‥‥‥‥‥‥‥‥‥ 190

最一小判平 30・9・14 労判 1194 号 5 頁（日本郵便事件）‥‥‥‥‥‥‥‥‥‥‥‥‥‥ 21

最三小判平 30・11・6 判タ 1495 号 25 頁（加古川市事件）‥‥‥‥‥‥‥‥‥‥‥‥‥ 178

高等裁判所

広島高判昭 52・1・24 労判 345 号 22 頁（下関商業高校事件）‥‥‥‥‥‥‥‥‥‥‥‥ 234

東京高判昭 54・10・29 労判 330 号 71 頁（東洋酸素事件）‥‥‥‥‥‥‥‥‥‥‥‥‥‥ 242

東京高判昭 58・12・19 労判 421 号 33 頁（八州測量事件）‥‥‥‥‥‥‥‥‥‥‥‥‥‥ 7

東京高判昭 59・3・30 労判 437 号 41 頁（フォード自動車事件）‥‥‥‥‥‥‥‥‥‥‥ 239

大阪高判昭 59・11・29 労民集 35 巻 6 号 641 頁（日本高圧瓦斯工業事件）‥‥‥‥‥‥‥‥ 255

大阪高判平 2・3・8 労判 575 号 59 頁（千代田工業事件）‥‥‥‥‥‥‥‥‥‥‥‥‥ 8

東京高判平 2・7・19 労判 580 号 29 頁（立川バス事件）‥‥‥‥‥‥‥‥‥‥‥‥‥‥ 133

名古屋高判平 2・8・31 労判 569 号 37 頁（中部日本広告社事件）‥‥‥‥‥‥‥‥‥‥ 257

名古屋高判平 7・7・19 労判 700 号 95 頁（名古屋学院事件）‥‥‥‥‥‥‥‥‥‥‥‥ 260

東京高判平 9・11・20 労判 728 号 12 頁（横浜セクハラ事件）‥‥‥‥‥‥‥‥‥‥‥‥ 176

東京高判平 11・10・28 判時 1721 号 155 頁（首都高速道路公団事件）‥‥‥‥‥‥‥‥‥ 127

東京高判平 11・12・8 労判 777 号 25 頁（タジマヤ（解雇）事件）‥‥‥‥‥‥‥‥‥‥ 151

東京高判平 12・4・19 労判 787 号 35 頁（日新火災海上保険事件）‥‥‥‥‥‥‥‥‥‥ 9

大阪高判平 13・3・14 労判 809 号 61 頁（全日本空輸（退職強要）事件）‥‥‥‥‥‥‥‥ 235

東京高判平 13・6・27 労判 810 号 21 頁（カンタス航空事件）‥‥‥‥‥‥‥‥‥‥‥‥ 32

東京高判平 14・2・27 判時 1824 号 17 頁（中労委（青山会）事件）‥‥‥‥‥‥‥‥‥‥ 151

東京高判平 14・7・23 労判 852 号 73 頁（三洋電機サービス事件）‥‥‥‥‥‥‥‥‥‥ 230

大阪高判平 15・1・30 労判 845 号 5 頁（大阪空港事業（関西航業）事件）‥‥‥‥‥‥‥‥ 154

判例索引　　325

東京高判平 15・12・11 労判 867 号 5 頁（小田急電鉄事件）‥‥‥‥‥‥‥‥‥‥‥‥ 133

東京高判平 15・4・24 労判 851 号 48 頁（キョーイクソフト事件）‥‥‥‥‥‥‥‥‥ 114

大阪高判平 15・6・26 労判 858 号 69 頁（大阪証券取引所（仲立証券）事件）‥‥‥‥ 154

東京高判平 16・6・16 労判 886 号 93 頁（千代田学園事件）‥‥‥‥‥‥‥‥‥‥‥‥ 134

東京高判平 17・3・30 労判 905 号 72 頁（神代学園ミューズ音楽院事件）‥‥‥‥‥‥ 189

名古屋高金沢支判平 17・5・18 労判 1049 号 71 頁（JT 乳業事件）‥‥‥‥‥‥‥‥‥ 155

東京高判平 17・5・31 労判 898 号 16 頁（勝英自動車学校（大船自動車興業）事件）‥ 151

東京高判平 17・7・13 労判 889 号 19 頁（東京日新学園事件）‥‥‥‥‥‥‥‥‥‥‥ 150

大阪高判平 18・7・13 労判 923 号 40 頁（港湾労働者安定協会事件）‥‥‥‥‥‥‥‥ 259

大阪高判平 18・11・28 労判 930 号 13 頁（松下電器産業（大津）事件）‥‥‥‥‥‥ 259

大阪高判平 18・11・28 労判 930 号 26 頁（松下電器産業グループ（大阪）事件）‥‥ 259

大阪高判平 19・10・26 労判 975 号 50 頁（第一交通産業ほか（佐野第一交通）事件）‥ 245

東京高判平 19・10・30 労判 963 号 54 頁（協和出版販売事件）‥‥‥‥‥‥‥‥‥‥‥ 20

東京高判平 20・6・26 労判 978 号 93 頁（インフォーマテック事件）‥‥‥‥‥‥‥‥ 248

東京高判平 20・12・25 労判 975 号 5 頁（ショウ・コーポレーション（魚沼中央自動車学校)事件)‥ 151

東京高判平 21・3・25 労判 985 号 58 頁（りそな企業年金基金・りそな銀行事件）‥‥ 262

東京高判平 21・7・28 労判 990 号 50 頁（アテスト（ニコン熊谷製作所）事件）‥‥‥ 70

東京高判平 21・9・15 労判 991 号 153 頁（ニュース証券事件）‥‥‥‥‥‥‥‥‥‥‥ 4

大阪高判平 22・3・18 労判 1015 号 83 頁（協愛事件）‥‥‥‥‥‥‥‥‥‥‥‥‥‥‥ 108

大阪高判平 22・9・14 労判 1144 号 74 頁（愛知ミタカ運輸事件）‥‥‥‥‥‥‥‥‥‥ 20

東京高判平 22・10・19 労判 1014 号 5 頁（賛育会事件）‥‥‥‥‥‥‥‥‥‥‥‥‥‥ 114

東京高判平 23・2・23 労判 1022 号 5 頁（東芝（うつ病）事件控訴審）‥‥‥‥‥‥‥ 230

東京高判平 23・10・26 労判 1049 号 71 頁（日本言語研究所ほか事件）‥‥‥‥‥‥‥ 155

大阪高判平 24・2・10 労判 1045 号 5 頁（日本基礎技術事件）‥‥‥‥‥‥‥‥‥‥‥‥ 5

名古屋高判平 24・2・10 労判 1054 号 76 頁（パナソニックエコシステムズ事件）‥‥‥ 68

札幌高判平 24・10・19 労判 1064 号 37 頁（ザ・ウィンザー・ホテルズインターナショナル事件）‥ 108

大阪高判平 24・12・13 労判 1072 号 55 頁（アイフル（旧ライフ）事件）‥‥‥‥‥‥ 232

東京高判平 25・2・27 労判 1072 号 5 頁（ザ・ウインザー・ホテルズインターナショナル事件）‥ 180

大阪高判平 25・4・25 労判 1076 号 19 頁（新和産業事件）‥‥‥‥‥‥‥‥‥‥‥‥‥ 237

札幌高判平 25・11・21 労判 1086 号 22 頁（医療法人雄心会事件）‥‥‥‥‥‥‥‥‥ 228

大阪高判平 25・12・20 労判 1090 号 21 頁（東レエンタープライズ事件）‥‥‥‥‥‥ 70

東京高判平 26・6・12 労判 1127 号 43 頁（石川タクシー富士宮ほか事件）‥‥‥‥‥‥ 153

仙台高判平 26・6・27 労判 1100 号 26 頁（岡山県貨物運送事件）‥‥‥‥‥‥‥‥‥‥ 180

大阪高判平 26・7・18 労判 1104 号 71 頁（医療法人稲門会（いわくら病院）事件）‥‥ 90

福岡高判平 27・1・15 労判 1115 号 23 頁（西日本鉄道（B 自動車営業所事件））‥‥‥ 236

広島高松江支判平 27・3・18 労判 1118 号 25 頁（公立八鹿病院組合事件）‥‥‥‥‥‥ 180

東京高判平 27・9・9 労経速 2266 号 3 頁（T 社事件）‥‥‥‥‥‥‥‥‥‥‥‥‥‥‥ 133

東京高判平 27・10・14LEX/DB25541315（カンリ事件）‥‥‥‥‥‥‥‥‥‥‥‥‥‥ 284

東京高判平 27・11・5 労経速 2226 号 17 頁（日本郵便事件）‥‥‥‥‥‥‥‥‥‥ 19

東京高判平 28・2・25 労判 1162 号 52 頁（日本ヒューレッド・パッカード（第 2）事件）‥‥‥ 211

名古屋高判平 28・7・20 労判 1157 号 63 頁（イビデン事件）‥‥‥‥‥‥‥‥‥‥ 71

東京高判平 28・9・12 労判 1147 号 50 頁（専修大学事件差戻審）‥‥‥‥‥‥‥‥ 223

名古屋高判平 28・9・28 労判 1146 号 22 頁（トヨタ自動車ほか事件）‥‥‥‥‥‥‥ 20

札幌高判平 28・9・29 労判 1148 号 17 頁（札幌市・市教委（市立中学校教諭）事件）‥‥ 212

東京高判平 29・4・12 労判 1162 号 9 頁（航空自衛隊自衛官（セクハラ）事件）‥‥‥ 171

福岡高判平 29・9・7 労判 1167 号 49 頁（九州惣菜事件）‥‥‥‥‥‥‥‥‥‥‥ 20

東京高判平 29・10・18 労判 1179 号 47 頁（フクダ電子長野販売事件）‥‥‥‥‥ 133, 236

東京高判平 30・12・13 労判 1198 号 45 頁（日本郵便（時給制契約社員ら）事件）‥‥ 44

大阪高判平 31・2・15 労判 1199 号 5 頁（大阪医科薬科大学事件）‥‥‥‥‥‥‥‥ 42

東京高判平 31・2・20 労判 1198 号 5 頁（メトロコマース事件）‥‥‥‥‥‥‥‥‥ 43

地方裁判所

大阪地決昭 31・10・17 労判 486 号 83 頁（ニシムラ事件）‥‥‥‥‥‥‥‥‥‥ 235

松江地益田支判昭 44・11・18 労民 20 巻 6 号 1527 頁（石見交通事件）‥‥‥‥ 170, 175

長野地判昭 45・3・24 判時 600 号 111 頁（長野電鉄（本訴）事件）‥‥‥‥‥‥ 171

名古屋地判昭 47・4・28 判時 680 号 88 頁（橋元運輸事件）‥‥‥‥‥‥‥‥‥ 166

徳島地判昭 50・7・23 労判 232 号 24 頁（徳島船井電機事件）‥‥‥‥‥‥‥‥ 155

京都地判昭 52・10・28 労判 290 号 60 頁（都タクシー事件）‥‥‥‥‥‥‥‥‥ 224

神戸地判昭 54・9・21 労判 328 号 47 頁（中本商事事件）‥‥‥‥‥‥‥‥‥ 155, 245

大阪地判昭 55・3・26 労判 339 号 27 頁（中央観光バス（共同絶交）事件）‥‥‥ 180

東京地決昭 57・11・19 労判 397 号 30 頁（小川建設事件）‥‥‥‥‥‥‥‥‥ 166

千葉地判昭 60・5・31 労判 461 号 65 頁（昭和電工事件）‥‥‥‥‥‥‥‥‥ 214

大阪地決昭 62・9・11 判時 504 号 25 頁（北陽電機事件）‥‥‥‥‥‥‥‥‥ 32

大阪地判昭 63・11・2 労判 531 号 100 頁（阪神高速道路公団事件）‥‥‥‥‥‥ 256

東京地判平 2・3・23 労判 559 号 15 頁（ナショナルシューズ事件）‥‥‥‥‥‥ 166

静岡地沼津支判平 2・12・20 労判 580 号 17 頁（ニューフジヤホテル事件）‥‥‥ 175

高知地判平 3・3・29 労判 613 号 77 頁（池本興業事件）‥‥‥‥‥‥‥‥‥‥ 155

福岡地判平 4・4・16 判時 607 号 6 頁（福岡（キュー企画）事件）‥‥‥‥‥‥ 171, 179

金沢地輪島支判平 6・5・26 労判 650 号 8 頁（金沢セクハラ事件）‥‥‥‥‥‥ 175

大阪地判平 6・5・30 判判 654 号 31 頁（関西外国語大学（第 1）事件）‥‥‥‥ 46

大阪地決平 6・8・5 労判 668 号 48 頁（新関西通信システムズ事件）‥‥‥‥‥ 154

東京地判平 7・4・13 労判 675 号 13 頁（スカンジナビア航空事件）‥‥‥‥‥‥ 245

東京地判平 7・12・12 労判 688 号 33 頁（小田急電鉄事件）‥‥‥‥‥‥‥‥‥ 255

東京地判平 8・12・27 判時 1619 号 85 頁（東京コンピュータサービス事件）‥‥‥ 118

東京地判平 9・5・26 労判 717 号 14 頁（長谷工コーポレーション事件）‥‥‥‥ 12, 279

熊本地判平 9・6・25 判時 1638 号 135 頁（熊本バドミントン協会事件）‥‥‥‥ 176

判例索引　　327

東京地判平 9・11・26 判時 1646 号 106 頁（ホクトエンジニアリング事件）‥‥‥‥‥ 59

東京地判平 9・12・26 判タ 1011 号 178 頁（エフエム・アイ・キャリアスタッフ事件）‥‥‥‥ 60

東京地判平 10・3・17 労判 734 号 15 頁（富士重工業事件）‥‥‥‥‥‥‥‥‥‥‥ 279

大阪地判平 10・8・31 労判 751 号 38 頁（大阪労働衛生センター第一病院事件）‥‥‥‥ 245

東京地判平 10・12・7 労判 751 号 18 頁（コンピューター・メンテナンス・サービス事件）‥‥ 178

奈良地決平 11・1・11 労判 753 号 15 頁（日進工機事件）‥‥‥‥‥‥‥‥‥‥‥ 154

大阪地判平 11・7・13 賃社 1264 号 47 頁（エスコープランニング事件）‥‥‥‥‥‥‥ 265

京都地判平 11・9・30 判時 1715 号 51 頁（京都区役所事件）‥‥‥‥‥‥‥‥‥‥ 47

大阪地判平 11・10・4 労判 771 号 25 頁（東海旅客鉄道（退職）事件）‥‥‥‥‥‥‥‥ 99

東京地決平 11・10・15 労判 770 号 34 頁（セガ・エンタープライゼス事件）‥‥‥‥‥‥ 239

東京地決平 12・1・21 労判 782 号 23 頁（ナショナル・ウエストミンスター銀行（三次仮処分）事件）‥‥ 243

大阪地決平 12・5・16 判タ 1077 号 200 項（関西電力事件）‥‥‥‥‥‥‥‥‥‥‥ 218

広島地判平 12・5・18 労判 783 号 15 頁（オタフクソース事件）‥‥‥‥‥‥‥‥‥‥ 231

大阪地判平 12・6・30 労判 793 号 49 頁（わいわいランド事件）‥‥‥‥‥‥‥‥‥‥ 248

東京地判平 12・12・18 労判 803 号 74 頁（アイビ・プロテック事件）‥‥‥‥‥‥‥‥ 256

大阪地判平 12・12・20 判タ 1081 号 200 頁（幸福銀行（年金打切り）事件）‥‥‥‥‥‥ 260

東京地判平 13・2・27 労判 812 号 48 頁（共同都心住宅販売事件）‥‥‥‥‥‥‥‥ 144

東京地判平 13・6・5 労経速 1779 号 3 頁（十和田運輸事件）‥‥‥‥‥‥‥‥‥‥‥ 167

和歌山地判平 14・2・19 労判 826 号 64 頁（みくまの農協事件）‥‥‥‥‥‥‥‥‥ 230

大阪地判平 14・9・11 労判 840 号 62 頁（フレックスジャパン・アドバンテック事件）‥‥‥‥ 118

大阪地決平 15・4・16 労判 849 号 35 頁（大建工業事件）‥‥‥‥‥‥‥‥‥‥‥ 216

大阪地堺支判平 15・6・18 労判 855 号 22 頁（大阪いずみ市民生協事件）‥‥‥‥ 127, 159

東京地判平 15・10・22 労判 874 号 71 頁（テンプロス・ベルシステム 24 事件）‥‥‥‥ 60

東京地判平 15・12・11 労判 912 号 63 頁（日音事件）‥‥‥‥‥‥‥‥‥‥‥‥‥ 255

横浜地川崎支判平 16・5・28 労判 878 号 40 頁（昭和電線電纜事件）‥‥‥‥‥‥‥ 235

横浜地判平 16・7・8 労判 880 号 123 頁（厚木市役所事件）‥‥‥‥‥‥‥‥‥‥ 178

大阪地判平 17・1・13 労判 893 号 150 頁（近畿コカ・コーラボトリング事件）‥‥‥‥‥‥ 32

新潟地判平 17・2・15 判自 265 号 48 頁（鹿瀬町事件）‥‥‥‥‥‥‥‥‥‥‥‥ 48

東京地判平 17・9・30 労判 907 号 25 頁（印南製作所事件）‥‥‥‥‥‥‥‥‥‥‥ 244

東京地判平 17・10・19 労判 905 号 5 頁（モルガン・スタンレー・ジャパン事件）‥‥‥‥‥ 196

東京地判平 17・10・28 労判 909 号 90 頁（日本アグファ・ゲバルト事件）‥‥‥‥‥‥‥ 244

京都地判平 18・4・13 労判 917 号 59 頁（近畿建設協会事件）‥‥‥‥‥‥‥‥‥‥ 32

東京地判平 18・4・25 労判 924 号 112 頁（日本曹達（退職勧奨）事件）‥‥‥‥‥‥‥ 94

大阪地判平 18・9・20 労判 928 号 58 頁（更生会社フットワーク物流ほか事件）‥‥‥‥ 150

東京地判平 18・9・29 労判 930 号 56 頁（明治ドレスナー・アセットマネジメント事件）‥‥‥ 236

東京地判平 18・11・29 判労 935 号 35 頁（東京自転車健康保険組合事件）‥‥‥‥‥ 248

東京地判平 19・1・26 労判 939 号 36 頁（早稲田大学事件）‥‥‥‥‥‥‥‥‥‥‥ 259

東京地判平 19・4・27 労経速 1979 号 3 頁（X 社事件）‥‥‥‥‥‥‥‥‥‥‥‥‥ 133

東京地判平 19・10・19 労判 948 号 5 頁（NTT グループ（年金規約変更不承認処分））・・・・・・・・・・ 261

東京地判平 20・3・26 労判 970 号 94 頁（ヒューマントラスト事件）・・・・・・・・・・・・・・・・・・・・・・・・・ 14

東京地判平 20・3・27 労判 964 号 25 頁（大道工業事件）・・・・・・・・・・・・・・・・・・・・・・・・・・・・・・・・・・ 187

東京地判平 20・4・22 労判 965 号 5 頁（東芝事件）・・ 221

千葉地判平 20・5・21 労判 1967 号 19 頁（学校法人実務学園ほか事件）・・・・・・・・・・・・・・・・・・・ 114

松山地判平 20・7・1 労判 968 号 37 頁（前田道路事件）・・・・・・・・・・・・・・・・・・・・・・・・・・・・・・・・・・・ 180

岐阜地判平 20・9・8 労経速 2016 号 26 頁（日通岐阜運輸事件）・・・・・・・・・・・・・・・・・・・・・・・・・・・ 19

神戸地尼崎支判平 20・12・21 労判 974 号 25 頁（報徳学院事件）・・・・・・・・・・・・・・・・・・・・・・・・・ 33

東京地判平 20・12・25 労判 981 号 63 頁（立教学院事件）・・・・・・・・・・・・・・・・・・・・・・・・・・・・・・・・ 33

大阪地判平 21・3・30 労判 987 号 60 頁（ピアス事件）・・・・・・・・・・・・・・・・・・・・・・・・・・・・・・・・・・・・ 256

松山地判平 21・3・25 労判 983 号 5 頁（奥道後温泉観光バス（配車差別等）事件）・・・・・・・・・ 164

福岡地小倉支判平 21・6・11 労判 989 号 20 頁（ワイケーサービス（九州定温輸送）事件）・・・・・・・ 155

東京地判平 21・6・12 労判 991 号 64 頁（骨髄移植推進財団事件）・・・・・・・・・・・・・・・・・ 128, 248

宮崎地判平 21・9・28 判タ 1320 号 96 頁（宮崎信用金庫事件）・・・・・・・・・・・・・・・・・・・・・・・・・・・ 266

大阪地判平 21・10・6 労判 1001 号 66 頁（新日本交通ほか事件）・・・・・・・・・・・・・・・・・・・・・・・・・ 163

東京地判平 21・10・15 労判 999 号 54 頁（医療法人財団健和会事件）・・・・・・・・・・・・・・・・・・・・・ 2

東京地判平 21・11・16 労判 1001 号 39 頁（不二タクシー事件）・・・・・・・・・・・・・・・・・・・・・・・・・・ 251

東京地判平 21・12・21 労判 1006 号 65 頁（明石書店事件）・・・・・・・・・・・・・・・・・・・・・・・・・・・・・・ 33

大阪地判平 22・6・23 労判 1019 号 75 頁（京都下労基署長（富士通）事件）・・・・・・・・・・・・・・ 182

東京地判平 22・8・26 労判 1013 号 15 頁（東京大学出版会事件）・・・・・・・・・・・・・・・・・・・・・・・・・ 19

横浜地判平 23・1・25 判時 2102 号 151 頁（テクノプロ・エンジニアリング事件）・・・・・・・・・・ 243

東京地判平 23・1・28 労判 1029 号 59 頁（学校法人田中千代学園事件）・・・・・・・・・・・・・・・・・・ 127

東京地判平 23・5・12 労判 1032 号 5 頁（ソフトウェア興業（蒲田ソフトウェア）事件）・・・・ 256

東京地判平 23・5・17 労判 961 号 56 頁（日本構造技術事件）・・・・・・・・・・・・・・・・・・・・・・・・・・・・ 110

東京地判平 23・5・17 労判 1033 号 42 頁（技術翻訳事件）・・・・・・・・・・・・・・・・・・・・・・・・・・・・・・・ 110

大阪地判平 23・5・25 労判 1045 号 53 頁（ライフ事件）・・・・・・・・・・・・・・・・・・・・・・・・・・・・・・・・・ 221

横浜地判平 23・10・20 労経速 2127 号 11 頁（房南産業事件）・・・・・・・・・・・・・・・・・・・・・・・・・・・・ 19

東京地判平 23・12・6 労判 1044 号 21 頁（デーバー事件）・・・・・・・・・・・・・・・・・・・・・・・・・・・・・・・ 282

東京地判平 24・2・17 労経速 2140 号 3 頁（本田技研工業事件）・・・・・・・・・・・・・・・・・・・・・・・・・・ 33

大阪地判平 24・4・13 労判 1053 号 24 頁（医療法人健進会事件）・・・・・・・・・・・・・・・・・・・・・・・・・ 221

東京地判平 24・4・20 LEX/DB25481082（デーバー加工サービス事件）・・・・・・・・・・・・・・・・・・ 282

東京地判平 24・5・31 労判 1056 号 19 頁（東起業事件）・・・・・・・・・・・・・・・・・・・・・・・・・・・・・・・・・・ 163

京都地判平 24・7・13 労判 1058 号 21 頁（マンナ運輸事件）・・・・・・・・・・・・・・・・・・・・・・・・・・・・・ 166

東京地判平 24・8・31 労判 1059 号 5 頁（日本精工（外国人派遣労働者）事件）・・・・・・・・・・・・ 68

前橋地判平 24・9・7 労判 1062 号 32 頁（萬屋建設事件）・・・・・・・・・・・・・・・・・・・・・・・・・・・・・・・・ 231

東京地判平 24・11・14 労判 1066 号 5 頁（スカイマーク事件）・・・・・・・・・・・・・・・・・・・・・・・・・・・ 122

東京地判平 24・12・5 労判 1068 号 32 頁（トルコ事件）・・・・・・・・・・・・・・・・・・・・・・・・・・・・・・・・・ 59

長野地判平 24・12・21 労判 1071 号 26 頁（アールエフ事件）・・・・・・・・・・・・・・・・・・・・・・・・・・・・ 235

判例索引　329

山口地判平 25・3・13 労判 1070 号 6 頁（マツダ防府工場事件）………………………… 65

東京地判平 25・4・16 LEX/DB25512445（コスモス事件）………………………………… 119

仙台地判平 25・6・25 労判 1079 号 9 頁（岡山県貨物運送事件）………………………… 180

東京地判平 26・1・8 労判 1095 号 81 頁（丙川商会事件）………………………………… 189

東京地判平 26・3・14 労経速 2211 号 3 頁（富士ゼロックス事件）……………………… 239

名古屋地一宮支判平 26・4・11 労判 1101 号 85 頁（ベストマンほか事件）…………… 155

東京地判平 27・1・23 労判 1117 号 50 頁（日本ボクシングコミッション事件）……… 128

東京地判平 27・10・2 労判 1138 号 57 頁（社会福祉法人全国重症心身障害児（者）を守る会事件）…… 90

東京地判平 27・12・25 労判 1133 号 5 頁（東京メトロ事件）…………………………… 133

東京地判平 28・3・28 労判 1142 号 40 頁（日本アイ・ビー・エム事件）……………… 239

京都地判平 28・3・29 労判 1146 号 65 頁（公立大学法人事件）………………………… 98

京都地判平 28・4・15 労判 1143 号 52 頁（メルファインほか事件）…………………… 156

神戸地判平 28・5・26 労判 1142 号 22 頁（学校法人須磨学園ほか事件）……………… 237

東京地判平 29・5・8 労判 1187 号 70 頁（東京商工会議所事件）……………………… 113

長野地諏訪支判平 29・9・29 労判 1038 号 5 頁（みくに工業事件）…………………… 243

東京地判平 30・2・22 労経速 2349 号 24 頁（トライグループ事件）…………………… 114

東京地判平 30・6・12 労経速 2362 号 20 頁（エボニック・ジャパン事件）…………… 20

甲府地判平 31・1・22 LEX/DB25562395（富士吉田市事件）…………………………… 182

高松地判令元・7・8 未登載（井関松山製造所事件）……………………………………… 43

労働委員会

千葉地労委決平 11・8・27 命令集 114 集 292 頁（ネットユニバース事件）…………… 279

実践・新しい雇用社会と法

2019 年 10 月 25 日　初版第 1 刷発行

編者　野　川　　　忍
　　　水　町　勇　一　郎

発行者　江　草　貞　治

発行所　株式会社　有　斐　閣
〔101-0051〕東京都千代田区神田神保町 2-17
電話　（03）3264-1314〔編集〕
　　　（03）3265-6811〔営業〕
http://www.yuhikaku.co.jp/

組版・株式会社明昌堂／印刷・萩原印刷株式会社／製本・大口製本印刷株式会社
© 2019, NOGAWA Shinobu, MIZUMACHI Yuichiro. Printed in Japan
落丁・乱丁本はお取替えいたします。
★定価はカバーに表示してあります。
ISBN 978-4-641-24319-4

JCOPY　本書の無断複写（コピー）は、著作権法上での例外を除き、禁じられています。複写される場合は、そのつど事前に（一社）出版者著作権管理機構（電話03-5244-5088、FAX03-5244-5089、e-mail:info@jcopy.or.jp）の許諾を得てください。